혁신학교 역사과 교육과정과 수업 이야기

민주주의를 지향하는 시민교육에 관한 성찰

혁신학교 역사과 교육과정과 수업 이야기

민주주의를 지향하는 시민교육에 관한 성찰

초판 1쇄 인쇄 2021년 11월 17일
초판 1쇄 발행 2021년 11월 26일

지은이 황현정
펴낸이 김승희
펴낸곳 도서출판 살림터

기획 정광일
편집 송승호, 조현주
북디자인 이순민

인쇄.제본 (주)신화프린팅
종이 (주)명동지류

주소 서울시 양천구 목동동로 293. 22층 2215-1호
전화 02) 3141-6553
팩스 02) 3141-6555
출판등록 2008년 3월 18일 제313-1990-12호
이메일 gwang80@hanmail.net
블로그 https://blog.naver.com/dkffk1020

ISBN 979-11-5930-202-2 03370

민주주의를

지향하는

시민교육에 관한

성찰 혁신학교

역사과 교육과정과
수업 이야기

황현정 지음

살림터

차
례

혁신학교 교육과정,
그리고 시민을 기르는 수업 이야기

역사 교사로 살다 연구자 경험을 하게 되었다. 우리 시대는 민중의 시대라고 하는데, 현재와 바로 이어지는 조선 후기 민중의 삶이 궁금해 연구를 시작하게 된 것이 출발이었다. 조선시대 민중 불교가 기복적 성격이 더해지면서 후기로 갈수록 절에 후원한 사람들이 대체로 민중이었음에 주목하여 사료를 찾고 분석하고 정리하면서 '공부'가 시작되었다. 이는 교사의 공부, 즉 연구자의 '연구'라는 것이 무엇인지 알게 하는 계기가 되었다. 조선 후기 서민 경제력과 더불어 민중 문화가 발달하는 과정을 다룬 역사 교과서에 실린 내용에 관해 실증적이고 미시적인 원사료와 고전 문헌을 대하면서 한국사 연구에 흥미를 느끼게 되었다.

사료를 다루면서 역사적 사실을 '소비하는' 교육과정과 수업에 대한 고민이 깊어졌다. 연구 경험은 자연스럽게 교육과정에 관한 문제의식과 이를 풀어가며 실행하는 수업에 관한 고민으로 이어졌고, 어떤 수업이 좋은 수업이고 잘하는 수업인지에 관한 문제로도 이어졌다. 교육과정과 수업은 영역을 다루는 각각의 주체들이 있는데, 개별 주체로는 전문가가 교육과정을 만들고 교사는 그를 활용해 수업을 잘하는 것에 그쳐야 하는지, 그렇다면 왜 '수업을 위한 교육과정'이 아니라 '교육과정을 위한 수업'이 존재하는 것인지 등의 문제에 답을 찾아가는 여정이 시작되었다.

혁신학교에서 교육과정 탐색은 역사 수업에서 시민교육의 실천을 고민하는 계기가 되었다. 미래를 지향해야 하는 학교가 사회 곳곳에서 일고 있는 민주주의 열망과 어느 정도 보조를 맞추어야 한다고 생각했다. 따라서 역사 수업에서, 학교 일상의 삶에서 학생과 더불어 민주주의를 지향하는 교육을 혁신학교에서 실천해보려고 했다.

머리로 이해하고 지식으로 받아들이던 민주주의를 삶의 원리와 생활 방식으로 정착시키기 위한 노력은 쉽지 않았다. 기존 관행을 깨고 새로움을 담아내는 과정에는 부딪침과 갈등이 따랐다. 교사와 관리자 간 부딪침, 교사 간 갈등 그리고 교사와 학생의 관계 등이 드러났고, 이런 일들을 계기로 교육공동체에서 민주주의의 난제와 어려운 상황을 인식하게 되었다. 우리 사회에서 '학교야말로 민주주의를 배워야 하는 장소'라는 논리는 정말 단순한 답일지 모른다. 미래 사회의 구성원을 기르는 학교에서, 매일의 수업에서 민주주의를 실천해야 한다는 것을 이성적으로만 이해했을지도 모를 일이다. 군대 문화와 비교되던 학교 문화, 학생 인권의 사각지대, 일사불란함을 요구하는 학교 질서 등 일련의 관행적 모습을 통해 우리는 과연 학교에서 민주적으로 생활하고 있는지, 혁신학교를 통해 진지하게 돌아보아야 했다.

혁신학교에서 교사는 시민으로서의 교육 자율권과 교육 전문가로서의 역할을 찾아가게 되었으며, 학생은 인권을 찾아가고 스스로 배움의 주체로 바로 서기 위한 여러 가지 노력이 이어졌다. 기성세대의 권위, 규율이나 규제에 근거하여 작동해온 학교 문화가 청산되어야 한다는 반성이 시작되었다. 같은 흐름 속에서 나는 민주적인 수업으로 시민교육에 도달해야 한다고 다짐하며 혁신학교와 역사 수업에서 시행착오를 거듭했다.

이 책은 혁신학교에서의 교육과정과 수업에 관한 교사의 이야기다. 학교 민주주의, 그리고 이를 위한 교육철학을 만들어내기 위해 정책을 연구한 경험, 학교 현장 수업에서 이론적인 것들을 실천으로 풀어낸 수업 경험을 정리했다. 논문을 통해 학계에 알리기도 하고, 수업 보고서로 정리해 수업 성찰을 위한 자료로 작성해 보기도 했다. 4년간의 혁신교육 이론 연구와 3년간의 혁신학교 수업 실천, 그리고 다시 3년여의 혁신교육 정책 연구를 한 흔치 않은 경험이 이 글을 하나로 묶어서 내어 보려는 얕은 근거다. 좌충우돌하는 생각과 행동이 불편할 수 있으리라 생각한다. 어설픈 내용이지만 기록하고 남기고 알려 보려는 소박한 희망에 따른 실수로 받아들여 주시기 바란다.

역사 수업에서 시민교육을 제대로 해 보자고 하면 낯설어하는 사람들이 있다. 역사학의 성과를 제대로 아는 것이 여전히 중요하고, 역사를 바라보는 관점을 키우고 역사적 사고력을 만들어 가는 수업이 곧 시민교육이 아니냐는 반문이 돌아온다. 사료 탐구를 통한 역사적 사고력을 키우는 것이 시민교육의 실천이라는 것이다. 그럼에도 일상의 역사 수업은 역사적 사실을 많이 알고 암기하는 방식으로 되풀이된다. 그리고 역사학의 연구 성과들로 채워져 있는 교과서를 이해하는 데 대부분 시간이 할애된다. 객관식 평가와 대학 입시 앞에서 '진도'와 '내용 이해 및 암기'라는 공식은 쉽사리 깨지기 힘들며, 이 공식에 충실한 수업은 시민교육의 그림을 그려보기 어렵게 만든다. 이 책에서 '과거 이야기만 다루는 역사 수업'이라는 선입견을 넘어서서 왜 우리가 역사 수업을 해야 하는지에 대한 답을 찾아가고, 역사 수업이 이런 방식으로 전개될 수도 있음을 고민했다. 과거 내용의 이해라는 편견에 맞게 살아온 역사 교사의 반성이기도 하다.

혁신학교의 역사 교사가 시민교육의 관점에서 수업 변화를 고민하는 과정을 담고 싶었던 이유를 프롤로그에 담았다. 1부는 혁신학교론으로, 교육과정과 수업 그리고 교사의 시민적 교육권한에 대한 논의를 풀어 보았다. 연구 과정에서 혁신학교로 일어났던 교육과정의 실천적 함의가 담기게 된 과정을 정리한 글이다. 2부는 교육과정론으로, 수업으로 실천하면서 정리한 글 5편을 교육과정과 연결해 정리했다. 논문으로, 수업 보고서로 풀어 내기도 했다. 3부는 교사론으로, 교육과정을 고민하며 시민교육 수업을 위해 공부하는 과정에서 교사로서의 단상을 정리했다. 배워야 할 내용이 많은 역사 교과를 역량이나 문해력이라는 개념으로 접근하면 어떨까 하는 농익지 않은 논의와, 교사의 교육 자율권이 학생의 주체적 배움과 민주주의 해결의 첫 단추임을 다룬 논의다.

수업은 현장성이 너무나 강해 1~2년만 학교를 떠나 있어도 소위 '감'이 떨어졌느냐는 비난을 듣는다. 학교 수업을 마무리하며, 더는 수업 이야기를 하지 못할 거라는 아쉬움에 수업했던 경험을 반성적으로 성찰하며 정리할 필요를 느꼈다. 혁신학교, 교육과정, 교사론을 하나의 줄기로 맥락을 세우고 정리해 보면서, 이 세 논의를 하나의 관점으로 정리한 글이 없으리라 생각하며 어설프게 내놓는다. 늘 학교에 수업 실천의 '달인'들이 많아 부끄럽지만 수업 이야기를 세상에 내놓는 것은, 세 논점은 하나의 동그라미로 연결되는 완전체로 봐주기를 바라는 마음에서다. 독자들의 많은 이해를 바랄 뿐이다.

1부

혁신학교의
실천적 교육과정

교육과정 고민의 출발, 혁신학교

혁신학교는 수업 혁신을 기치로 내걸고 출발한 일종의 교육 운동이다. 그 기저에는 학교의 민주적 문화를 요구하는 교사의 목소리, 즉 자율적 교육활동 권한을 요구하는 목소리가 있었다. 이러한 교사의 시민적 교육 자율권한은 혁신학교의 수업 혁신을 위한 전제로, 교육과정 재구성 권한을 요구하면서 시작된다. 이 요구에 부응해 경기도교육청은 2012년과 2013년 두 차례에 걸쳐 '경기도교육과정'이라는 명칭으로 지역 교육 특성을 반영한 지역 교육과정을 개발했다(2012년 경기도교육과정 고시 제 2012-36호, 2012; 2013년 경기도교육과정 고시 제2013-38호, 2013). 일반적으로 시·도 교육청은 국가 교육과정을 지역 특성에 적합하게 적용하기 위해 '편성·운영 지침'을 개발하고 각급학교에 제시하는 역할을 했으며, 이는 초·중등교육법에 근거해 진행되었다. 2012년과 2013년 경기도교육과정 생성을 기존과 다르게 인식하는 이유는 지침

개발 수준에 머물렀던 기존 시도 수준 교육과정과 달리 교육과정 '지역화'의 신호탄으로, 학교 혁신과 수업 혁신을 위해 학교와 교사가 요구했던 교육과정 재구성 권한을 지원하기 위해 만들어냈기 때문이다.

당시 법령을 적극적으로 해석해 '경기도교육과정'이라고 명명하고 지역 교육과정을 만들었으며, 혁신교육의 철학을 담고 학교 현장의 수업 혁신과 관련한 교육과정 지원 및 학교 현장 요구를 수용하는 동시에, 국가 교육과정을 운영하기 위한 시도 단위 편성 운영 지침을 문서로 만들고자 했다. 현장의 요구 수용, 혁신교육의 철학 담보 등 지역성을 반영한 교육과정을 구현하기에는 지침 수준으로 개발되던 시도 수준 교육과정에 한계가 있다고 판단했고, 그에 대한 새로운 방식을 구상하면서 지역 교육과정으로 '경기도교육과정'을 개발한 것이기도 하다.

이 시기 '창의지성교육 실현', '학생의 삶과 성장이 최우선시되는 교육', '교육과정 중심의 학교', '학생의 배움이 살아 있는 수업', '학교 구성원이 함께 만들어 가는 교육과정', '역량 기반 교육과정' 등은 혁신학교를 출발시키고 실천하는 교사들의 요구를 담아낸 것이었다. 이들을 지원하기 위한 여러 정책, 즉 교육과정 설계 방법, 교사 교육과정 설계에 관한 안내 등으로 구성했으며, 각 교과의 내용 체계는 국가 교육과정의 내용을 반영하는 방식으로 개발되었다(2012, 경기도교육과정; 2013, 경기도교육과정). 교사의 요구를 수용해 수업에서 국가 교육과정의 각 교과의 논의를 어떻게 운영해야 할 것인지에 대한 가이드라인을 담아내기도 했다.

이 지점에서 국가 교육과정과의 관계를 고민해야 했으며, 학교 혁신을 지원하기 위한 교육과정을 생성하기 위해 도 단위 교육청이 어떤 역할을 해야 하는지 고심해야 했다.[1] 이 개발 과정은 '국가 수준-학교 수준'의 이원적 체제를 '국가 수준-시·도교육청 수준-단위학교 수준'의 삼원적 체제로 실질적으로 전환함으로써, 교육과정 지역화에서 교육청의 역할과 범위를 한층 심도 있게 했다고 볼 수 있다. 그리고 시·도교육청이 교육 자치에 기반을 둔 지역 수준의 교육과정 결정권을 확보함으로써, 학교 혁신과 교실 수업 혁신을 위한 체감도 높은 현장 지원을 시도했다고 볼 수 있다. 지역 교육청이 현장 교원을 중심으로 개발함으로써 교원의 교육과정 전문성 향상과 교육과정 정책의 학교 현장 안착도가 높아졌다. 또한 혁신교육 정책이 교육과정을 매개로 단위학교와 교실 수업, 교사와 학생, 지역사회와 학부모에게 효과적으로 체득될 수 있었다.

교육과정 실천과 이를 지원하기 위해 시도된 지역 교육과정 성격으로 출발한 경기도교육과정의 생성 과정을 고려해 볼 때, 실질적으로 국가 교육과정의 역할은 한계가 분명하다. 국가 교육과정의 강점은 표준화 교육의 지향이지만, 현실적으로 교육을 통제하려는 논리가 담겨 있기도 하다. 우리나라의 경우 1차 교육과정 시기부터 국가 교육과정 결정 체제를 유지하면서 교육과정 결정권이 중앙정부에 집중되어 왔다. 중앙정부 고위 관료, 소수의 학자나 연구자에 집중됨으로써 '문서로 존재하는' 교육과정이나 지침이 학교나 교실 수업에 제공되며, 교사는 이를 잘 보지 않고 교과서 내용 전달에만 집중하는 관행이 이어져 왔다.

국가 교육과정은 교육의 질 관리와 정책의 일관된 확산에 일정 부분 역할을 해왔다. 하지만 이와 더불어 교육의 획일화를 초래했다. 교육 개혁 추진이나 정책의 일관성 확보를 위해 국가가 적극적인 정책을 추진할 것인가, 아니면 국가의 최소 개입으로 지역이나 학교의 다양성과 자율성을 보장할 것인가는 상충될 수 있다. 결과적으로 우리나라는 국가 교육과정을 통한

---

1) 황현정 외, 『학교 자치 실현을 위한 지역 교육과정』, 경기도교육연구원, 2018.

교육 통제로 교육 격차 심화, 과도한 입시 경쟁, 사교육 확대 등의 현상을 낳았다. 균질한 교육과정 제공과 경쟁적 교육 환경은 학생은 물론 교사와 학교에도 동일한 영향을 미쳐 왔다. 표준화와 경쟁을 통한 교육은 산업화 시대에는 자연스럽고 효율적인 접근 방식이지만, 4차 산업혁명이 시대적 담론의 중심에 있는 현재는 탈출구를 모색할 필요가 있다. 국가 교육과정의 통제하에 미래 사회에 적합한 개인을 길러내기는 쉽지 않다는 인식이 널리 퍼져 있으며, 국가 경쟁력 확보 측면과 개인의 삶을 영위하는 측면 모두에서 한계점이 드러난 것이다.

2008년 교육부가 발표한 '학교자율화 추진 계획'과 '학교 교육과정 자율화 방안'은 우리나라 교육과정 정책에 전환점이 되었다. 교육부의 교육과정 권한 중 일부를 시·도교육청과 단위학교에 위임하는 방향으로 선회한 것이다. 따라서 '학교자율화 추진 계획'이 발표된 이후 학교에서는 교육과정 지역화 및 분권화에 대한 활발한 논의가 시작되었다. 이에 따라 교육과정 지역화와 분권화 개념이 국가 교육과정 총론에 언급되기 시작했다.

이때 지역화와 분권화 의미는 다소 좁게 해석되어, 각론의 사회 교과에서 초등 사회과의 지역화 교재 개발에 반영하는 등 소극적으로 반영되는 한계를 보였다.

그럼에도 주목할 점은, 기존 국가 수준 및 학교 수준의 2단계 의사 결정 수준으로 설계되어 왔던 교육과정 실행이 국가 수준, 시·도교육청 및 학교 수준이라는 3단계 의사 결정 체제로 전환하는 구조를 갖추어 간 것으로, 그 의미가 자못 크다.

이는 시·도교육청이 중심이 된 교육과정의 지역화와 결정 권한 가능성을 지방 교육 자치제의 법적 근거를 통해 제도적으로 열어둔 것이다. 시·도교육청은 정책 성찰을 통해 국가 교육과정에 근거한 지역별 교육과정 지침을 만들어 고시해 왔으며, 한 걸음 더 나아가 교육과정 지침의 성격을 넘어서서 지역의 특색이나 여건을 적극 고려한 지역 수준의 교육과정을 개발하고자 노력하고 시도하기에 이르렀다.

이러한 시·도교육청 수준의 노력은 학교 중심의 교육과정 논의와 맥락을 같이 한다. 학교와 교사의 교육과정 자율권이 제한적으로 작동될 수밖에 없는 현재의 법령을 넘어서는 방안을 고민하는 단계에서 시·도교육청은 학교와 직접 대면이 가능하고 민선 교육감 선출로 교육의 방향을 합의해 가는 단위이기 때문이다. 지역 교육과정 논의는 학교와 교사, 학생에게 이전보다 단위학교 중심으로 폭넓은 교육과정 의사 결정을 보장하는 것에서 출발할 수 있으며, 이를 지원하고 교사의 교육과정 자율 운영에 대한 '규정적 울타리'를 제공하는 것을 목적으로 한다.

그리고 지역 교육과정은 단위학교 교육과정의 자율성을 확보하여 교사와 학생이 교육과정에 관한 의사 결정 권한의 지분을 나누도록 하는 것에 그 목적이 있다. 이에 근거하여 교사의 시민적 교육권한 설계가 가능하다. 즉, 국가-지역-학교로 교육과정이 문건으로 전수되어 단순히 교사가 지식 전달자 혹은 교육과정 실행자에 머무르는 것을 넘어서는 역할을 할 수 있는 것이다.

교사가 교육과정 문해 역량을 탑재해야 했던 이유는 이러한 상명하달의 교육과정 개발 패러다임이 작동되어 문건으로 전달받은 것을 '읽어내야만 하는' 역량이 필요했기 때문이다.

이제 교육과정 개발과 유리된 실행자 역할만 담당해야 했던 교육과정 개발 패러다임은 변화되어야 한다. 교사와 학생이 학교와 수업에서 실질적으로 행하고 있는 교육과정을 문건화하는 역발상이 필요하다. 또 이러한 역방향의 교육과정 개발 패러다임을 전환하기 위한 교육과정 현장 네트워크

구축이 필요하다. 교육과정의 실제 운영에서도 학생을 중심에 두고 자율적으로 가르칠 수 있는 권한 즉, 시민적 교육 권한을 보호하는 규정적 울타리로서 교육과정이 역할할 필요가 있음을 분명히 해야 한다.

혁신학교의 교육과정과 수업 혁신의 노력은 이러한 아래로부터의 시민적 교육권 요구이다. 이제까지 교육 자치의 현실적인 부분을 살펴보면, 중앙과 지방의 권한이 중복되거나 학교의 자발적 교육 활동을 제한하는 방식이 많았다. 권한 배분을 위한 법령상의 권한 관계가 모호하고 법, 제도, 계획이나 사업 그리고 성과 관리 등의 과정을 교육부가 주도하기 때문에 시·도교육청과 역할이나 기능이 중복되는 부분이 많았다.

학교의 자율적 운영과 교육과정 및 교육 활동에 대한 권한 제약으로 민주적인 학교 문화 확산은 한계가 있었다. 교육 분권 시대를 맞이하여 교육 분야 혁신을 위해 교육부와 시·도교육청이 역할을 재정립하고, 공동 협업해 학교 자치를 실현하는 것이 교육 자치의 출발점이라고 볼 수 있겠다. 학교와 교사는 학교 자치 관점에서 학교의 본질인 교육 활동과 생활지도에 집중할 수 있는 환경과 문화를 요구했으며, 민주적 학교 운영 및 자율적 교육 활동과 관련한 현장의 목소리를 내고 있다. 학교 운영과 관련해 구성원 간 민주적 의사 결정과 재정 및 운영의 자율성 확대를 요구하고 있으며, 교육 활동에서는 학교 및 교사의 교육과정 권한 강화와 이를 지원하기 위한 업무 부담 경감을 요구하고 있다.

교육과정 의미의 확장적 해석

교육과정에 대한 학교와 교사의 역할에 대해서는 다양한 관점과 의미가 혼재되어 있다. 대체적인 현상의 하나는 교육과정을 시수 배당이나 편성으로 이해하는 것이다. 다른 하나는 고등학교에 주로 해당하는 경우로, 입시 문제에 매몰되고 귀착되는 것이다. 이 둘은 다른 듯 보이지만 교육과정을 교과 수업에 한정 짓는다는 점에서 하나의 문제로 귀결될 수 있다.

입시의 경우, 일상적으로 학부모의 요구에 상응하기 위한 활동으로 이해되기도 한다. 교육의 본질적 차원을 고려해 전문가주의에 입각한 교육과정을 운영했을 때 많은 문제가 제기되기도 했다. 혁신 고등학교의 경우, 여전히 학력 향상이 문제시되고 상위권 대학 진학률을 내세워 학교 변화를 추동하는 동력으로 삼는 이유도 바로 입시의 굴레에서 벗어날 수 없는 고등학교 교육과정의 현실 때문이다.

교과 문제로 교육과정을 이해했을 때, 시수 배당 및 편성 운영 지침이라는 인식을 넘어설 수 없는 경우도 있다. 이는 교과교육 학계의 연구 영역 확보와도 연결되는 부분이 있어 상당히 복잡한 이해관계가 얽힌 문제가 되곤 한다. 실제로 교과 시수 배당 협의 문제는 사회적인 교육 문제로 논의가 전환되었을 경우 관심이 줄어드는 것으로 나타나는데, 이는 교육과정에 대한 의미가 좁게 해석되었을 때 일어나는 현상이다.

이와 달리 학교 교육과정 운영 계획서, 교육과정 중심 교육 정책 수립 등 상당히 포괄적인 의미로 교육과정이라는 개념을 사용하는 경우가 있다. 이때 교육과정의 의미는 법이나 제도 등을 넘어, 하나의 교육 복지 차원뿐만 아니라 학교 문화로까지 이해되기도 한다. 학교에서 통용되는 교육과정의 의미는 상당한 사회적 변화를 반영하고, 시대적 요구에 부응해 가면서 그 의미가 확장적으로 사용된다. 변화되는 교육과정에 대한 학교 교육과정 운영에서 교육과정 의미를 확장적으로 이해해 온 과정에는 혁신학교의 교육과정 논의가 핵심적인 역할을 하기도 했다.

특히 초중등 교육법 23조 1, 2항은 각각 지역 수준의 교육과정과 교사

교육과정을 동시에 언급하면서 교육과정의 자율성을 상당 부분 인정하는, 열린 해석이 가능한 문구가 있다. 그럼에도 현재까지 고시되어 왔던 국가 교육과정의 '촘촘한 문건 구성'과 이를 고시하여 학교와 교사의 자율권이 작동될 수 없게 해 온 부분을 개선할 필요가 있다. 교사 교육과정이 발현되지 않아도 평균적인 교육을 할 수 있었기에 촘촘한 구성은 이제까지 국가 단위로 교육의 균질성을 확보하는 것에 일정 부분 기여한 바 있다.

그러나 현행 국가 교육과정 문건은 빠른 사회변화 속에서 학교 현장의 혁신 요구 등 민주사회로의 전환 요구, 지역별 교육 현안의 현격한 격차에 대한 유연한 지역 대응 등의 문제를 드러낸다. 특히, 교육자치 관점에서 지역별 교육 현안과 격차 등의 특성을 반영해야 함에도 유연하지 못한 대응 등 한계가 분명하다. 이들 변화에 적극적으로 대응했던 단위는 학교와 교사 수준의 교육과정이었다. 민주적 의사 결정이나 교육과정 재구성 권한 등 교사가 교육과정을 실행하는 차원에서 사회변화를 교육과정에 반영하고 전체적으로 조망하여 교육과정을 실행할 수 있음을 확인했다. 이때 교사 교육과정이 적극적으로 구현되었으며, 교사에 의한 사회변화 관점에서 교육과정 조망권이 학교 자치를 위한 교육과정 자율권과 맞물려 작동했다.

기존 교육과정이나 교육과정 관련 법령에 관한 논점에서는 이러한 실행을 지원하는 데 한계가 있다. 학교 자치의 관점에서 교사의 교육과정 자율성을 다루지 못하기 때문이다. 국가 교육과정 단위의 교육과정 조망권은 개발된 교육과정을 편성하고 운영하는 차원으로 교사의 역할을 한정하여 인식하는 수준에 그치고 있다. 학교와 교사의 교육과정 자율권 회복을 위해서는 편성과 운영에만 국한되어 있는 관점을 전환해야 한다. 이를 위해서 일정 부분 법령에 대한 정비가 추진되고 있다.

교사의 교육과정 자율권은 교사가 모든 것을 생성해 내고 실행하는 것까지 책임져야 하는 문제는 아니다. 오히려 교사가 자유롭게 생성하고 실행하기 위한 안내와 지원이라는 '규정적 울타리' 역할이 필요한데, 이런 역할은 국가와 지역 수준의 교육과정 단계에서 요구되는 역할이라 할 수 있다. 특히 국가 교육과정의 경우, 학교와 교사에 직접 맞닿기가 쉽지 않다. 학교공동체 내에서, 학교 자치의 관점에서 생성되고 운영되는 교사 교육과정과 연동될 수 있는 수준은 지역이라고 볼 수 있다.

국가와 지역 수준의 교육과정 관계 설정에서 단순히 권한을 나누어준다는 '분권'의 관점이나 역할을 나눈다는 '역할론'의 관점은 한계가 있는데, 이는 교육과정 개발 주체를 여전히 국가나 지역 단위로 보는 것으로, 이런 경우 지원보다는 지침 등을 통한 관리의 역할로 전환될 가능성이 높다. 학교와 교사 수준을 교육과정 생성의 출발로 상정하기 위해 교육과정 권한을 전적으로 단위학교로 이양할 필요가 있다. 이처럼 교육과정의 출발지점을 학교 현장으로 했을 때, 국가와 지역은 교육과정 실행 과정에 '지원' 역할로 참여할 수 있다.

국가와 지역 수준에서 이루어질 필요가 있는 가이드라인에 대해 다양한 의견이 있다. 학교와 교사의 자치에 입각한 교육과정 자율성 논의이긴 하지만, 한 방향으로 가야 할 사회적 가치를 합의하고 서로 지켜야 할 필요가 있다는 의견이 많다. 교사에게 교육과정의 모든 것을 부과하지 않고 안내와 지원이 필요하다는 관점에서 본다면, 이를 위한 교육과정 가이드라인을 설정하고 그 범주에서 자율과 책무를 완수할 수 있게 해야 한다는 것이다.

국가 교육과정에서 '국가'를 생성 주체이자 합의(合意) 단위로 인식했다면, 지역 교육과정에서 '지역'을 교육 내용과 수업의 소재로 생각해 지역사회의 다양한 소재들을 교육 내용에 융합하는 것으로 인식하는 것은 오류다. 국가가 합의 단위라면 지역 또한 합의 단위로 작동되어야 한다. 이때 합의의 가이드라인은 사회적 합의, 교육공동체 구성원의 협의, 교육 목표나 인재상 설정 등 더욱 큰 범주여야 한다.

학교 교육과정에서 합의한 것에 근거해 지역 단위에서 합의해야 하는 부분이 설정될 수 있으며, 나아가 국가 단위에서 영역을 설정하고 합의해 갈 수 있을 것이다. 이러한 과정에서 기존 국가-지역-학교로 내려오는 일방의 흐름을 전환하여 그 역방향을 상정해야 자치와 자율에 근거한 교육과정 생성이 가능하다. 확장된 의미의 교육과정 가이드라인은 현재와 다른 요소들이 포함될 수 있다. 학교 교육 활동 전체에 대한 가이드라인이라면 기존 총론이나 각론의 틀을 넘어서는 교육과정으로 할 것이다. 이러한 가이드라인으로서의 교육과정 구성 방식은 핀란드 사례에서 잘 드러난다.

이런 관점에서 볼 때, 현재 민선 교육감의 교육 공약은 지역민의 교육에 대한 사회적 합의 절차를 거친 것으로 이해될 수 있으며, 대선 국면에서 교육 공약을 시민의 선거로 선택받는 것은 일종의 합의가 이루어지는 것으로, 교육에 대한 사회 구성원 전체의 합의 절차로 이해될 수 있다. 합의된 교육 관련 주제들이 다시 학교와 교사에게 가이드라인 역할을 하여 단위학교에서 생성되는 교사 교육과정이 갖추어져야 양방향의 교육과정 생성이 가능하며, 다양한 내용이 고려될 수 있다.

개발 과정의 역방향적 전환

외부로부터의 요구와 내부로부터의 변화에 기반을 두어 확장적 개념으로 사용되는 교육과정은 기존 교육과정에 대한 전면적인 패러다임의 전환을 요구한다. '분권', '개발', '편성', '운영' 등은, 국가 수준에서 제시한 교육과정을 지역·학교로 전달하여 교사들에 의한 원활한 운영을 위해 지원하고자 하는 기존 교육과정 개발과 적용이라는 규범적 패러다임에 근거해 사용되는 용어들이다. 학교와 교사가 '만들어 가는' 교육과정 생성 방식을 구상할 때 기존 패러다임에 대한 전면적 전환을 고려해 보아야 한다. 특히, 이들 교육과정과 관련해 사용되는 용어에 담긴 의미들은 모두 그러한 일방향의 개발과 적용 논의를 담고 있다.

'분권'은 자율을 고려하며 행사할 수 있는 권한 배분이기도 하지만, 여전히 중앙에서 선점하고 있는 권한을 지방으로 일정 부분 나누어주고자 한다는 의미가 내포되어 있다. 따라서 분권을 한다고 해서 자율로 곧장 옮겨가는 환경이 조성될 수는 없다. 교육과정 관련 기저 환경이 변화하는 것은 아니기 때문이다. 개발은 만드는 자와 운영하는 자가 다름을, 편성이나 재구성은 기존 교육과정을 일부 변화해 활용할 수 있음을 전제한다. 이외에도 여러 용어가 사실상 '강제된 자율화'를 뜻한다고 볼 수 있다. 따라서 하향식 프레임이 전환되지 않으면 내외에서 촉발되어 움직이는 상향식 교육과정을 끌어안을 수 없다.

또한 교육과정과 수업 그리고 평가와 기록까지 일관된 혹은 일체화된 정책이 구상·적용되는 것은 대표적인 교육과정의 규범적이고 처방적인 개발과 적용 방식이라 할 수 있다. 처방대로 잘 지켰는지 지속적으로 감시받는 방식은 교사가 전문가로 인정받기보다 규제와 관리의 대상이 될 수밖에 없다는 것을 분명히 한다. 약사에게 처방전을 받는 환자가 복용 방법을 전문가인 약사에게 끊임없이 의지해야 하는 방식과 다를 것이 없다. 충실히 가르쳤는지 계속 '감독'받아야 하는 교사는 전문가로 볼 수 없다.

교사에게 교육과정 문해력이 없고 학교 현장에서 교육과정 문서가 등한시되는 것을 교육 활동의 소홀함으로 지적하는 학계의 논의들은 그러한 문제를 더욱 심화시킨다. 국가가 제공하는 교육과정 문서를 잘 숙지해 충실히 실행하고 있는지 점검하려는 의도에 다름 아니기 때문이다. 생성 관점보다는 잘 만들어진 교육과정 취지를 잘 이해해서 가르쳐야 한다는 것으로, 전문가로서의 교사를 상정하지 않는다. 국가 교육과정이 강력하게 존재하는 나라들은 분권적 요소를 보완하고자 하며, 지역의 분권적인 요소를 강조했던 나라들은 집권적 경향을 나타내기도 한다. 하지만 두 방향 모두 전문가로서 교사의 역할을 분명히 하고 있음을 알 수 있다.

프랑스의 경우 강한 국가 교육과정이 전제되고 있지만, 교사의 지위는 연구자이자 교수자임을 분명히 하며, 그 전문성을 충분히 인정해 준다. 자율성을 전폭 지지했을 때 더욱 잘 가르치리라는 사회적 믿음이 있는 것, 자기 교과에 대해 높은 수준을 갖추고 있음을 인정받는 것은 교육 활동에 관한 전문성과 자율성을 전폭적으로 인정하고 있다는 의미이다. 교육과정을 논할 때 교사의 정체성을 무엇으로 규정하느냐는 매우 중요한 문제다. 그들의 전문성을 인정했을 때 자율성이 주어지며, 그 전문성은 교과의 지식을 통해 구현될 수 있다. 상호작용에 관한 전문적 지식을 통해 학생과 구체적으로 논할 수도 있다. 중요한 것은 교육 활동의 주체로서 전문가의 정체성을 교사가 지니고 있어야 한다는 점이다.

전문가로서의 교사 정체성은 결국 교사가 교육과정뿐만 아니라 교육 정책에서도 객체가 아닌 주체가 되어야 한다는 문제와 직결되어 있다. 현장을 배제하는 방식이 낯익은 것이었으며, 이것이 국가 혹은 지역 교육과정 논의에서도 그대로 적용되어왔음을 부인할 수 없다. 학교 교육과정 생성에 교사가 개입하기 시작한 것이 얼마 되지 않았지만, 그 결과는 교육과정의 적극적 재구성, 수업 혁신, 학교 민주주의 등 교육 현장의 일보 진전을 위한 변화를 불러 왔다. 아래로부터 출발 가능한 교사 개입 교육과정의 신호탄이 된 것이다.

현상적으로 교육 현장에서의 문제 제기에 따라 실행되어 온 학교 업무 정상화, 학교 민주주의, 수업과 평가 혁신 등은 모두 교육과정에 대한 단위 학교의 고민이 일치하는 지점이다. 재구성하고 재구조화하며 지역과 학교를 설정해 보아도 크게 달라지지 않고 여전히 학교가 힘들다고 한다. 근본적으로 국가 교육과정이 엉성하고 견고하지 못한 것과, 국가-지역-학교로 하달되는 교육과정 패러다임이 바뀌지 않는 것이 원인이다.

이제까지 개발되어 온 국가 교육과정에 관해 절차나 과정에서 사회적 구성원들, 혹은 최소한 교육공동체 구성원들이 함께 치열하게 고민하고 제대로 만들어 본 경험이 있는지 되물어 볼 수 있다. 이론가와 정책 실행자, 그리고 일부 교사에 의해 개발되고 몇 차례 공청회를 통해 확정되는 국가 교육과정은 과연 정당한 절차와 합법적인 과정을 거쳐 고시된 것인지 의문스럽다는 지적이다.

학교 교육이 개인의 성장을 돕는 지점과 사회적 요구를 수용해야 하는 접점에서 어떤 인간상을 전제할 것인가, 어떤 가치를 추구할 것인가, 교육에 적용되는 원칙은 무엇이어야 하는가 등 교육 당국이 교육과정을 일방적으로 정해 강요할 수 없는 이유가 충분하다. 그럼에도 적법한 법적 기구 없이 공청회나 몇 단계 절차로 교육과정 개발이 추진되고 진행되어 왔다는 것은 교육과정의 논의 지평이 매우 협소함을 보여준다. 이러한 문제의식에 근거하여 국가 교육과정이 개발 과정을 거치는 데 지역 교육과정과 어떤 관계를 맺을 수 있으며, 학교 교육과정의 정치(精緻)함이나 유연한 변화 등의 요구가 수용 가능한지 검토해 보아야 하는데, 학교와 교사의 이런 요구를 수용하여 법안이나 정책 등에 반영하려는 노력이 기울여지고 있다.

공교육 12년, 학생 개개인의 인생 설계와 사회적 진로 설계에 갖추어야 할 교육적 요소들을 법적 합의 기구를 통해 담아내야 하는데, 이때 교육이 추구하는 기본적인 가치와 목적을 기술할 필요가 있고, 여기에 더하여 사회적으로 합의된 인간상을 제시하고, 현장 전문가의 의견에 기반하여 학생이 길러야 하는 핵심적인 능력을 정해야 한다. 이에 근거해 학교 급별, 학년별 또는 교과별 목표를 설정하고, 수업 운영, 평가 원칙, 한 걸음 더 나아가 학교 문화와 학생 복지에 대한 사회적 요구를 충분히 담아내야 한다. 따라서 법적 기구로 사회적 합의 과정을 거쳐 교육과정이 생성되어야 교육 총론의 성격을 지닐 수 있다.

이렇게 생성된 교육과정은 교사의 부담을 덜어주는 중요한 임무를 띠며 제대로 역할을 할 뿐 아니라 교육 활동에 대한 보호 울타리로 작동할 수 있다. 교사는 사회적으로 사적 가치와 이해가 충돌하는 가운데 기본적인 대원칙을 정하고 그에 근간해 행위할 수밖에 없다. 자의적 판단이나 개인의 임의적 결정에 의한 것은 설득력을 지닐 수 없다. 이를 위해 국가 교육과정 협의 기구를 신설해 법적 지위를 보장하고 사회적 대통합의 교육적 합의를 이끌어내야 한다. 지역 교육과정과 학교 교육과정 또한 같은 협의체의 법적 기구화가 필요하고, 생성되는 과정과 위아래의 양방향적 과정을 경험해 만들어낼 수 있어야 한다. 자유로운 교육과정 결정권은 이러한 교육과정 프레임에서 가능한 논의들이다.

교육과정 의사 결정 수준 재고(再考)

교육과정 문해 역량은 교육과정 연구자나 정책 전문가 그룹에서 교육 내용 표준화를 통해 교육과정의 질을 관리하기 위해 교사에게 요구해온 역량이다. 따라서 교육과정 주체로서 교사의 역할론을 찾기 힘들다. 교육과정을 실행하는 교사 그룹이 아닌 전문가가 만들어 낸 '최고' 수준의 교육과정 문건을 해석해야 하는 역량이기 때문이다. 이 역량을 무척 강조해 정책을 추진한 사례가 많았다. 이러한 관점에서 적용되던 교육과정 문해 역량은 학교 혁신 변화와 연계되면서 다른 관점으로 진화하기 시작했다.

교육과정의 문해력을 '부족하고 없다'는 전제에서 출발하여 이 역량을 키워주기 위해 연수를 하거나 학습공동체를 형성하게 하면서 재구성 역량 등을 만들어 갈 수 있게 정책이 실행되었다. 이는 문해력 함양이라는 교사 주체적 관점을 담지 못했던 것과 달리, 개인의 성장 혹은 집단지성 등을 통해 교육과정 이해와 실행에서 교사의 주체적 역량을 회복하는 방식으로 전개되었다. 교육과정 전달자에서 주체로 인식하게 된 이러한 변화가 혁신학교의 여러 성과 가운데 하나로 인식되고 있음은 이 정책 실행 과정에서도 발견되었다.

이러한 변화를 여전히 국가 단위 교육과정에 수용하고자 교육과정의 대강화와 적정화를 이루려고 노력했다. 교육과정의 대강화와 적정화는 학생들이 배울 내용을 적정 수준으로 줄이는 것을 의미하는데, 학교 현장은 이를 체감하지 못했다. 그 이유는 바로 성취기준이다. 학생이 도달해야 할 성취의 최대 기준을 설정한 뒤, 모든 학생의 도달을 강제하며, 수업으로까지 침투하는 교육과정 규정은 '교사 자율성 가두기'에 다름 아니었다. 2015 교육과정 기준, 제시된 834가지 성취기준은 국가 교육과정 외에 창의적이고 자율적인 수업 활동이 과연 가능할까 하는 의문이 들게 한다.

정책 차원에서는 교사 자율성을 외면하는 성취기준의 활용을 견제하기 위해 상위개념으로의 포섭 등을 통한 재구조화를 안내하고, 포섭되어 그 수가 줄어든 성취기준에서 다시 자율적 요소를 작동하며 교육과정을 재구성하며 실행하고 있었다. 학교의 여러 변화와 교사의 교육과정 요구를 수용하는 정책의 현 상황이다. 이같이 국가 교육과정의 대강화 가능성이 요원한 상황에서 지역 교육과정은 어떻게 작동해야 하는지에 대해 정책 담당자는 의문을 제기할 수밖에 없었다. 또 다른 구속력을 지닌 문건의 양상으로 이해되는 것이다.

특히, 배운 것을 토대로 평가하고자 하는 혁신학교의 변화와 시도를 수용했던 교육과정의 원리는 오히려 성취기준이 촘촘하게 수업을 장악하고 옭죄는 양상을 만들었다. 일반 학교에 적용하고자 추진되었던 '교수평가 일체화' 정책은 이 성취기준의 수업 적용 양상을 확산시키는 결과를 초래했으며, 수업과 평가가 일치해야 하는 입시 준비 성격이 강한 중등 교육과정 문제들이 초등으로까지 확산하는 왜곡을 가져왔다.

초등의 경우, 평가 내용이나 기준이 자유로운 편이었다. 입시 교육과 일정 부분 거리를 둔 교육 활동의 진행이 가능하다. 교사와 학생이 활동한 것에 근거해 평가가 이루어져야 한다는 것은 어떤 측면에서는 교사의 책무로 이해될 수 있는 부분이다. 자율과 책무의 관점에서 이 정책을 살펴보면 '교수 평가 일체화' 정책의 확산 현상을 이해할 수 있다. 다만 일상에서 이루어지는 개별 수업의 목표가 국가가 설정한 성취기준으로 이해되면서 다시 촘촘한 국가 교육과정의 이해와 실행이라는 왜곡된 현상을 가져온 것이다. 결국, 교사의 교육과정 자율성을 다시 침해받게 된 것이다.

국가 교육과정의 촘촘한 적용은 지역 교육과정 설정에 대한 교사의 반발을 불러올 수밖에 없다. 교육과정의 패러다임이 여전히 국가-지역-학교의 흐름에서 이해된다면 국가 교육과정을 이해해 온 방식이 적용되어 지역 교육과정도 또 다른 구속력을 지닌 문건으로 이해하게 된다. 따라서 교육과정의 역방향적 생성 방향, 지역 교육과정의 지원체제 성격 구체화를 통해 지역 수준의 교육과정이 필요함을 역설할 필요가 있었다. 교육과정 초기에 혁신학교 교육과정 재구성에 대한 '규정적 울타리'의 근거를 마련해 주고 교사들의 자율적 권한을 보호하기 위한 교육과정 지원을 위해 아래로부터의 요구에 부응해 생성되었던 지역 교육과정이다.

학교 자치, 교육과정 분권 등을 논의하기 위해서는 대강화의 문제 해결을 넘어 성취기준 재구성 권한이 요구된다. 성취기준 적용을 통해 교육과정의 맥락적 해석만 인정하는 것은 교사의 자율권을 인정하는 방식이 아니다. 교육과정을 '구속적 규정'으로 이해하는 상황에서 지역 교육과정의 대두는 교사의 교육과정 자율을 제한하는 것으로 이해하며, 한 걸음 더 나아가 구속력을 갖는 하달 방식의 교육과정으로 여겨질 수밖에 없다. 국가의 교육과정 구속력에 더하는 것이니, 하나의 구속 문건이 더 생기는 것으로 받아들여지는 것이다.

이러한 인식은 국가-지역-학교 수준을 교육과정 실행의 관리·감독 기관으로 이해하고 있기 때문이다. 관리·감독 기능이 적을수록 관리받는 대상에게 유리하다는 인식은 기존 정책 담당자들이 학교를 관리·감독해온 관행에서 비롯한 것이다. 따라서 교사도 자신들이 관리·감독받는 것으로 인식한다는 것을 알고 있다. 그런데 학교는 교육과정을 생성해 내고 합의하는 교육공동체의 의미가 강하다. 특히 혁신학교의 경우, 학교 교육공동체는 학생과 교사가 최초로 합의하는 수준을 일컫는 단위이다. 교육기관으로 작동하는 학교와 달리 지역과 국가는 교육 행정 역할에 치중되어 있으며, 행정기관으로서 관리·감독 역할에 익숙해 있다. 이런 경우, 교육과정 또한 개발해 낸 문건을 잘 운영하고 있는지 살펴보려는 경향이 있다. 이러한 역할이라면 지역 교육과정은 하나 더 보태는 관리·감독의 문건이 된다.

혁신학교 이후 지역 교육과정을 다소 다르게 인식하게 되었다. 지역을 대상화하고 소재화해 교육에 활용하는 방식으로, 지역 특성을 교육과정에 녹이고자 했다. 이는 교육 내용을 보완하거나 보태는 방식으로, 지역 수준에서 학교 교육공동체와 마찬가지로 합의 단위로 이해해야 학교 지원의 교육과정 생성이 가능해지는 논의의 시초가 되었다. 즉, 각 학교의 다양한 교육과정 논의를 담아내는 단위로서의 지역을 이해하거나 나아가 지역이 만들어내는 것으로 이해하게 된 것이다. 이때 지역 교육과정이 학교를 지원하는 의미 있는 단위로 작동할 수 있다.

이러한 관점에서 생성된 지역 교육의 특성, 지역의 교육철학 등은 결론으로 만들어진 것을 강요받는 방식이 아니므로, 국가의 철학을 반영할 것인지, 지역의 철학을 반영할 것인지 등의 혼란스러운 논의에 마침표를 찍을 수 있었다. 함께 그리고 아래로부터 생성된 철학이나 특성은 반영해야 하는 '강제된' 교육 요소가 아니라 학생의 현재 삶과 이에 기반한 교사의 교육과정에 대한 고민이 맞닿아 현재를 반영하는 교육과정을 만들어 낸 것이다. 교사가 교육과정 문해력을 통해 이해하거나 강제된 대상이 아니라, 생성하고 운영되는 실제 교육과정 그 자체가 되는 것이다.

지원으로의 실행 방법적 전환

학교에서 일어나는 모든 교육 활동을 지원하기 위한 국가·지역 교육과정으로의 역할 전환을 고려할 때, 방법적인 부분도 역발상을 시도해야 하는 시점이라고 본다. 견고하고 강력하기보다는 사회변화와 요구에 유연하게 대처할 교육 행정 조직이 필요하다. 또한 교사 교육과정이 전면적으로 부각되기 시작한 자유학기제나 무학년 학점제 등의 정책을 지역 교육과정과 어떻게 연계해 현장에 안착시킬 것인지 고민할 시기다. 지역 교육과정의 역할이 부각될 수 있는 교육과정 정책이 추진되고 있기 때문이다.

특히 중학교의 경우, 변화를 요구하는 교육과정 재구성, 서술식 평가 도입, 석차 미표기 성적 산출 등은 학부모의 인식 변화를 불러오고 있다. 교육과정의 새로운 시도와 교육 활동들에 대해 학부모로부터 민원이 제기되거나 설명을 요구받을 경우, 이들 교사 교육과정이 든든한 규정적 울타리가 되어 법적 보호, 교육적 지원을 받을 수 있는 것은 지역 교육과정 수준에서 가능한 지원이다. 이러한 지원이 국가 수준에서 이루어지기는 쉽지 않다. 따라서 지원 가능한 수준인 지역 수준에서 학교와 교사의 교육과정 정책을 지원할 체제로서 지역 교육과정의 위상이 설정될 필요가 있으며, 이러한 지원체제로 자리 잡는다면 지역 교육과정은 현장 주도 교육과정으로 운영될 가능성이 크다.

교육과정 정책을 실행하는 이들은 이러한 교육과정 패러다임 전환과 지원 체제로서의 교육과정 생성 관점에 대체로 공감한다. 학교 변화를 교육청에서 수용하지 못하는 현상들이 있기 때문이다. 정책의 온도 차는 학교마다 다를 수 있으므로, 정책 실행 담당자들이 학교별 변화와 혁신의 온도 차에 반응해 지원할 필요가 있다. 따라서 선도적 요구를 받아들이고, 정책으로 숙성시키는 작업 또한 정책 일반화만큼 중요한 역할이다. 교육과정 혁신 요구를 수용하는 것이 중요한 지점이라 할 수 있다.

자유학기제의 경우, 교사가 성취기준을 만들 수 있다. 성취기준은 교사에 의해 자유롭게 재구성하는 수준이 아니라, 자유롭게 생성할 수 있는 영역이어야 한다. 이 과정이 자유학기만 가능할까 하는 질문을 스스로 던져볼 수 있는 지점이다. 이는 국가 교육과정 내에서 일정 부분 규정적으로 충돌이 일어나는 지점이기도 하다. 즉, 국가 교육과정에서 대강화 혹은 성취기준으로 제시된 것은 법적 구속력을 갖기보다 자유로운 교사 활동의 보호적 규정으로 작동되어야 한다. 그럼에도 자유학기제를 제외한 다른 교과의 경우 재구조화, 상위개념으로의 범주화 등의 영역만 운영하도록 제한하는 면이 있다.

학교 교육 활동의 변화와 요구가 사회적 변화와 연동되는 것도 필요하다. 미래세대와 직접 대면하고 있는 최전선의 기성세대가 바로 교사다. 그래서 학생들에게 유연함과 융통성을 요구받는지도 모른다. 교육의 목적으로 산업 사회의 수동적 인간상을 벗어난 지 오래임에도 여전히 학생 맞춤형 제도들은 제자리걸음이며, 교육과정은 더욱 그렇다.

학생의 교육과정 선택권은 학부모와 학생으로부터 강하게 요구받고 있는 교육과정 주제다. 학점제는 이러한 학생 선택권을 보장하는 정책으로서 중요한 의미를 띤다. 자유학기제는 교사가 자유롭게 개설하고 학생이 선택하는 것에 일정 부분 한계가 있는 교육과정이며, 중학교에 논의가 한정된다. 입시를 앞둔 고등학교의 경우, 학점제의 학교 현장 안착은 학생의 선택과 교사의 교육과정 자율권, 그리고 입시의 난제가 얽힌 복잡한 문제다.

법률적 차원에서 학교와 교사에 의한 교육과정 생성은 이제 더 물러설 수 없는 문제다. 이를 위해 교사는 교육과정 논의에서 협의체 구성, 학습공동체 구성 등을 통해 설계와 변화를 시도해 오고 있다. 이들 변화를 담아내고 학교 현장을 지원하는 규정적 보호의 역할을 할 수 있는 협의체 구성 가능 단위는 지역 교육과정이다.

교사에게 교육과정 자율의 함의

교사의 교육과정 인식은 혁신을 어떻게 이해하느냐에 따라 다소 차이가 나타난다. 초기 학교 혁신에 큰 반향을 일으킨 학교에서는 교사 교육과정만 존재했다. 학교에서 가장 큰 협의체이자 의사 결정기구인 교사회에서도 개별 교사의 교육과정을 강제하거나 구속할 수 없었다. 교사별 교육과정의 완성된 형태로 이해되기도 하는데, 이 학교의 경우 이러한 교육과정 전반에 대한 협의에서 학부모와 학생의 동의가 전제되었으며, 학교 단위에서도 합의가 전제되어 있기에 가능했다.

이런 방식을 지향하고 함께하는 학교들이 학교 혁신의 방향으로 나아가고 있으며, 이에 대한 학교별 혁신의 온도 차가 있으나, 그 방향성에는 대부분의 교사가 상당 부분 동의하는 것으로 보인다. 자유학기제 혹은 학점제 정책들은 이들 선도적 혁신 내용을 반영한 것이기 때문이다.

이 과정에서 교육과정 중심의 교사 연구회가 다발적으로 생겨나고 함께 했는데, 자발적인 교육과정 연구회들은 국가 교육과정의 규정들이 자율적 활동의 걸림돌이 되기도 했다. 교육과정 현장 네트워크라는 17개 시도교육청 단위의 교육과정 개정 의견 수렴 협의체도 생겨났다. 이러한 교사 중심 교육과정 그룹들은 자율적 교육과정 운영에서 국가는 방향성만 제시해도 충분하다고 생각했다. 교사는 그 사회의 일원이며, 미래세대의 특성을 가장 현실적으로 직면하면서 방향성을 인지하고 나아감에 따라 국가 교육과정 문건을 살펴보지 않아도 되었던 것이다. 그 사회의 일원으로 행동하는 교사는 국가의 지침이나 이런 내용들을 확인하지 않아도 사회가 합의한 방향성과 내용을 충분히 교육할 수 있다는 신뢰가 필요하다고 언급되어 왔다. 이것이 교사의 교육과정 권한을 인정하는 시발점이 될 수 있으며, 이 전제 위에 교사 교육과정의 성립이 가능할 것이다.

학교는 어떻게 아이들을 성장시킬 것인지에 대한 큰 틀에서 교사가 자율적으로 움직이는 것이 교육과정이라고 본다. 물론 문제 있는 교사, 학교를 바꿀 필요를 느끼거나 바꿀 생각을 하지 않는 교사가 공존할 수 있다. 이러한 관행적 성향의 교사보다 교육적 보편선(common good)을 지향하는 교사의 주도로 학교가 운영되는 것이 교육과정 운영 면에서 활성화될 가능성이 크며, 교육과정에 대해 선제적으로 고민하는 이들에 대한 신뢰는 우리 사회 교육의 변화에 필요한 요소다. 교육 개혁의 주체를 개혁의 대상으로 바라보는 순간 변화 가능성이 사라지기 때문이다.

또한 교사 교육과정을 상징했을 때 '지속적으로 반복이나 수정 혹은 생성하는 교육과정'이라는 관점으로 바라보는 것이 가능하다고 본다. 학교와 교사 교육과정을 1년마다 생성하고, 지속적으로 성찰하며 바로잡아가는 것은 변화와 성장을 담보하고 있는 청소년기의 학생 혹은 인간에 대한 것이므로 그 교육 내용들이 변동 가능한 유연성을 지녀야 함을 언급한다. 교사 교육과정의 강점은 바로 이 지점일 수 있을 것이다. 사회의 빠른 변화에 대응한 논리보다 한층 더 학습자의 상황에 부합하는 교사 교육과정 혹은 교사 교육과정 자율권의 명분이라고 볼 수 있다. 견고하고 확고한 영역은 철학이나 방향성 정도이며, 그마저도 사회변화에 따라 유동적일 수 있는 것이다. 결국 교사 교육과정, 교사의 교육과정 전문성은 학습자 중심의 배움을 설정하고자 했을 때 필요충분조건이다.

학생이 학교라는 장소에서 지속적으로 성장한다는 것을 부인할 수 없다. 따라서 학생이 성장하는 데 교사 교육과정은 국가 교육과정이 주는 영향과 등가로 인정받아야 한다. 학생이 어느 단계를 거치며 배우고 성장하려면 국가가 제공하는 것을 어느 정도 걸러 내야 가능한 게 현실이다. 실질적으로 이제까지 국가 교육과정에 집중함에 따라 학교에서 일상을 맞이하는 학생을 놓쳐온 것으로 성찰하고 있다. 그렇기에 지금 교사 교육과정이 논의되는 것은 상당히 의미 있는 일이다. 국가 교육과정과 학교 현장 교육과정의 불일치성을 줄여가는 것에 목적이 있음을 분명히 해야 할 것이다.

교사 교육과정에 대한 인식 혹은 교사의 교육과정에 대한 이러한 현장 밀착 방식의 인식 흐름은 한 걸음 더 나아가 그 생성 패러다임의 전환을 지속적으로 요구한다. 학교에서 성찰하고 합의해 생성된 교육과정이 실질적으로 작동되며, 이에 대해 부족한 부분만을 지역 혹은 국가가 지원하는 방식이어야 한다는 것이다. 인재상, 교육철학 등의 큰 가이드라인 정도만 교사들이 수긍할 수 있다는 점을 적극 반영할 필요가 있다. 국가와 지역의 괴리, 교사와 이들 기관의 교육과정과 괴리가 있는 것이 우리 교육의 현실이다.

이제까지 작동되어 온 국가 교육과정의 문제는 교육과정 중심의 학교를 상정하지 못해왔던 점이다. 행정 차원은 학교를 행정과 예산, 조직에 의해 작동되는 행정 기관으로 상정하며, 교육과정 행정도 이런 방식으로 작동되어 왔다. 그런데 학교는 스스로를 교육과정 운영이라는 틀로 작동한다고 규정하고 그에 맞춰 모든 행정과 예산 그리고 조직까지 운영할 수 있게 하고 있다. 그러므로 여전한 한계는, 교사 교육과정을 상정하지 않는 것, 교과서로 수업을 이해하는 것, 학부모 및 각종 사회단체의 요구 그리고 이를 위해 존재하는 법령 등 교육과정 자율화를 위해 걷어내야 할 관점과 요소들이 너무 많다는 것 등이다.

이처럼 불일치한 교육과정에서 모든 원인을 학교와 교사에게 돌리는 것은 무리한 생각이다. 교사는 옳다고 판단되는 것을 충실히, 그 규정을 검토해 가며 실행해 왔는데 이것이 잘못된 판단이었는지 자문한다. 교사의 인식은 자신을 구속하는 교육과정에 대한 불편함과 그 운영 혹은 작동 방식에서 자율성만 요구하는 데 그치기도 한다.

분명한 것은, 이들의 요구는 시민으로서의 자율 의지를 기반으로 하며 직분으로서의 교육과정 자율성을 요구하는 것으로, 이에 대한 책무를 분명히 할 필요가 있다. 타율적으로 작동되어야 하는 시스템을 바꾸고 전환하는 역할 또한 교사에게 부과되어 있다. 학생에 대한 교육적 책무는 일차적으로 교사에게도 있기 때문이다.

학교와 교사의 교육과정 역할 전환

학교의 역할이 변하고 있다. 가르침과 배움이 일어나는 공간적 의미 차원을 넘어, 마을이 등장하고 진로를 전제로 평생 배움이 강조되면서 학교는 배움의 행위가 발생하는 절대 공간으로 인식되지 않고 있다. 마을교육

공동체, 자유학년제, 지자체의 교육 지원 사업 등 가르침과 배움에서 학교 바깥에 더 많은 '빅 아이디어'들이 존재할 수 있게 되었다. 교사 교육과정, 학교의 역할, 교사의 가르치는 역할 등에 대한 인식의 전환이 필요하게 된 것이다. 배움이 공공연하게 학교 밖에서 발생할 가능성이 전보다 한층 높아졌다.

한편으로 배움에 도움을 줄 수 있는 역할을 하는 이들의 범주가 넓어졌다. 혁신교육지구 등 자치행정의 교육 관련 실무진, 마을교육의 지도 교사, 꿈의대학 교육 지원 활동가, 시민단체 청소년 교육 활동가 등, 교육이라는 활동으로 학생들의 배움을 지원하는 이들이 모두 포함될 수 있다. 때로는 이들의 교육 지원 활동이 기존 교육 사고를 넘어서서 자유롭게 상상하는 것이 가능함에 따라 한층 더 창의적인 경우도 있다.

그렇다고 교사의 역할이 줄어들고, 변화하고, 사라지는 것이 아니다. 배움은 결국 학교나 지역사회가 모두 담당하는 것이며, 수업하는 사람이 주도할 수밖에 없다. 수업을 주도하는 사람은 교육과정을 실질적으로 구현하는 이들이다. 이러한 교육 생태계 변화를 수용하고 적용할 이들 또한 교사다. '닫힌' 교육과정을 고민하기보다, 교사 각자가 생성해 내는 교육과정 프레임에서 풍부한 교육 내용을 다루고, 인식의 접점을 같이 하는 동반자로서 이들과 협업적 연대를 통해 사회변화에 부응하는 교육 혁신을 끌어내는 것도 교사가 주도할 수밖에 없다.

마을로부터의 요구를 학교와 교사가 수용하지 못하는 현상에 대한 반성적 성찰이 필요하다고 한다. 마을과 학교의 온도 차가 너무 다르며, 이 둘이 접점을 이루기 위해 협의의 장이 마련되어야 마을의 욕구(needs)를 충족시킬 수 있을 것으로 본다. 이때도 학교와 교사가 주도해야 하며, 이런 마을과 협업을 위한 매뉴얼 방식의 내용들이 지역 교육과정의 구성 방향이 될 수 있음을 지적하고 있다.

이러한 '어떻게(how)'의 문제에서 마을과 연계하는 방법이 매우 중요하다. 그런데 지역 교육과정 및 마을과 연계 문제를 고려할 때, 여전히 이들을 교육의 소재나 대상으로 한정해 고려하려는 의견들이 있다. 결과론적으로 생성된 지역 교육과정을 받아 안으면 당연히 교육 활동에서 이것들은 소재로만 작동할 수밖에 없다. 그러나 그 소재는 지역의 정체성을 형성해 가고, 지역사회에 대한 이해를 돕는 수준에서만 작동한다.

이와 달리 지역 교육과정을 생성하는 협의체로서 작동한다면 지역에 대한 다른 인식이 필요하다. 협의체 단위로서 지역을 상정해야 하는 것이다. 과정에 참여하는 협의 수준으로서의 '지역' 이해는 교사나 마을의 개입에 의한 지역 교육과정이다. 이것은 지역을 위해 활동할 학생들을 길러내기 위한 소재로서의 교육과정으로 존재하는 것이 아니라, 학교와 마을 그리고 교사와 학부모 및 지역민이 함께 교육과정을 고민하고 담아낼 수 있는 협의체가 만들어지는 장이 마련되는 것이다.

협의체 마련에 주도할 이들, 이 공론장에서 의미 있는 의제를 끌어낼 이들이 바로 학교와 교사일 것이다. 지자체나 교육행정은 이러한 활동에 대해 전문성이 부족함을 인정하고 있으며, 어떻게 구성할 것인지 등에 대해 전적으로 학교와 교사를 의지할 수도 있다. 교사는 협의를 주도할 뿐 아니라, 어느 지점에서 전문성을 발휘할 것인지를 지역 교육과정에 분명히 담아야 한다.

수업하는 이들이 주체이자 전문가라는 점을 분명히 하고 있다. 교사는 수업을 하고, 교육부는 교육과정을 만들고, 평가 매뉴얼은 교육청이 만들어내는 상황에서 '교육 활동 주체의 일원화' 요구는 명분이 충분하다. 지역에서 이루어지는 교육 활동이 지역 교육과정으로 구현되고 실행된다면,

이 부분에 대한 명확한 근거와 작동 원리가 담겨야 함을 분명히 언급하고 있다.

　이런 상황은 학령인구 감소로 더 이상 표준화 교육이 이루어질 수 없으며 불필요함을 역설하는 것과 맞물린다. 다문화 문제에 대한 고민, 탈북자 등 통일교육 및 평화교육, 한 걸음 더 나아가 세계시민교육을 지향하는 시점에서 표준화 교육은 더 이상 의미를 찾기 힘들 것으로 보인다.

2부

시민교육을 위한
수업 이야기

1장
민주주의 가치를 다루는
역사 수업

가치를 다루는 역사 수업

역사 교사가 가치를 설정하고 이에 맞추어 수업을 한다고 하면 낯설게 생각하는 사람이 많을 것이다. 역사 교사는 가능한 한 가치중립적으로 혹은 객관적이면서 실증적으로 가르쳐야 한다고 생각하기 때문이다. 그런데 학교 현장의 수업 장면을 들여다보면 가치를 섬세하게 다룰 수밖에 없는 게 현실이다. 역사적 사실과 사건에는 그 시대의 가치, 당시 행위 주체자의 가치, 역사가가 사실을 바라보는 가치와 관점이 개재되어 있기 때문이다. 따라서 가치중립적이라는 표현이 적절하지 않을 수 있다. 교사가 객관적 자세를 견지하면서 사료와 교과 내용을 선택해 수업 준비를 하고자 노력하지만, 교과서 내용이나 사료 선택은 이미 일정 부분 가치를 담고 있다. 따라서 역사 교사는 실제 역사 수업에서 끊임없이 가치를 다루면서 수업을 하는 것이므로, 교사가 사회적으로 합의된 가치를 적극적으로 가르치는 것이 현실적이라고 생각한다. 학습자의 가치를 인정하고 수용하고 허용하는 분위기에서 가치 수업을 전개하는 방법적 차원을 탐색하고, 역사과의 가치교육에 맞는 적절한 교육 환경을 조성하는 것이 교사의 역할에 더 합당하다고 할 수 있다.

최근 역사 교과에서 가치교육을 고민하는 연구들이 있다.[1] 이는 가치교육에 대한 신중한 접근을 벗어나 가치를 다룰 수밖에 없는 역사 수업의 현실을 수용하는 것이라고 볼 수 있다. 가치를 다루는 역사 수업이 실제 학교에서 이루어지고 있고, 평화나 민주주의 등의 보편 가치를 중점적으로 가르치는 수업이 권장되고 있음을 보여주는 연구들이다. 일상의 역사 수업을 통해 이루어진 학습자의 의식에 대한 조사를 분석하여 가치가 어떻게 정착되어 있는지 검토하는 연구도 이루어지고 있다.

가치를 다룬 수업 상황을 분석한 글도 다수이다. 교과서에 내재된 국가주의 관점을 넘어서기 위해 교사들 스스로 가치 혹은 학습자의 가치 판단 능력 등을 검증하거나 수업에서 어떻게 가치교육을 풀어낼지 고민한 글들이다. 염기숙의 글[2]은 역사 수업에서 가치를 다루는 교사의 방식을 문제 삼는다. 교사들은 객관적이기를 희망할 뿐, 실제 수업에서는 가치와 관점을 지니고 임하며, 이는 교육이 지니는 가치 의도적인 활동에 준하는 일이라고 주장한다. 김효진의 글[3]도 평화라는 가치를 수업에서 다루고자 했다.

[1] 곽병현, 「역사적 금기영역에 대한 역사 수업방안」, 『역사교육연구』 7, 2008; 김한종, 「다원적 관점의 역사이해와 역사교육」, 『역사교육연구』 8, 2008; 최용규·이광원, 「초등학교 다문화 역사교육의 방안 탐색」, 『사회과교육연구』 18-1, 2008; 김유훈, 「민주공화국의 시민을 기르는 역사교육 시론」, 『역사교육연구』 18, 2013; 이해영, 「역사의식조사로 본 학생들의 가치 판단 탐색」, 『역사교육』 131, 2014.

[2] 염기숙, 「역사텍스트에서의 사실진술과 가치 판단 - 중학 역사① 대몽항쟁 단원 분석을 중심으로-」, 부산대학교 석사학위논문, 2013.

[3] 김효진, 「평화교육의 관점에서 본 역사 교과 수업 방안」, 『전국역사학대회논문집』, 2013.

이 수업은 갈퉁의 적극적 평화 개념[4]을 도입해 평화교육을 시도하고자 한 역사 수업 실행 연구다. 역사 교과에서도 평화교육을 실천해야 한다는 당위성을 언급하면서 1970년대 여성 노동자와 위안부 문제를 수업 내용으로 다루었다. 이 과정에서 연구자인 교사는, 역사 교사가 수업 방안을 마련할 때 무엇을 가르칠 것인가에 앞서 어떤 시각과 관점으로 접근할 것인가에 대한 문제가 중요하다고 강조한다. 강화정의 글[5]에서도 민주주의 가치에 대해 역사 교사가 가치나 관점 혹은 태도를 어떻게 지녀야 하는지에 대해 논한다. 5·18 수업을 진행한 역사 교사들은 민주주의와 시민성 논의에서 역사 인식과 실천의 주체인 학습자들에게 교사의 민주주의 인식에 토대를 둔 서사로 수업을 진행한다는 것이다. 수업에서 학습자 스스로 판단하게 하는 측면이 있으나, 민주주의라는 가치를 교육하기 위해 노력하는 것 또한 교사들의 몫이라고 언급한다.

이러한 흐름에서 민주주의의 다양한 가치를 다루는 수업을 고민하고 진행하고자 했다. 구체적 수업 상황을 통해 역사 수업에서 가치교육의 가능성 논의를 시작해 보고 싶었다. 물론 이 수업에서 중점적으로 다루는 가치는 민주주의이다. 민주주의는 현시대에 모두가 수긍하는 보편 가치의 이데올로그로 자리 잡아 왔으며, 공교육의 지향점으로 역할하면서 국가 교육과정에 민주시민 양성이라는 구체적 교육 목표로 구현되어 있었다.[6] 민주주의와 관련된 보편 지향의 가치를 어떻게 수업에서 다룰 수 있는지를 필자가 했던 수업을 통해 살펴보고, 이러한 가치 수업이 어떤 과정을 거쳐 학생들의 학습으로 이어지는지 수업 결과를 정리해 보고자 했다.

수업 연구 방법은 민주주의 가치를 다룬 수업을 필자가 실행하고 이를 분석하는 것이다. 즉, 현장 교사로서 교육과정 재구성을 통해 수업을 계획하고 실행한 후 결과를 중심으로 기록하고 정리한 것을 연구 자료로 분석했다. 수업 대상은 경기도 소재 A중학교에서 2학년 전체 반을 대상으로 2014~2015년에 걸쳐 진행한 총 4개 단원의 가치 중점 수업이다. 총 8개 반의 수업을 정리하되, 이를 통해 역사 수업에서 민주주의 가치를 다룰 가능성을 살펴보려 했다. 이 과정에서 학습자가 배우는 가치 관련 학습을 단계별로 정리하려고도 했다. 수업에서 학습자가 가치를 어떻게 학습하는지, 그 흐름을 수업 상황에 근거해 단계별로 정리하려는 것이며, 이를 통해 교사의 가치 수업이 고려해야 할 시사점을 도출하기 위함이다. 수업은 학습자에게 드러나는 결과를 살펴야 완결의 의미를 지닐 수 있기 때문이다.

수업에서 다루는 단원은 모두 전근대 시기에 해당하는 내용이다. 근현대 시기 단원에서 민주주의 가치를 다루는 역사 수업 사례는 많지만, 전근대 역사 수업에서 민주주의 가치 수업을 다룬 수업 사례는 많지 않다. 이런 현상은 한국사 연구 영역에서 동학 이후 시기부터 민주의 가치를 적극적으로 찾아가는 역사학 연구 동향과 관계있을 수 있다. 사회학 등 인근 분야에서도 동학 이후 민주주의 가치나 요소를 찾는 연구가 이루어지고 있는 것과 같은 맥락이라고 볼 수 있다. 전근대를 대상으로 민주주의의 맹아를 찾는 시도는 현재의 관점에서 과거를 재구성하려는 목적론적 역사 인식의 오류를 낳을 수도 있으므로, 역사학 영역에서는 과도하게 맹아를 찾으려는 시도를 할 수 없을 것이다. 따라서 민주적 관점에서 한국사를 연구하고 그 고리를 찾으려는 연구 성과가 적을 수밖에 없다.

그럼에도 역사 수업에서는 민주주의 가치 찾기를 시도해 볼 필요가 있

---

4) 이때 평화란 모든 종류의 폭력이 없는 상태나 폭력의 감소를 말하며, 비폭력적이고 창조적인 갈등의 변형이라고 했다(갈퉁, 『평화적 수단에 의한 평화』, 들녘, 2000).

5) 강화정, 「역사 교사의 민주주의 인식과 서사 형성-5·18 수업사례를 중심으로-」, 『전국역사학대회논문집』, 2013.

6) 이해영, 「역사의식조사로 본 학생들의 가치 판단 탐색」, 『역사교육』 131, 2014, pp.138-139.

다. 역사 인식의 관점에서 접근하기보다 시민교육 차원에서 민주주의 가치를 다룰 필요가 있으며, 다른 교과와 달리 역사과에서 다루었을 때 더 강점을 지니는 가치교육의 영역이 있기 때문이다. 역사를 소재로 민주적 가치를 다루는 것의 강점은 논쟁하는 소재가 지나간 역사적 사건임에 따라 시간적 거리두기를 통해 마음껏 논쟁하고 토론화할 수 있다는 점이다. 현재 사건이나 사안은 이해 당사자 및 관계자의 입장을 고려할 수밖에 없으나, 결론이 난 역사 속 과거 사안은 객관적 입장을 견지해 평가내리거나 쟁점을 부각할 수 있다. 교육적으로 매우 의미 있는 활동이 전개될 수 있다.

이러한 강점에도 불구하고 앞서 이야기했듯이 전근대 시대를 대상으로 민주주의 가치 수업을 진행한 사례는 드물다. 역사과의 내용 선정 단계부터 그런 내용 요소는 고려 대상에서 배제되어 교과 내용으로 다루어지지 못했으며,[7] 수업에서도 이러한 접근으로 가치를 다루는 수업이 이루어지는 한계들이 있기 때문이다. 그리하여 실제로는 과거 사실만 이해하는 데 그치는 역사 수업이 학교 현장에서는 일상적으로 연출될 수밖에 없는 것이 현실이다. 이러한 상황을 고려하여 시민교육 차원에서 전근대 시기의 단원을 통해 민주주의 가치를 다루는 데 중점을 두고 역사 수업을 한 결과를 정리하고자 했다.

민주주의 가치와 역사 수업

본 실행 연구 수업에서 다루는 가치는 앞서 언급했듯이 민주주의이다. 이 가치는 수업에서 개념적으로 구분되거나 몇몇 교과서 단원으로 표현되기는 어렵다. 역사적 사건은 복합적으로 펼쳐지며, 이들 사건에 담긴 가치 또한 다수의 것이 포함될 수 있기 때문이다. 어느 한 가지 가치에 집중해 수업하기란 어려운 일이다. 그럼에도 교과의 한 단원이나 한 차시의 수업에서 강조될 수 있는 가치 요소를 설정할 수 있는데, 이는 교사의 자료 선택과 해석, 가르치고자 하는 보편 가치와 관련한 역사적 내용을 연계 지으려는 시도로 가능하다. 역사 수업 속 교육 활동에서는 교사의 가치 선택과 이를 교육하기 위한 수업 상황을 연결해 전개할 수 있는 실질적 교육과정 해석과 자율성이 존재하기 때문이다. 이러한 역사 교과의 가치 수업에서 교사가 다루는 가치와 수업의 전개, 수업 방법 및 교사의 역할 등을 면밀히 분석할 필요가 있다.

이 글에서 교사의 수업 의도에 내재된 가치는 민주주의, 평화, 인권이다. 공교육의 모든 교과의 교육 목표가 민주시민교육이며, 따라서 민주주의의 가치를 중심에 두고 평화와 인권 등을 수업에서 다루고자 했다. 민주주의는 평화 실현을 위한 제도적이고 절차적인 가치라 할 수 있으며,[7] 인간 존엄과 인권은 근대 이후 인류가 민주주의를 지향해 가는 과정에서 기본 전제가 되는 가치로 볼 수 있다.

민주주의는 공교육에서 교육 목표로 설정되어 있는 가치이다. 역사 교과의 목표 또한 이와 무관하지 않지만, 정작 수업에서 다루는 내용을 살펴보면 민주주의를 수업에서 다루고 있다고 보기 어렵다. 특히 전근대 한국사 수업은 과거에 대한 이해 위주로 진행되는 경우가 많다. 수업 후 평가도 민주주의와 무관한 내용을 확인하는 데 그친다. 역사적 사고력 함양이나 비판적 판단력은 민주주의와 직접 연결 짓기에는 수업에서 한계가 있다. 일상의 역사 수업에서 내용적으로 혹은 가치적으로 다루지 못하고 있는 민주

7) 황현정, 「민주주의 내용요소로 본 한국사 내용 선정 원리」, 『역사교육』 130, 2014.
8) 이동기, 「평화사로의 전환」, 『평화인문학이란 무엇인가』, 아카넷, 2014.

주의는 역사 과목과 무관한 목표나 가치가 되어 왔다.

이 글에서 수업이 민주주의 운영이나 제도 차원, 그 속에 담긴 자유나 평등, 민(民)의 정치적 참여 혹은 이와 관련한 인간 역사의 진보와 변화 등을 다룰 수 있음을 보이고자 했다. 전근대 왕조 국가에서 민중은 정치 운영의 객체로 존재하지 못했음을 확인할 수 있는데,[9] 오늘에 이르기까지 민중이 주체가 되는 '민주'의 가치가 얼마나 힘든 여정을 통해 변화와 진보를 거듭해 왔는지를 확인하기에 역사 수업은 제격이다. 우리가 누리고 있는 민중의 정치 참여, 평등, 인권 등 이전 시대에 없었던 가치를 다룰 경우, 어떤 맹아에서 출발해 어떤 방식으로 변천되어 왔는지 살필 수 있는 것이 역사 수업의 장점이다. 따라서 역사적 내용이나 소재는 민주주의 가치의 배태와 그 성숙을 이해하는 데 좋은 교육 자료라고 볼 수 있다. 또한 근현대의 민주화 과정을 다루는 것보다 전근대에서 민주주의를 다루는 것이 이러한 변천과 진보를 부각할 수 있다.

또한 평화라는 가치는 최근 문명론적 관점에서 연구되고 있는데, 평화 형성을 일종의 문명기획이라고 하기도 한다.[10] 민주주의 가치의 제도화 및 성숙을 기본적으로 평화 실현을 위한 과제와 연결 지을 수 있다고 보는 것이다. 이러한 관점은 갈퉁과 달리[11] 평화를 '복합구성'의 문제로 파악하고 평화 구성을 위한 다양한 요인을 구체화하는 데 주력했다. 평화 부재나 비평화는 정치·경제·사회·문화·심리 등 다양한 요소의 결합으로 산출되는 결과이며, 그 자체가 복합적인 구조를 갖는다. 따라서 평화로운 삶을 가능케 하는 구체적이고 경험과학적인 문명론으로 이해해야 한다. 그리고 이것이 민주평화론이나 시장평화론과 연결될 수 있다. 이러한 평화는 민주주의 실현의 기본 전제가 되며, 궁극의 지향이 되어야 하는 가치이기도 하다.

기존 역사 연구 영역은 전쟁의 원인과 평화운동의 연구, 조금 더 나아가서 사회 내부의 갈등사나 군비와 군비축소의 역사를 다루는 수준에 머물렀다. 그러나 최근에는 폭력의 현상학 및 젠더적 관점에서의 인권을 다루면서 평화 가치를 지향한다. 이러한 연구 방향의 전환은 사회 공동의 가치를 지향하기 위해 역사학 고유의 방법론을 적용하는 시도들이다. 역사적 사실에 근거한 구체성과 복합성을 감당하며 다양한 맥락을 연관 짓는 역사학 고유의 연구 특성은 평화학 내 인권이나 민주주의 등 다양한 이론과 개념적 제안들을 비판적으로 검토할 가능성을 열어준다.

따라서 역사교육에서도 평화 가치는 중요하게 다뤄져야 한다. 인류가 늘 평화를 추구했지만 전쟁으로 치닫는 일이 역사교육 내용에서 비중 있게 다루어지는 것은 그 자체가 아이러니다. 평화 가치를 배워야 할 역사에서 비평화의 절정인 전쟁을 더욱 중요하게 취급하면서 역사 수업을 하는 것이 현실이었다. 전쟁은 학생들이 관심이 높은 역사적 사건으로, 무기에 대한 상세한 설명이나 영웅 중심 서술 등은 관심을 더욱 부추기기도 한다. 이는 평화라는 가치를 가르치려는 역사 수업과는 거리가 멀다. 전쟁은 때로 애국심을 자극하기도 한다. 교사의 가치 개입을 통해 전쟁 혐오감을 발현시키고, 전쟁 무용론뿐만 아니라, 평화를 위해 개인이나 국가가 어떤 노력을 해야 하는지와, 역사적으로 평화로운 시간이 월등히 많았다는 사실 등을 분명히 인지할 수 있게 해야 한다.

---

9) 이석규, 「조선초기 官人層의 民에 대한 인식-민본사상과 관련해-」, 『역사학보』 151, 1996.

10) 박명규, 서울대학교 평화인문학연구단 편, 『평화인문학이란 무엇인가』, 아카넷, 2014.

11) 갈퉁의 평화 개념은 "적극적"인 평화로의 전환이라는 관점에서 의미가 있다(요한 갈퉁, 『평화적 수단에 의한 평화』, 들녘, 2000, pp.412-413). 평화는 저절로 이루어지는 것이 아니라 폭력을 없애기 위한 능동적이고 적극적인 노력의 산물이며, 폭력에 대한 저항이 곧 평화인 것이다. 폭력의 배제를 위한 사회문화적인 환경과 구조를 평화적인 방법으로 만드는 것이라는 결론이다. 이 사회문화적이고 구조적인 환경을 현재 상황에서 어떻게 만들 것인가에 대한 구체적이고 제도적인 방향을 제시해야 한다.

마지막으로 인권의 가치를 가르치는 것은 평화나 민주주의 가치를 가르치는 것의 연장선에 있다. 인권은 인류 삶의 보편적 요구에 상응하는 주제로, 역사학이 공적 책임과 기능을 적극적으로 수행할 필요가 있다. 그 결과 역사학의 '도덕적 전환'을 맞이해 '인권사' 서술이 지속적으로 시도되어 왔다.[12] 이렇듯 인권 또한 사회적으로 재론의 여지가 없는 보편 가치이다. 그럼에도 전근대사에서 인간의 보편적 권리로서 인권이라는 가치를 생각해 보게 하는 내용은 쉽게 찾아볼 수 없다. 모든 인간의 권리가 소중하고 인간의 생명과 인간다운 삶이 소중하다는 가치는 전근대 신분 사회에서는 찾기 어렵다. 특히, 국가라는 구조의 변천을 이해하는 가운데 개인의 인권과 자율성을 배우기에는 너무나 거리가 있다. 이 지점에서 인권 가치 또한 변화되어 온 과정을 다룰 수 있다. 평범한 민(民)의 일상생활을 정리하고 현재와 과거를 비교해 보게 하여 현재 우리 삶의 인간적 모습이 과거에 비해 얼마나 진보되어 왔는지, 또 어떤 방향으로 나아가야 하는지를 생각해 보게 할 수 있을 것이다.

이러한 민주주의 가치를 수업하기 위해 이 글에서는 교육과 수업의 내용으로 4가지 주제 및 단원을 추출했다. 수업은 교과의 일상적 진도에 맞추어 시대순으로 진행했다. 첫째, 국가와 민의 관계를 다루기 위해 '신라말 동요(動搖)와 후삼국의 통일'을 우선 선정해 초적을 통한 '민(民)' 개념의 태동과 공동체 국가로 존립한 통일 신라와의 관계를 추적해 보는 수업을 구상했다. 둘째, 현대의 정치 운영 형태와 비교를 목적으로 '고려의 통치제도 정비' 단원을 뽑아 보았다. 정치 기구의 역할을 단순 암기하고 합의제의 전통이 있었음을 강조하는 평면적 수업을 넘어 현대 정치와 정책을 비교해 보는 수업을 구상했다. 전쟁과 영웅이 난무한 역사 이야기를 통해 평화라는 가치를 배울 수 있게 했다. 셋째, 대외교류사 영역에서 뛰어난 외교 담판과 잦은 전쟁으로 균형적 대외 질서를 형성했다고 평가되는 '고려의 대외관계'를 중심으로 평화 가치 수업을 계획했다. 넷째, 인권과 시민 개념이 밀접한 관련이 있다는 전제하에 시민의 인권이 배태되기 전 시대로 중세 사회를 설정하고 노예에서 농노로, 시민으로 바뀌어 가는 중간 단계에서 인권은 어떻게 변천해 왔는지 검토해 보고자 했다.

역사 수업 방법 면에서도 가능한 한 민주주의 가치를 지향할 수 있도록 구상했다. 일방적인 강의 방식이 되지 않도록 유의했다. 가치교육은 쉽게 교화의 형태로 바뀔 수 있는데, 이는 학습자의 가치 내재화에 방해가 될 수 있기 때문이다.[13] 따라서 학생들이 지닌 기존 가치를 인정하고 의견을 존중하는 토론 혹은 교사와 상호작용하는 대화 수업에서 사회의 합일된 가치를 제시하는 방법이 바람직하다.[14] 여러 학생의 다양한 가치 표출은 수업을 생기 있게 하고 자유로운 생각을 가능하게 한다. 교사의 가치 수용적 태도 또한 가치 다원성을 배울 수 있는 좋은 교육 활동을 가능하게 한다. 최소한의 범주에서 교사의 가치 개입이 이루어져야 좋은 가치교육이 될 수 있을 것이다.

이에 따라 수업 방법은 주로 말하기와 글쓰기를 통해 학생 개개인의 가치를 표출하는 것을 우선 고려했다. 교사의 설명이나 발언은 가능한 줄이는 방향으로 하려 했다. 강의식인 경우에도 학생의 사고를 자극하고 가치를 고민하는 질문과 답변이 지속적으로 이루어지게 하여, 가치 드러내기와

[12] 이동기,「평화사로의 전환」,『평화인문학이란 무엇인가』, 아카넷, 2014.

[13] 지그프리트 실레, 헤르베르트 슈나이더 편, 전미혜 역,「보이텔스바흐협약은 충분한가」,『바덴 뷔텐베르크주 정치교육원 교수법 시리즈』, 민주화기념사업회, 2009.

[14] 시민은 사회를 구성하는 주권적·주체적 개인이며, 이해 갈등과 대립으로 파열되기 쉬운 사회질서를 공적 담론과 공적 기구를 통해 유지해 가는 자율성을 지닌 개인이다(송호근,『시민의 탄생-조선의 근대와 공론장의 지각 변동』, 민음사, 2013, p.20). 이때 중요한 것은 공론장에서 자율성과 주체성을 지닌 발언을 하는 개인이다. 토론과 토의 그리고 대화를 통한 교육은 이러한 공론장에서 자율적 시민을 길러낼 수 있는 교육 방법이다.

수용 등의 과정이 진행될 수 있게 했다. 글쓰기와 말하기 혹은 질문을 통해 학생의 생각을 드러내는 것이 선행되어야 다원적 생각을 인정하고 수용할 수 있다. 일방적이고 수동적으로 교사의 강의를 듣는 방법은 가치 표출이 불가능한데, 말하기나 쓰기는 자기 의견을 표현하는 방법이므로 학습자의 가치가 드러날 수 있다. 학생들이 배우는 과정에서 스스로 알게 된 것을 개별 글쓰기로 표현하고, 동료 학생 간 말하기로 의견을 교환하게 유도했다. 모둠에서 서로 의견을 나누고 같이 답을 찾아가고 자료나 사료를 분석하게 했지만, 가치와 관련된 입장은 본인의 생각을 정리해 글쓰기로 마무리하게 했다.

교사의 역할도 조정되어야 했다. 학습자 개개인의 가치는 자기 사고의 결과이며 자기 의지의 발현으로 생성되거나 보완된다. 따라서 토의 및 토론을 통해 가치교육이 이루어질 수 있도록 환경을 조성하는 것이 교사의 역할이다. 이때 학생 간 대화만 이루어지는 수업은 교사의 기성 가치를 전수하는 데 한계가 있으므로, 교사와 학생 간 의견 나누기가 중요하다. 기존 사회적 가치와 새로 형성될 학습자 가치의 접점을 학습자가 어떻게 내재화하느냐가 문제이기 때문이다. 기성 가치는 교사로부터 접하는 것이며, 학습자 스스로 사고의 주체가 되어 기성 가치와 조화를 이루며 자신의 가치가 형성될 수 있도록 수업 환경을 조성한다. 따라서 교사와 학생 상호 간 대화나 토론 또한 의미 있는 활동이다.

민주주의 가치 수업 실행

이 절에서 실행하고 정리할 총 4차시의 수업은 민주주의 가치를 다루고자 한 수업 구상 및 계획과 실행 과정에 관한 것이다. 수업을 통해 민주주의 가치를 교육하고 싶은 교사가 전체 단원을 두고 연간 계획을 수립하고 수업을 구상했다. 수업 진도를 고려하되, 교육과정 재구성을 통해 가치교육을 염두에 두고 4개 단원을 추출했다. 이때 교육 내용이나 방법에 중점을 두었고, 실행 후 학생 활동지 및 사진, 녹취록, 학습자 소감문을 중심으로 수업을 정리했다.[15] 가치를 교육하는 방법으로, 가치 표현에 중점을 둘 수 있는 모둠식 토론 및 글쓰기 방법을 대체로 적용했다. 이를 정리하고 기록하는 방식은 다음과 같이 수업 단원 선정, 수업 방법 및 활동, 수업 속 가치로 구분해 수업 상황을 중심으로 정리했다. .

[실행 수업 1]

구 분	내 용
수업 단원	신라말의 동요와 후삼국 성립
수업 방법 및 활동	사료 및 자료 탐구/모둠별 토론/모둠 혹은 자기 생각 발표
수업 속 가치	국가와 민의 관계를 소재로 한 민주주의 가치 수업

우선 [실행 수업 1]의 수업 단원은 신라하대의 정치적·사회적 혼란에 관한 내용이다.[16] 교과서 단원은 정치적 혼란과 더불어 백성의 삶이 피폐해져

---

15) 경기지역 한 중학교에서 진행된 수업 가운데 가치를 중점적으로 다룬 것을 근거 자료로 분석했다. 시기는 2014년 3~10월, 같은 수업으로 2015년 3~6월까지 한 것을 정리했다.

16) 정선영 외, 『중학교 역사』(1), 미래엔, 2014, pp.97-101.

가는 상황을 설명한다. 신라하대에 나라가 쇠퇴하는 모습을 정치 분야에서 '왕위쟁탈전'과 '지방 세력의 봉기'로 먼저 서술하고 사회 분야에서 '초적의 봉기'와 '백성의 삶'이라는 순서로 정리한다. 백성의 힘든 삶이 정치의 혼란에 연결되어 있음을 보여주는 서술로, 수취(收取)제도의 문란상이 백성의 삶을 피폐하게 한다는 것이다.

수업 방법은 나라가 쇠퇴하는 모습과 그 이유를 학생들이 스스로 찾아볼 수 있게끔 설명이나 강의는 하지 않고, 자료를 제공하고 학생들이 교과서를 읽은 후 자기 생각을 하도록 유도했다. 자료를 읽은 뒤 신라가 망하게 된 가장 주된 이유를 개인별로 찾고 모둠별로 의견을 모아보게 했다. 이를 위해 개인별 활동지를 제공했는데, 모둠원들의 의견이 합의가 이루어지면 하나의 의견을, 그렇지 않을 경우에는 모든 의견을 함께 적게 했다. 적은 내용은 전체 학급으로 공유했다.

교사는 진골귀족의 사치스러운 생활을 보여주는 사료와 농민의 비참한 삶을 보여주는 사료를 대비해 제시하고 교과서를 모둠별로 함께 읽으면서 학생이 내용을 이해할 수 있게 했다. 교과서 밖 사료를 가져올 때 교사의 수업 의도와 가치가 담길 수도 있는데, 객관적 사실은 일어난 일에 대한 기록이지만 어떤 기록을 자료로 선택하는 것은 교사의 가치에 좌우되기 때문이다. 진골귀족과 농민의 삶을 대비해 보게 하려는 의도가 그것이다.

수업 속 가치는 민주주의로, 국가와 민의 관계를 탐색해 민주주의 가치와 관련한 수업을 하고자 했다. 나라를 지탱하는 근간이 무엇인지 생각해 보게 하고자 신라가 망한 가장 주된 이유를 학생들에게 질문한 것이다. 질문에 대한 답을 찾으면서 나라와 민의 관계에서 무엇이 우선하는지 돌아보게 했다. 민이 무너진 상황에서 나라는 존립 근거를 잃어버린다는 것을 알게 하여 민주주의의 의미를 되새기게 했다.

구 분	내 용
수업 단원	고려의 통치 제도 정비
수업 방법 및 활동	국가 정책관련 모둠별 과제 해결
수업 속 가치	정치 기구 운영을 소재로 한 민주주의 가치 수업

[실행 수업 2]에서 다룬 수업 단원은 고려의 정치 기구 운영이다.[17] 이 단원은 학생들이 흥미를 느끼지 못하는 내용이다. 각 정치 기구의 역할을 암기하는 식으로 학습이 이루어지는 경우가 많고, 평가 문항으로 자주 등장하기 때문에 지식을 묻는 경우가 대부분이다. 현재의 정치 운영에도 관심이 없는 학생들이 대부분이기에 고려시대 정치 기구에 관심을 가질 가능성이 매우 낮다. 따라서 교사의 설명 방식은 학습 동기나 흥미 유발이 더욱 힘들 것이다. 수업 방법을 학생 주도의 활동으로 구상해야 할 필요가 있는 단원이다.

수업 방법으로 정치 기구들의 역할을 암기하는 방식을 벗어나, 실제 정치 기구의 관원이 되어 정책 결정에 참여하는 역할극을 해보는 모둠 활동을 했다. 현재 민주주의 제도하에서 정책이 어떻게 결정되고 민의 의견이 어떻게 반영되는지 돌아볼 수 있게 하기 위함이다. 구체적으로 각 모둠별로 정책이나 국가적 사안 등에 대해 합의하는 과정을 가정하게 했다. 안건을 정하게 하고 이를 해결하기 위해 각 정치 기구의 관원이 되어 정책을 정하는 것으로 설정한 뒤, 정책을 입안하고 실행하는 과정을 경험해 보게 했다. 이때 각 모둠원이 관원 입장에서 의견을 내도록 해 해당 정치 기구가 어떤 역할을 하는지 이해하고, 민주주의에서 정책 결정 과정을 모의 형태로 경험해 보게 했다.

수업에서 가치는 고려시대 정치 운영 시연을 통해 현대 민주주의 정치 운영에 녹아 들어가야 할 요소들을 배움으로써 민주주의를 배울 수 있게끔 구상했다. 고려시대의 정책 결정 과정도 이해하고 현재의 민주주의 제도 운영도 이해하면서 차이점과 유사점을 찾을 수 있도록 했다. 또 합의에 의한 정책 결정을 경험해 보기 위한 모둠 활동을 했다. 정책 입안자가 되기도 하고, 명령을 실행하는 관원이 되기도 하면서 발언하게 함으로써 추체험 방식으로 민주 정치 제도와 그에 담긴 가치 및 합의의 의견 수렴 과정에 대한 이해를 돕게 했다.

[실행 수업 3]

구분	내용
수업 단원	귀족 사회의 형성과 대외 관계
수업 방법 및 활동	강의 중심의 문답식 상호작용 활동
수업 속 가치	전쟁을 소재로 한 평화 가치 수업

[실행 수업 3]의 수업 단원은 고려의 대외 관계를 다룬 부분이다.[18] 이 단원은 귀족 사회 형성 이후 치열한 대외관계가 전개되는 가운데 국가 간 관계 설정을 위해 고려가 어떻게 대처해 갔는지를 다룬다. 전쟁과 위인, 사건 중심으로 서술하고 있다. 전쟁이나 위인 중심의 내러티브에 익숙한 학생들이 상당수이기 때문에 학습 흥미가 높은 편이고, 동기 유발이 쉬운 단원이

---

18) 정선영 외, 『중학교 역사』(1), 미래엔, 2014, pp.113-116.

기도 하다.

수업 방법은 강의, 교사와 학생 간 상호질의 및 응답이었다. 학생들이 전쟁에 대한 가치를 어떻게 정립해야 하는지 생각해 보게 하려고 교사는 계획하여 의도한 발문을 계속했다. 이를 위해 정쟁을 회피했던 고려의 대외 정책들을 강조하고 학생들에게 서희, 강감찬 등에 대해 흥미 있는 설명을 했다. 전쟁에 대해 각자 의견이나 가치를 표출할 수 있도록 포괄적이고 광범위한 질문을 하고 문답의 상호작용을 유도했다. 이때 교사는 누구나 의견을 낼 수 있도록 수용적인 태도를 건지하고, 교사의 의견이나 가치는 가급적 나타내지 않았다.

수업 속 가치는 '평화'였다. 학생들은 전쟁과 인물 중심의 역사 공부를 통해 평화 가치를 많이 인식하고 있었다. 교사는 평화 가치를 강조하고자 이 단원을 택했지만, 학습자의 기존 가치나 인식을 부인해야 했다. 그래서 상호문답식 강의 방식을 택했다. 가치 수업의 결과는 전반부와 후반부에 이루어진 학생 답변을 통해 살피고자 했다.

수업 초반부에 전쟁과 평화에 대해 국가 입장에서 고려하고 결정을 내리는 학생들이 많았다. 전쟁에서 이겨 상대를 제압하고 국가의 안위를 확보하려는 차원에서 대외관계를 고려하는 학생이 다수였다. 교사는 우회적으로 전쟁과 관련해 평화 가치를 설명하려고 했다. 예를 들면, 전쟁의 참상, 전쟁에서 민중 삶의 고단함, 인명 피해 등을 언급하고 누가 전쟁에서 이익을 얻고 피해를 입는지 살펴보게 했다. 무엇을, 누구를 위한 전쟁인지 생각해 보게 하는 질문을 했다. 이 과정에서도 학생들이 자유롭게 의견을 표출하게 했고, 평화 가치에 대해 토론하는 수업이 되도록 유도했다.

[실행 수업 4]

구분	내용
수업 단원	중세 서유럽 사람들
수업 방법 및 활동	자료 이해를 통한 활동지 작성 및 역사 글쓰기
수업 속 가치	중세 농노의 삶을 소재로 한 인권 가치 수업

[실행 수업 4]의 수업 단원 내용은 서양 중세 봉건제도와 장원 운영이다.[19] 서양 중세 봉건제도와 장원에 대해 먼저 서술하고, 사람들의 일상적인 삶을 심화 과정으로 다루었다. 동·서양 봉건제를 비교하고, 영주와 농노의 권리와 의무에 대해 배운다. 이 단원을 중심으로 영주의 권리와 농노의 의무를 다룬 수업을 구상하면서 인권에 대해 인식하게끔 계획했다. 그 속에서 시민의 인권이 성장해온 과정을 다루고자 했다. 노예·농노·시민 개념을 소재로 한 것으로, 학생들 각자의 생활양식과 비교하며 중세 농노의 일상을 살펴보게 했다.

수업은 모둠으로 진행했고, 학생 스스로 이해하도록 활동지와 교과서 밖 자료 등을 제공했다. 또한 중세 봉건제도와 장원 운영 등을 이해한 뒤 농노와 영주의 삶을 생각해 보게 했다. 그리고 각자 이해한 내용을 바탕으로 학생이 농노 입장에서 하루의 일상을 적어 보게 했다. 교사의 설명은 배제하여 가치 개입의 여지를 가급적 줄였다. 궁금한 용어나 단어의 설명을 요구하면 그 모둠에 가서 도움을 주는 방식으로 수업을 했다. 이때 학생 활동의 핵심은 중세 농노의 삶을 상상하면서 하루 일과를 글로 쓰는 것이다. 추체험의 글쓰기는 교사의 설명을 통한 인지적 이해보다 공감적 차원의 이해를 더 강화하기 때문이다.

수업 속 가치는 노예·농노·시민 개념을 이해하면서 민의 성장과 인권의 가치가 어떻게 형성되고 성장해 왔는지를 배우는 데 중점을 두었다. 농노의 삶이 영주에 예속되어 얼마나 인권이 보장되지 못했는지 살펴보게 하는 것이 관건이었다. 이를 통해 우리의 인권과 인간적 가치, 인간다운 삶 등을 생각해 보도록 의도했다. 우리가 누리고 있는 인권 가치들이 얼마나 소중한 것이며, 그것을 쟁취하는 데 얼마나 힘든 과정과 어려움이 있었는지 자연스럽게 깨닫기를 의도했다.

이상과 같이 총 4차시의 역사과의 가치 수업을 진행해 보았다. 신라하대 국가와 민의 관계를 통해 민주주의 가치를 학습하는 것, 고려시대 정치 기구의 합의 과정을 경험해 민주정치 제도를 이해하는 것, 고려의 대외관계에서 전쟁을 통해 평화 가치를 역설적으로 강조하는 것, 중세 농노의 삶 속에서 인권의 가치 및 그 성숙의 과정을 중심으로 가치 수업을 한 것으로 요약할 수 있다. 교사의 가치 의도적 역사 수업이 낯설지 않은 이유는 이러한 실질적 교육과정 구현이 혁신학교 수업 중심으로 혹은 가치지향적 수업을 고민하는 교사 중심으로 수업 현장에서 이루어지고 있기 때문이다.

수업의 결과와 가치 교육

가치 수업의 결과

역사 수업을 통해 학생들의 가치 판단은 성숙한다.[20] 해석과 더불어 가치 혹은 관점이 들어간 역사 서술, 역사 교사의 가치 판단이 개입된 설명을

19] 정선영 외, 『중학교 역사』(1), 미래엔, 2014, pp.254-257.
20] 이해영, 「역사의식조사로 본 학생들의 가치 판단 탐색」, 『역사교육』 131, 2014.

통해 학생도 스스로 의식적·무의식적인 가치 판단을 한다.[21] 이 절에서는 앞서 진행한 역사 수업에서 학습자가 가치를 학습하는 과정을 수업의 흐름에 따라 정리한다. 이를 위해 각 수업의 결과 부분을 먼저 정리한 뒤 학습자의 반응이나 배움을 통해 드러나는 가치 학습 단계를 개괄적으로 정리해 보고자 한다. 우선 [실행 수업 1]의 결과로 학생들이 발표한 의견을 살펴보면 다음 [표 1]과 같다.

[표 1] 국가와 민의 관계

교사 질문	신라가 망한 가장 큰 이유는?	A반	B반	C반	D반	총계
학생 의견	민란과 초적의 발생	16	17	16	16	73
	지방 세력의 봉기	4	5	6	5	20
	왕위쟁탈전	4	3	3	5	15
	총계	24	25	25	24	98

(2014. 6. 셋째 주, ○○중, 4개 반)

[표 1]에서 알 수 있듯이, 수업 정리 단계에서 신라가 망한 가장 큰 이유를 묻는 교사의 질문에 다수 학생은 민란과 초적이 발생했기 때문이라고 응답했다. 학생들은 민이 나라의 근간이며, 민중의 생활 기반이 붕괴했을 때 나라도 망한다고 생각하는 경향이 있었다. 교과서에는 왕위쟁탈전과 지방 세력 봉기 이후 민의 삶이 피폐해지고 초적이 발생하는 것으로 서술되어, 정치적 혼란이 가장 큰 이유로 생각할 여지가 있다. 그러나 학생들은 민의 삶이 안정되지 않으면 국가가 존립할 수 없다는 반응을 가장 많이 보였다. 이는 '민주'에 대해 내재되어 있는 현재적 가치가 투영된 것이라고 볼 수 있다.

사료 제시 과정에서 진골귀족과 일반 농민의 삶을 대비했더니 의외의 수업 흐름이 발생했다. 진골귀족의 재산을 백성의 삶과 비교해 볼 수 있는 사료를 제시했는데, 학생들은 현대 사회의 재벌이나 대기업을 떠올리며 부정적 발언을 집중적으로 쏟아냈다.

이정○ 이때 진골귀족은 지금의 삼성이나 현대 같은 재벌이겠네요? 사는 모습이 그런 것 같아요. 아, 나도 재벌로 태어나고 싶다. 백성은 너무 힘들게 살아요.

홍수○ 나도 아빠가 이건희였으면 좋겠다. 효녀 지은이처럼 부모 공양하고 살고 싶지 않아요. 먹고살려고 자식을 파는 부모도 있고.

교　사 진골귀족과 백성의 삶을 비교해 보라고 하는데, 왜 갑자기 현재의 재벌을 떠올리니?

오세○ 같은 이야기 아니에요? 같아 보이는데….

(2015년 6월 셋째 주, 2-4반 수업 녹취록 일부)

　교사가 의도하지 않았음에도 학생들은 많이 가진 자에 대해 부정적 인식과 강한 거부 반응을 보였다. 학생들은 이미 사회적 역사 지식 관계망 혹은 가정으로부터 가치교육이 일정 부분 이루어져 '가진 자'에 대한 부정적 인식이 형성되어 있었다.[22] 이에 따라 교사는 재벌이나 대기업의 횡포, 사회적 기부의 참 의미 등에 대해 토의하는 시간을 갖게 되었다. 교사는 수업에서 학생이 표출한 다양한 가치를 적극 활용하고 다루면서 가치교육을 하는 것이 바람직하다. 이때 교사는 교화가 아니라 조력으로 가치를 표출하게 한 뒤, 가치를 확인하게 하고 이후 가치 판단력을 키울 수 있게 해 주는 것이다. 즉, '나도 부자가 되고 싶다'는 가치나 관점에서 '부의 불평등이 사라져야 한다'는 관점으로 방향을 선회할 수 있게 해 주어야 한다.

21) 양정현, 「삶에 대한 역사의 공과—니체의 역사인식 지평과 역사교육적 함의」, 『한국역사교육학회 전국학술대회, 한국역사교육의 길을 묻다』 18, 2013, pp.10-12.

22) 이해영, 「역사의식조사로 본 학생들의 가치 판단 탐색」, 『역사교육』 131, 2014, pp.158-159.

또한 수업 자료로 사료를 선택할 때 교사의 가치가 은연중에 함축되어 개입되는 것을 알 수 있는데, 가치에 민감한 학생들은 그 가치를 포착해 수업 표면으로 드러내고 있음을 알 수 있다. 이 또한 역사 교과의 가치교육 방식이 될 수 있다. 교사는 대체로 수업을 준비할 때 사료 비판의 입장에서 수업 중 활용할 사료를 검토하고 학습 자료를 준비한다. 교과 내용에 부합하고 교사의 가치 의도에 부합하는 자료를 찾게 되는데, 교사 자신은 의도성을 깨닫지 못하기 쉽지만 학생들은 무의식중에 사료 선택에 반영되어 있는 가치를 내재화할 수도 있다.

[실행 수업 2]의 결과는 [표 2]에서 살펴볼 수 있다. 각 학급에서 6모둠이 활동했다. 각 모둠에서 어떤 정책을 입안하고 추진할 것인지 정하고 역할을 맡아 토론한 뒤, 모둠원의 역할에 따른 발언의 중점 내용을 한마디씩 모둠 칠판에 썼다.

[표 2] 고려 시대 정치 운영과 정책 제안

정책 입안 \ 학급(수업 순)	3	4	9	7	5	6	2	1	8	총계
이웃나라와 전쟁을 해야 한다		1		1	1	1	1		1	6
가난한 사람을 도와 주자	2	1	1	1	1	2	2	1	1	12
신분 제도를 바꾸자		1						1		2
세금 제도를 잘 만들자	2	1	2	1	3	1	2	2	1	15
병든 사람을 치료해 주자	1							1	1	3
결혼제도를 바꾸자				1						1
외교 문제를 해결하자	1	1	1	1		1				5
성(왕궁)을 새로 짓자			1			1		1	1	4
교육 제도를 바꾸자		1	1	1			1			4
왕(나라)를 바꾸자					1				1	2

(2014. 9. 넷째 주, ○○중)

이 실행수업에서의 모둠활동 가운데 빈민 구제와 조세에 대한 정책 입안이 많았으며, 전쟁 참여 여부를 결정하는 경우도 많았다. 국가 간 외교 문제를 거론하며 어떤 결정을 내릴지 협의하는 도병마사의 회의 모습을 상상하며 회의하기도 했다. 학생들의 현재가 반영되었는지, 교육제도 관련 정책 입안 의견도 나왔다. 전반적으로 정책이 어떤 원칙과 방향, 가치 등을 지향해야 하는지에 대한 가치 수업이었는데, 전근대와 현재 정치 기구의 역할을 비교하는 수업이 되었다. 교사의 예상과 달리 왕 역할을 하는 학생이 독단으로 결정을 내리는 의사 결정 방식은 수업 활동에 거의 나타나지 않았다. 어떤 정책이든 회의를 진행하고 의견을 듣는 과정을 거쳤다. 학생들은 전근대 시대를 가정해 활동하면서도 현대 사회의 선거나 정책 결정 방식에 영향을 받아 활동했다. 현재의 관점과 가치에서 전근대의 정책 운영 방식을 이해하고 있음을 알 수 있었다. 고려시대 서민의 의견이 어떤 통로로 정책에 반영되는지 묻는 학생도 있었다.

김한○   선생님, 이 시대에 백성들은 어떻게 정책에 의견을 반영했나요? 잘 모르겠어요.

양성○   맞아요, 안 반영하고 있는 거 같아요. 그러면 안 되는데….

김정○   옛날에 백성들은 정치 안 했잖아?

교 사   전근대 한국사에서는 백성의 의견이 정책에 반영되는 정치 운영 방식이 없었어. 조선시대에 들어오면 신문고, 후기에 격쟁, 쟁의 등, 그런 제도가 일부 있었는데, 고려시대에는 그런 정책 반영에 관한 기록이 없지.

김정○   봐, 없다고 했잖아 옛날에 민주주의가 없었으니깐

(2014년 6월, 2-1반 교실, 수업 녹취록 중 일부)

질문들에 내포된 학생들의 가치나 관점 역시 현재의 민주주의와 상통한

다. 민중의 의견이 반영되는 정치를 생각하는 것이다. 당시를 이해하는 코드로는 시대착오적인 개념일 수 있으나, 가치교육의 입장에서는 중요한 사고 활동이다. 민주주의에 대한 현재적 가치에 근거해 전근대사 내용을 이해하고 있기 때문이다. 학생들은 은연중에 민주주의가 없었던 전근대 시대를 현재보다 못한 시대라고 생각할 수도 있지만, '현재' 민주주의의 소중함을 자연스럽게 인식할 수도 있다. 그리고 '민주'의 가치가 이런 과정에서 변천해 왔음을 확인하고 그 소중함을 느끼는 것을 확인할 수 있었다.

민의 입장에서 필요하고 중요하다고 여기는 조세 정책을 구상하는 활동이 가장 많았던 것도 현재적 가치를 지닌 학생들의 생각을 보여준다. 다음은 세금 정책에 관한 정책을 주제로 구상하던 모둠과의 대화다.

조민○ 선생님, 고려 세울 때 1/10로 세금을 줄여 주었다고 했는데, 이전이랑 비교하려니 감이 안 와요.

교 사 정확히 얼마 내는지 선생님도 감이 안 오는구나. 그런데 너희가 내는 세금도 있는데, 그거 아니?

서재○ 애걔? 우리가 무슨 수입이 있다고 세금을 내요? 말도 안 돼. 용돈만 받는데.

교 사 그게 간접세야. 콜라·생수·과자 값 등에 붙는 간접세인데, 우리나라는 간접세 비중이 높은 편이라고 해. 부자든 가난한 사람이든 콜라로 내는 세금은 같아.

조민○ 뭐야, 너무 억울하다. 많이 번 사람이 많이 내야지. 가난한 사람한테 똑같이 받으면 어떡해? 이 세금 정책부터 뜯어고쳐야겠다. 고려시대로 돌아가서 조세 정책을 결정할 때 이런 것들이 없어지도록 정책을 짜보자. 우리 모른다고 자기들 유리한 대로 조세제도 막 짠 거 아냐?

(2014년 6월, 2-3반 교실, 수업 녹취록 중 일부)

조세 정책에 대해 구상한 팀이 상당히 많이 나온 까닭은 교사의 가치가 다소 들어갔기 때문이라고 볼 수 있다. 3반의 첫 수업에서 나온 아이들의 질문에서 교사는 조세 정책을 구상하는 수업도 좋은 주제라고 생각했으며, 다른 반 수업 시간에도 이 주제를 생각해 보도록 유도했다. 특히 조세 정책은 민의 삶과 직결된 것이어서 이에 무관심할 때 자신들에게 당장 불편하고 억울한 조세 정책이 추진될 수 있다는 점을 강조했다. 민주주의 정치에서 정책에 관심을 갖는 것이 중요하다는 것을 간접적으로 알려준 셈이다.

학생들은 자기 삶에서 그런 정치적 역할을 할 일이 없다고 '체념'하는 경우가 보였다. 이런 학생들을 대상으로 현재 본인의 삶과 어떤 맥락에서 연결 지어 볼 수 있는 수업을 구상하는 것이 쉬운 일은 아니다. 정책이 개인에게 미치는 영향, 정치 무관심이 내 삶을 가장 위협할 수도 있음을 환기하는 수업이 되게 했다. 이를 통해 현대 사회의 민주주의를 비판적으로 판단하고 성찰하는 가치교육을 의도했으며, 국가와 지역, 개인이 정책과 무관하지 않게 살고 있음을 환기하게 되었다.

역사 수업은 현재의 민주적 가치를 중심에 두고 당시 사회를 판단하게 해줄 수 있으며, 현재 민주의 가치가 그만큼 소중하다는 것을 인식하는 계기가 될 수 있다. 이 과정에서 학생들이 민주주의 절차나 제도 등에 관한 지식이나 가치를 많이 내재화하고 있는 것을 확인할 수 있었다. 역사는 변화를 체득할 수 있는 교과다. 그 속에 담겨 온 가치 또한 마찬가지다. 민주주의는 이전 우리 역사에서 찾아볼 수 없는 가치다. 이를 어떻게 받아들이고 체화해야 하는지를 시간의 변화에 기반해서 생각해 보게 하는 것이 역사 수업에서는 가능하다. 이는 민주주의 가치를 역사 교과에서 다룰 때만 지닐 수 있는 가치교육의 강점이라 할 수 있다.

[실행 수업 3]의 결과, 국가 입장에서 대외관계를 생각하고 국가 자존심

등을 내세우면서 전쟁을 해야 한다는 주장을 많이 하던 학생들이 수업 후반부에서는 '전쟁은 무조건 안 하는 게 옳다'는 입장으로 바뀌었다. 학생들과 가장 가까운 전쟁 기억인 6·25와 남북한 관계를 언급하면서 '지금 여러분에게 전쟁이 일어난다'는 가정을 하게 했던 교사 발언 후였다. 교사의 적극적인 가치교육의 의도가 드러난 결과일 수 있다.

박기○   거란과는 싸우겠어요. 거란이 너무 설쳐요. 여진과는 형제 관계 요구할 때는 안 싸우고, 군신 관계 요구할 때는 싸우겠어요. 자존심 상하니깐. 싸울 땐 싸워야죠.

교 사   전쟁을 하자는 의견이 많네요? 전쟁이 얼마나 힘든 일인데. 지금 북한과 남한이 전쟁을 하는 것은 어때요?

유혜○   안 돼요. 힘들어요. 절대로 하면 안 돼요. 죽는 건 싫어요. 우리끼리 하지도 못해요. 미국, 중국, 일본 때문에. 지금 이 시대에 어떻게 전쟁을 해요?

학생들   할 수 있어. 무기가 얼마나 많이 만들어지고 있는데.

교 사   그런데, 왜 옛날 고려시대로 돌아가면 전쟁을 한다고 하나요?

학생들   우리가 하는 게 아니니깐요.

(2014년 6월 넷째 주, 2-4반 교실, 수업 녹취록 일부)

학생들은 본인이 하는 전쟁이 아니라고 생각할 때, 명령 내리고 지휘만 하는 대장이 되었다고 가정할 때, 자존심이나 국가 간 관계 등을 고려할 때 전쟁을 해야 한다고 생각했다. 전쟁은 인간 역사에서 필요하다는 생각까지 했다. 전쟁 이후 인류 역사가 발전했다고 보는 의견도 있었다. 하지만 본인이 전쟁에 임하는 당사자로 가정하게 하니 부정적 인식으로 급변했다. 현재의 나와 관계된 전쟁을 상상하게 했을 때 전쟁에 찬성하는 학생은 한 명도 없었다. 역사는 과거 이야기이고 지나가 버린 일이며, '만약'이라는 가정이 존재하지 않기에 과거 역사 속 전쟁을, 갈등 양상을 쉽게 전쟁 이야기로 결론 짓는 것이었다.

학생들에게 역사적 공감 능력을 길러주는 것은 매우 중요하다. 타인에 대한 공감 능력은 민주시민의 자질 중 하나이며, 모든 교과에서 길러내고자 하는 시민의식이다. 역사 교과는 타인은 물론 시공간을 넘어서까지 공감력을 발휘하게 할 수 있다. 역사적 교훈을 얻는 것뿐만 아니라 당시 사람들이 느꼈을 상황과 감정 그리고 가치를 공감하게 하는 훈련이 필요하다. 이 수업에서는 전쟁의 참상을 공감하게 해 평화 가치를 내재화하도록 의도했다. 역사 교과에서 전쟁을 통한 평화 가치 수업의 핵심은 전쟁의 승패가 아니라 전쟁이 사람들의 삶에 미친 영향에 관심을 갖게 하는 것이다.[230]

[실행 수업 4]는 인권 가치를 중점에 두고 진행한 수업이다. 글쓰기를 한 뒤 소감을 통해 우리 삶과 당시 농노의 삶이 어떻게 다른지 생각해 보게 했다. 봉건적 의무나 영주의 인신적 간섭 및 예속, 경제적 착취 등에 반발하는 학생 반응이 많이 나타났다. 왜 농노가 힘들게 살았는지, 그런 생활을 어떻게 견뎠는지, 그렇게 생활하는 것에 반대하지 않았는지에 대한 의견들이 가장 많이 나왔다. 다음은 학생들의 질문 반응 가운데 일부이다.

김민○ 아니, 인간적으로 초야권이 말이 돼요? 뭐야, 농노는 맨날 일만 하고 그날 일한 것도 현물로 갖다 주기도 해야 한다니, 너무 힘들게 살았던 것 같은데요? 이러고 왜 참고 살아요?

이상○ 신분사회여서 그런 거 아닌가? 제 생각은 그런 거 같아요. 옛날에는 다 이렇게 살았잖아요? 우리는 이때로 돌아가면 농노 신분인 거죠? 아, 그때로 돌아가기 싫다.

---

230) 김한종, 「평화교육과 전쟁사-모순의 완화를 위한 전쟁사 교육의 방향-」, 『역사교육』 16, 2013.

최휘O 샘, 진짜로 초야권이라는 게 있어요? 여자는 뭐야, 더 힘들잖아요? 그 동네 사는 여자들이 모두 그런 거예요? 하루 종일 일만 하는데, 또 그런 것도….

교 사 다른 생활 방식도 살펴보면서 쓴 글은 없을까? 농노의 일과가 어떠했는지 구체적으로 써본 사람은?

장미O 전 여러 내용으로 쓰긴 했는데, 쓰면서 느낌이 힘들었어요. 내용도 힘들고, 쓰기도 힘들고, 하루 일과가 맨날 일하는 걸로 썼거든요.

(2015년 6월 셋째 주, 2-3반 수업 녹취록 일부)

'태어날 때부터 영주와 농노가 정해지는 것이 불공평하다', '왜 참고 살았을까', '우리 가정과 삶은 어떻게 생겨난 것일까' 등, 인간다운 삶과 관련한 다양한 의견과 질문이 자연스럽게 나왔다. 여학생의 경우 여성의 지위가 더 열악하다는 의견을 내기도 했다. 하루 종일 일하는 모습은 현재와 같은 게 아니냐는 의견, 우리 같은 사람들의 생활이 안정되지 않은 것은 비슷하다는 의견, 집이나 놀이 문화는 우리가 더 좋은 것 같다는 의견 등이 나왔다. 달라진 게 많이 없으며, 그래도 물질적·인간적으로 계속 나아지고 있다는 반응들이다.

학생들의 의견을 들으면서 인권이라는 가치와 관련해 생각거리를 주는 것은 교사의 몫이다.[24] 인권 개념을 생각하며 우리가 어떻게 살아야 하고, 인간답게 살기 위해 어떤 일을 더 할 수 있는지 돌아보게 했다. 학생들의 생각과 가치는 수업 상황에서 고착되지 않고 늘 진행형이다. 교사는 학생들의 반응을 정리하면서 근대 시민 개념에 있는 인권 개념은 이러한 불합

---

[24] 농노의 하루 일과를 써 보게 한 후, 교사와 상호문답을 통해 드는 생각과 느낌과 의견을 말하고 토의하는 시간을 5분 정도 가졌다. 그리고 교사의 발문으로 우리의 현재 삶과 농노의 삶을 비교해 보게 하여 학생 의견을 끌어냈다. 글쓰기로 추체험을 한 뒤라 다양한 생각과 의견이 나왔으며, 인권이라는 가치가 어떻게 발달해 왔는지 자연스럽게 논의하는 수업이 전개되었다.

리한 상황을 극복하기 위해 투쟁하고 성취하는 과정에서 만들어진 것이라고 부연 설명했다.

역사 수업과 가치 교육

[표 3] 수업 속 학생 활동과 가치 교육

구분 학습 단계	학생 활동	가치 학습
가치 인식	가치 인지 및 확인, 가치 탐색	가치 다원성 이해력
가치 확인 및 공유	시공간의 가치 확인 및 공유	가치 공감력
가치 판단	가치 판단 및 기준 형성	가치 판단력
가치 형성	가치의 내면화 및 타인의 가치 수용	역사적 사고력

[표 3]은 앞 장에서 행한 가치 수업 가운데 학습자의 가치 학습 과정을 축으로 학습 활동과 가치 학습 과정을 정리한 것이다. 우선 학습자는 가치를 인식한다. 학습자가 역사적 사실과 사건에 내포된 가치를 인지하고 인식하는 과정이다. 역사적 사실은 역사가들의 가치와 관점을 담고 있으며, 역사가들이 현재와 과거의 끊임없는 대화를 통해 재구성한 결과물이다. 따라서 역사적 사실에는 과거 시대의 가치와 관점, 현재 역사가의 가치와 관점이 모두 내포되어 있다. 그리고 교과 내용으로 선정되는 과정에서 현재 사회의 가치까지 담고 있기에 학습자는 하나의 역사적 사실에서 다양한 가치를 접하게 된다. 이때 학습자는 사료나 자료 등을 통해 사실을 확인하는 탐구 분석적 방법을 활용할 수 있다(1실행 수업 1] 참고). 학습자가 그 시대의 자료를 탐구하고 분석하며 자연스럽게 현재의 가치와 비교해 보려 하기 때문이다.

학습자는 이 과정에서 가치를 탐색하는데, 1차 사료와 2차 사료 및 다양한 자료 등을 통해 다양한 가치를 접하게 하는 것이 바람직하다. 그 속에서 학습자가 자신의 가치를 끌어내어 확인하게 되기도 한다. 자기 관점에서 다양한 자료를 이해하려 하기 때문이다. 이 과정에서 접하게 되는 다양한 가치들을 인지하는 것이 가치교육의 1차 과정이라 할 수 있다. 기존 역사 수업은 교과 내용에 치중해 객관적 역사 사실을 이해하기 위한 수업이 중심이었다. 그런데 학습자가 자신의 가치와 관점을 가지고 역사적 사실 속 다양한 가치를 접하는 수업이 될 수 있다면, 역사적 사실의 인과론적 특성을 이해하고 행위 주체자의 의도를 이해하기가 한층 쉬워질 것이다. 교사가 사료를 선택하는 과정에서 개입되는 가치까지 관찰 가능한 학습자라면 가치 학습이 더 잘 이루어질 것이다.

다음으로 학습자가 가치를 확인하고 공유하는 흐름이 관찰된다. 모둠 활동 및 토론 과정에서 다른 학습자의 가치를 접하게 되며, 나와 다른 여러 가치를 확인하는 과정도 있다. 이때 교육 활동은 학습자들의 가치를 표출할 수 있는 교육 방법들이 활용되어야 하는데, 토의 및 토론은 다양한 가치가 교류될 수 있는 가장 적절한 방법이다([실행 수업 2] 및 [실행 수업 4] 참고). 토의 과정에서 상대를 설득하기 위해 논쟁이 벌어지기도 하고, 타인의 가치와 비교해 자신의 관점이나 가치를 수정하거나 더 강화하기도 한다. 학습자가 자기 생각이 관철되지 않은 것에 너무 실망하지 않고 자기중심적 사고에서 벗어나게 하려면 교사의 개입이 필요하다. 자기 의견을 이야기하고 상대의 이야기를 들으면서 합의점이 있는지 살피는 정도의 수준으로 토의가 진행되는 것이 바람직하다.

이때 학습자의 가치를 표현하고 공유하는 활동으로 글쓰기, 발표하기, 대화하기 등을 활용할 수 있다([실행 수업 4] 참고). 생각을 글로 표현하면서 자신의 가치를 정리하고, 이를 발표하여 공유한다. 이때 학습자는 다른 학습자의 의견을 들으면서 역사적 사실에 대해 다양한 판단과 가치가 있을 수 있음을 알게 되고, 이 가치들이 상충하거나 공존하거나 합의되는 과정에서 자신의 가치를 점검하고 확인한다. 그러면서 가치 판단력과 감수성이 길러진다. 다른 사람들의 가치에 반응하고 자신의 가치에 민감해지면서 가치 점검을 하는 것이다. 이를 통해 학습자가 가치에 대해 유연한 태도를 갖기도 한다.

셋째로, 학습자가 가치를 판단하는 과정이 나타난다. 역사적 사실에서 발견한 과거의 가치 그리고 현재의 가치, 이에 더해 수업에서 드러나고 공유된 다양한 가치를 접하면서 학습자의 가치가 유연성을 지닌다. 이때 가치 판단 기준을 확립하게 되는데, 이는 해당 수업 시간에 생겨날 수도 있으며, 여러 차례 수업을 통해 만들어지기도 한다. 기준이 되는 것은 학습자 자신의 가치였다. 때로 다른 학습자의 가치를 받아들여 수정되거나 논리가 보완되는 방식으로 가치 판단 기준이 서서히 형성되어 가는 것을 발견할 수 있었다.

가치 판단 과정에서 학생들이 보이는 공통적인 현상은 현재적 가치를 중요하게 여긴다는 점이다(실행 수업 1~4) 참고). 교사도 학생들의 흥미와 동기를 유발하기 위해 과거의 사건과 현재 상황을 연관 지어 설명한다. 역사는 과거에 대한 지식이지만, 현재의 당면 과제를 해결하는 데 도움이 되거나 사회적 요청에 부응하기도 한다. 따라서 현재적 가치를 중시하게 된다. 그러나 현재의 잣대로 과거를 보는 것은 가치 판단 준거 형성 과정에서는 신중해야 한다. 학생들이 과거에 대해 그릇된 시각으로 바라보며 탈맥락적으로 생각할 수 있기 때문이다. 현재의 렌즈를 통해 과거가 무조건 나쁘다는 식으로 해석함으로써 상대성을 띤 가치 준거가 강화될 수 있는 것이다. 이는 과거를 부정적으로 보며 현시대의 가치만 중시하게 하여, 사회의 진보성과 보편가치 지향성을 흐려 놓을 수 있다.

따라서 가치 판단의 준거가 형성되는 과정에서는 과거의 가치와 현재의 가치를 객체화시켜 볼 수 있게 해야 한다. 보편 가치로서 인류 역사의 발전 방향에서 지향점에 해당하는 절대적 가치가 있는가 하면, 사회적 합의에 따라 계속 변하는 상대적 가치가 있다. 중요한 것은, 시간 변화의 입장에서 가치를 객관적으로 판단할 수 있게 해야 한다는 점이다. 인간 사회가 끊임 없이 변화해 왔으며 그 과정과 방향은 진보를 향하고 보편성을 띤다는 점을 분명히 해야 한다. 가치 변화를 다루어 볼 수 있다는 점은 역사 교과에서 가능한 가치교육으로, 타 교과에 비해 장점을 지닐 수 있다.

마지막 과정은 가치 학습이다. 역사적 사실에 대한 학습자의 가치 판단은 도덕적 반응으로 이어져 학습자의 행위로 나타나기도 한다.[25] 이는 수업을 통해 자신의 가치를 만들고 학습자 스스로 정립한 가치가 구체적으로 가치 적용으로 드러나고 정착되는 결과이기도 하다. 역사에서 학습자의 가치 내면화는 도덕 교과의 인성 교육에 비해 더 설득력을 지닐 수 있다. 다양한 가치를 역사적 경험에서 검토하며, 시공간에 걸쳐 다루어지는 인류의 가치들을 다룰 수 있기 때문이다. 과거의 가치를 검토하고 현재의 다원적 가치를 공유하는 과정이므로 가치 확립이나 정착을 통한 학생들의 가치 내면화는 강력한 힘을 지닌다.

여러 차례에 걸친 이러한 수업을 통해 생겨난 가치는 다른 시대, 다른 지역, 다른 인간의 가치에 대해 한층 개방적인 모습을 띨 수 있다. 가치 내면화의 결과에 대한 확인은 실천으로 드러난 행위로 가능하다. 역사 교과의

---

[25] 역사교육의 4가지 입장을 정체성과 탐구(분석) 그리고 가치(도덕)와 지식(과시)으로 정리하는 견해에서 도덕 교육을 중요한 역사교육의 한 축으로 제시하기도 한다. Keith C. Barton and Linda S. Levstik, *Teaching History for the Common Good*(Mahwah, New Jersey: Lawrence Erlbaum Associates), 2004.

가치 중심 수업이 다시 실행되었을 때 재확인할 수 있고, 이런 수업은 학습자의 가치 내면화를 다시 도울 수 있다. 결국 역사 교과의 가치 수업은 지속적으로 행해져야 한다.

역사 수업에서 학습자에게 일어나는 가치교육 흐름은 크게 두 가지로 나눌 수 있다. 하나는 인지적 사고 차원이다. 역사적 사건에 대한 가치 판단의 준거를 만드는 과정에서 학습자는 가치 판단력을 기르고 주체적인 자기 생각을 만든다. 이것은 역사적 사고력 형성과 맥락이 닿아 있다. 주지하다시피 역사적 사고력을 함양하는 것은 역사교육의 목표다. 가치를 중심에 둔 수업에서 가치 판단력 형성을 통해 역사적 사고력 함양이라는 교과 목표를 성취할 수 있다. 역사적 사실을 다루면서 가치 판단의 준거를 마련하고 가치를 확립하는 과정에서 학습자의 사고 활동은 활발하게 이루어진다. 특히, 가치교육의 세 번째 과정에서 전개되는 가치 판단의 준거 확립 및 학습자의 사고 과정은 역사적 사고력 함양이라는 목표에 직접 닿아 있는 과정이라 할 수 있다.

다른 하나는 감성적 차원으로, 학습자의 가치 감수성이 발현되는 것을 말한다. 타인의 가치를 수용하고, 나와 다를 수 있다는 것을 알게 되면서 생겨나는 것이다. 사고력은 감수성과 접목되고, 이런 과정을 거쳐 형성된 가치는 더 쉽게 내면화된다. 따라서 주입이나 교화 혹은 지식 습득을 통해 일어나는 가치교육보다 강점이 있다.

이상과 같이 앞서 실행된 가치를 다루는 수업에 근거해 학습자가 가치를 학습하는 흐름을 정리해 보았으며, 이를 통해 가치교육의 의미를 찾아보았다. 학습자가 가치를 내 것으로 만드는 과정은 단순히 지식을 알고 암기하는 것이 아니라 역사적 사건에 내포된 가치를 비판적으로 판단해 자기 가치를 형성해 가는 내재적 과정이었으며, 주체적 사고 활동이 뒷받침되는 활동이었다. 가치를 중심에 둔 수업이 여러 차례 진행되었을 때, 학습자 개개인의 가치가 확립되고 정착되기에 더욱 유리할 수 있을 것이다.

학교 현장에서 이루어지는 가치 중심의 역사 수업에서 가치 학습 흐름이 [표 1]에서 제시하는 양상으로 나타나지 않을 수 있다. 일부 학생은 기존 가치에 대한 입장을 시종일관 유지하기도 한다. 단편적인 예로, 단위학교의 역사 수업에서 소위 '일베'라는 집단과 역사 인식을 공유하는 학생을 만나는 것이다. 다원성을 인정하는 차원에서 이들의 역사 인식을 존중해야 하는지 의문이 들게 된다. 이때 교사가 이 학생들의 역사 인식을 부정하거나 다른 가치관을 제안해 생각을 바꾸려 할 때 더 강한 가치 '거부 현상'이 일어나는 것을 종종 볼 수 있다. 한 개인의 가치는 이런 방식으로 형성되는 것이 아니기 때문이다.

'일베'라고 불리는 학생들이 스스로 생각하면서 가치를 수정하고 보완하는 것을 돕는 것이 더 나은 방법이라 할 수 있다. 즉, 자신의 가치가 다수가 공유하는 사회적 합의 가치와 어떻게 다른지 드러내고 확인할 수 있는 가치 수업에 적극적으로 참여하게 하여 자신의 가치가 타인의 그것과 합의될 수 있는 지점들이 있는지 스스로 판단할 수 있게 도와주는 방법이 현실적으로 더 타당하다. 또 다른 예로, 일부 학생은 가정이나 사회에서 영향받은 가치를 고수한다. 교사의 가치 중심 수업이 학생들의 기존 가치와 맞지 않아 충돌이 일어날 수 있는 지점이다. 이때 학생들에게 나타나는 가치는 교사의 의도와 다른 관점으로 형성될 수도 있다.

그럼에도 대부분의 학생은 역사적 사실에 내포된 가치와 교사의 가치에 민감하게 반응할 준비가 되어 있으며, 일부 학생은 그대로 수용할 뜻을 보이기도 했다. 따라서 이 책에서 논의한 것처럼 어떤 가치를 교육할지, 어떤 방법을 활용할지, 어떤 교육 효과를 기대하고 있는지 교사가 깊이 고민하는 것이 의미 있다. 학습자를 어떤 가치를 지닌 인간으로 키워갈지 고민하기보다, 다른 가치에 맞닥뜨렸을 때 어떻게 받아들이고 수용할지를 배우게 하는 것이 중요하다.

민주주의 가치를 다루는 수업

일반적으로 역사 교과에서 교사의 주관적 가치를 수업에서 강조하는 것은 바람직하지 않다고 여겨진다. 그러나 이러한 인식과 달리 현장의 역사 수업은 가치를 다루는 형태로 이루어질 수밖에 없다. 역사적 사실에 가치가 내포되어 있어 간접적으로 가치를 경험할 수밖에 없으며, 이들 가치와 학습자가 지닌 현재의 가치를 비교하는 수업이 이루어질 수밖에 없다. 가치를 다루는 역사 수업에서 중요한 것은 가치를 다루는 방법이며, 교사의 역할과 학습자의 가치 수용의 내적 상황이다. 또한 가치를 이해하는 것에 그치지 않고, 학습자가 스스로 생각하고 판단할 수 있도록 사고력과 판단력을 길러주는 것이다.

역사적 사실을 배우는 과정에서 가치 인식, 가치 확인 및 공유, 가치 판단, 가치 형성이라는 학습자의 학습 흐름이 발생했다. 이를 통해 가치의 다원성을 이해하고 다른 사람의 가치에 공감하기도 하면서 학습자에게 가치 판단 기준과 사고력이 생기고 있음이 발견되었다. 역사 교과가 다른 교과에 비해 가치를 상대적으로 비교·분석하는 것에 유리하고, 인류 역사에서 보편 가치가 지향하는 방향성을 관찰하기에 좋은 교과임을 밝히고자 했다. 더불어 가치를 다루는 역사 수업을 통해 학습자는 주체적으로 자기 사고, 즉 역사적 사고를 해가고 있음도 확인할 수 있었다.

수업 방법에서 토론이나 모둠 혹은 교사와의 상호문답식 수업 방법은 가치교육에 효과적임을 알 수 있었다. 가치 수업은 다양한 생각이 있을 수 있다는 것과 이를 수용하고 인정하며 공감하는 것, 이를 공유하는 과정을 경험하는 것이 중요하다. 토론 수업에서 아이들은 때로는 서로 충돌했다. 하지만 상대방의 생각을 이해하고 다를 수 있음을 인정하는 과정에서 각자 '자기 가치'들이 성숙해 갔으며, 다른 이의 가치와 접점을 찾아가는 모습을 보여주기도 했다.

교사는 기성세대의 가치를 지닌 한 사람으로 가치 수업에 참여하는 것이 바람직하다. 이때 기성세대의 가치를 우월적인 것으로 인식한 채 학습자를 교화하거나 가치가 담긴 내용을 이해시키는 수준에서 수업을 진행하는 것은 학습자의 가치 내면화를 방해한다. 교사가 학습자의 가치 형성 과정에 조력하고 자신의 가치를 드러낼 때는 학생들과 평등하고 동등한 입장에 한정되어야 한다. 그리고 학습자 스스로 생각할 수 있도록 유도하기 위해 방법을 구상하여 수업하고자 노력해야 한다.

역사 교과서는 가치를 다룰 수 있는 방식으로 서술되어 있다고 보기 어려운데, 수업 내용 재구성을 통한 가치교육 실행 의지와 수업 방법을 궁리해야 한다. 사회가 합의하는 보편타당한 가치를 지향해야 하며, 논쟁이 많은 가치를 다루려 할 때는 더욱 신중한 수업 구상과 교사의 수용적 태도가 필요하다. 요컨대 역사 수업 속 다양한 가치의 존재 양상에서 학습자 스스로 가치를 선택하고 내재화할 수 있도록 조력하고 안내하는 역할을 해야 한다.

수업에서 다양한 생각들을 접하는 것은 민주시민 사회의 다원성을 수용하는 것과 상통하며, 다른 이의 사고를 공유하는 과정을 학교에서 경험하는 것이 중요하다. 가치 민감성이 높은 시기로, 가치 형성에 유리하기 때문이다. 이때 학습자 간 주체적 생각이 드러나고 상충하면서 때로는 합의하고 때로는 다양하게 나뉘면서 자기 가치 판단 기준이 만들어지게 된다. 이를 통해 개인은 역사적 사고력과 판단력을 갖춘 민주 시민으로 성장할 수 있다. 결국 역사 교과에서 민주주의 가치 중심 수업은 학습자가 주체적으로 '자기 생각'을 만들어내고 공감적 가치 이해 능력을 키우는 교육으로 적정한 교육이라 할 수 있다.

인문 고전을 읽는 수업

민주시민교육 전통은 근대국가 발생 이후 사회적 합의하에 한 나라가 지향하는 가치와 제도로서 공교육의 항구적인 교육 목표가 되어 왔다.[1] 따라서 현행 국가 교육과정이 지속적으로 지향하는 교육 목표가 되었다. 이에 따라 우리나라 교육과정의 각론에는 교과 특성에 맞게 민주시민 양성을 위한 교육이 실현되고 있다. 사회과의 민주시민교육 흐름은 지속적이고 심층적이다. 국어과의 비판적 사고 함양도 중요한 민주시민교육 목표로 설정되어 실천되고 있다. 역사과에서도 민주시민 양성은 중요한 교과 목표다. 역사적 사고력과 비판적 판단력을 기르고 이를 통해 사고하는 깨어 있는 민주시민을 함양하는 것을 목표로 한다. 그런데 이들 교과에서 민주시민교육은 교과 내용에 치중되어, 포괄적인 사회적 가치로서 시민 역량을 기르는 데 다소 결핍을 느끼게 한다.

민주주의라는 개념은 제도, 이데올로기, 가치 등으로 구분 지을 수 있으며, 이를 교육 목표로서 인문주의적 민주주의(humanistic democracy), 심의 민주주의(deliberation democracy), 참여 민주주의(participatory democracy), 다원주의(pluralism)로 구체화해 교육의 지향점으로 삼을 수 있다.[2] 이는 민주주의 교육을 실천함에 구성원 간 합의를 이끌어내는 과정을 중시한 것이며, 다양성을 인정해 종국에는 참여로 이끄는 교육 활동이 중요함을 암시한다. 여기서 인문주의적 민주주의는 교육 내용을 인문학에 기반하고 이를 통해 민주주의를 구현하는 것을 일컫는다. 이러한 민주시민교육의 구체화를 통해 공동선을 지향해야 한다.

인문주의적 민주주의는 인문학을 중심에 둔 인간다운 민주주의를 가리키는데, 이때 인문학이란 인간을 이해하고 인간다움을 실현하기 위한 학문을 뜻한다. 사전적 정의에 따르면 인문학은 '인간의 사상 및 문화를 대상으로 하는 학문 영역'이다.[3] 인문학(humanities)의 어원인 라틴어 '후마니타스(humanitas)'는 '인간의 본성'이라는 뜻이 있는데, 기원전 55년 키케로(Cicero)가 쓴 『웅변가에 관해(Oratore)』라는 책에서 처음으로 쓰였으며, 웅변가를 양성하기 위한 교육 프로그램을 뜻하는 말이었다. 동양에서도 인문학 전통은 유구하다. 공자나 맹자, 노자나 장자는 모두 인간이 무엇인지, 인간의 삶이 어떠해야 하는지에 대한 훌륭한 물음을 던져준다. 우리나라의 성리학 전통이나 실학사상들도 인문학의 전통에서 이해될 수 있는 부분을 많이 포함한 인간 중심 학문 영역이다.

1) 데릭 히터 저, 김해성 역, 『시민교육의 역사』, 한울, 2007, pp.120-121.

2) Kenth C. Braton, Linda S. Levstik, *Teaching history for the common good*, Mahwah, New Jersey: Lawrence Erlbaum Associates, 2004.

3) 서울대학교교육연구소, 『교육학용어사전』, 하우동설, 2011.

이러한 인문학은 인간을 교육하는 역할을 해왔는데, 시대에 따라 교육의 의미와 목적이 변화해 왔다. 그리스-로마 시대에 인문학이 교양인 양성을 위한 일반 교육을 위한 것이었다면, 르네상스 시대에는 중세의 신 중심의 부정적 인간관을 극복하고 고대의 인간관을 계승하면서 '교양을 위한 학문', '인간의 정신을 고귀하고 완전하게 하는 학문'으로 인식되었다. 19세기에 접어들면서 인문학은 세계 속에서 일어나는 현상들을 객관적으로 탐구하는 자연과학에서 분리되어, 사실을 추구하는 학문이 아니라 '인간다움'이 무엇인지를 밝히는 학문으로 규정되었다.[4]

인문학 교육은 청소년기 인생의 나침반과도 같다. 어디로 가야 할지, 어떻게 살아야 할지, 왜 살아야 하는지에 대한 답을 찾는 여정이 바로 인문학에 대한 탐구다. 인문학은 청소년들이 인생의 좌표를 스스로 설정하게 돕는 이정표 역할을 하는 것이다. 인문학이 청소년 시기에 중요한 교육 내용이 될 수 있다는 논의는 인문학을 학교 교육과정으로 연계할 가능성을 보여준다. 교육과정과 연계될 수 있는 상황을 고려할 때 어떤 교육 목표와 교육 내용으로 접목될 수 있는지, 그리고 수업 방법으로 어떤 실천을 해볼 수 있는지 고민해야 한다.

인문학 독서 수업의 가능성

인문학의 교육적 역할은 독서를 통해 다양한 교육을 시도하고자 하는 활동으로 이어져 왔다. 인문학을 중심으로 교육 활동을 전개하고 이 시도들을 정리한 글이 있다. 김보성(2009)은 노숙인을 대상으로 한 인문학 교육

---

4) 한국문학평론가협회, 『문학비평용어사전』, 국학자료원, 2006.

의 재활 효과를 연구했다. 성프란시스코 대학은 미국의 쇼리가 운영한 '가난한 사람들을 위한 인문학'으로 알려진 클레멘트 코스를 기본 틀로 하여 우리나라 최초로 노숙인을 위한 인문학 강좌를 개설해 운영했다. 김보성은 성프란시스코 대학의 노숙인 대상 인문학 과정이 노숙인의 자아존중감과 내외통제성 및 대인 관계 변화에 미치는 영향을 분석했다. 이 연구는 인문학 과정이 노숙인의 재활에 효과적으로 기능할 수 있음을 측정했고, 가난한 사람에게도 풍요로운 삶의 질이 배려되어야 한다는 당위에 대해 생각하는 기회를 마련했다. 그리고 노숙인 및 차상위 계층의 재활 능력 향상을 위해 인문학 교육과정의 도입이 적극 권장되어야 함을 보여주었다.

이황직(2011)과 신희선(2012)은 숙명여대의 '인문학 독서토론' 강좌를 운영하고 분석했다. 고전 읽기를 통한 인문학 교육이 '인간 정신을 개발해 풍부한 것으로 만들며 인격을 형성해 간다'는 교양 교육의 목적에 부합한다고 생각하고 수업을 진행했다. 수강생들의 소감문을 분석해 학생들이 자신의 삶의 원칙과 대결하게 되고, 현실의 딜레마를 바라보는 시각을 성숙시킬 수 있었다는 결과를 얻었다.

김말란(2012)은 경상북도 내 14개 자활 지역 센터에서 '희망 인문학 교실'에 참여한 참여자를 중심으로 심리적 요인인 '자아존중감', '사회정서적 고립'과 사회적 요인인 '사회적 문제 해결', '대인관계' 등에 대한 동기부여의 변화를 연구했다. 분석 결과 참여자들이 건강한 방향으로 나아졌으며, 문제에 대한 접근 회피, 개인적 통제 조절의 어려움, 문제 해결에 대한 확신 부족 등 여러 문제의 해결 능력이 높아진 것으로 나타났다.

이영환과 상종열(2013)은 서울시의 '희망의 인문학 과정' 이수자들의 경험을 연구해 인문 교육의 의미를 밝히고자 했다. 이들은 서울시의 '희망의 인문학' 기초 및 심화 과정을 수료한 자활 참여자의 체험을 해석학적 현상학

연구 방법으로 분석했다. 그 결과 인문 교육을 통해 자신의 본래성을 회복하고 인간답게 살아가려는 노력을 기울이게 되었고, 타자의 특수성과 자신의 특수성을 융합시킴으로써 세계에 대한 이해를 넓혀가고 있었다고 한다.

이 연구들은 평생교육 혹은 대학의 교양 교육에 대한 접근으로, 그 대상이 된 교육은 성인이나 사회 초년생들의 재활교육 또는 평생교육 프로그램의 일환으로 진행된 것이 특징이 다. 민주시민의 한 사람으로 제대로 역할하기 위해 사회적 약자들을 대상으로 인문학 독서를 진행한 실천 사례들이다. 인간답게 희망을 갖고 삶을 영위할 수 있도록 도와주게 되었으며, 나아가 민주시민의 일인으로서 오롯이 자기 역할을 할 수 있게 되었음을 도출한 연구들이다.

민주주의 사회를 지향하면서 시민교육을 위한 인문학 독서를 추진한 프로그램도 있다. 1940년대 후반 위대한 교육사상가인 허친스(R. M. Hutchins, 1899~1977)와 아들러(M. J. Adler, 1902~2001)는 많은 전문가와 독지가의 도움을 받아 '위대한 저서 읽기 프로그램(Great Books Program, GBP)'을 만들었다. 이 프로그램은 『서양의 위대한 저서(Great Books of the Western World)』라는 이름의 54권으로 된 전집에 근거한다. 브리태니커 회사는 이들이 선정한 책들을 1952년에 하나의 전집으로 출간했다. 이 전집은 지난 3천 년 동안 서양에서 발간된 저서들 중 74명의 작가가 쓴 443편의 글을 포함한다. 허친스와 아들러는 민주시민 사회를 제대로 구현하기 위해 시민의 자유로운 이성적 사고를 길러야 하고 이들 이성적 민주시민에 의해 구현되는 민주주의가 진정한 민주주의가 될 수 있다고 보았다. 이에 따라 이성적 사고력을 기르기 위한 인문학 독서를 강조하고 실천했다.

어떻게 읽을 것인지에 대한 연구와 논의도 진행해 '공동탐구입문'이라는 프로그램을 개발하고, 시카고 대학생을 중심으로 인문학 독서를 진행했다. 이 운동은 당시 큰 사회적 반향을 불러일으켰다. 이성적 사고를 키우는 인문학 독서와 이를 통해 이성적 민주시민을 길러내려는 독서 운동으로서 엘리트 교육처럼 인식되었다. 위대한 고전을 읽을 수 있는 수준의 사람들을 대상으로 하는 것인지, 고전을 읽게 만드는 것인지 혼란스러워 엘리트 교육이 되어 버린 것이다. 1960년대 자유교양교육으로 일본 및 우리 교육에 영향을 끼치기도 했으며, 일부 출판사에서 이들 도서를 출판하기도 했다.

혁신교육 정책을 추진하는 과정에서 경기도교육청이 제안했던 창의지성교육도 이러한 인문학 소양을 통한 민주시민 양성을 목표로 하며, 지역 교육과정을 개발하고 시행한 적이 있다. 공교육의 국가 교육과정의 교육 목표 최종 지향점이 민주시민교육임을 고려해 '인문학을 통한 민주시민 양성 교육'이 중심 내용이었다. 이러한 정책 기조에 따라 창의지성교육 실행을 위해 인문학 독서, 사회적 실천, 예술문화 체험, 실험 등을 교육 소재로 삼아 학생 스스로 자기 생각을 만들며 비판적 사고력 등 이성적 사고를 키워가는 것을 목표로 한 시민교육 정책이었다. 인성과 감성을 아우르는 지성을 키워내려는 민주시민교육의 시도였던 셈이다. 창의지성교육과정을 만들고, 방법적 실천으로 혁신학교의 틀거리 속에서 교사들이 궁리하는 교육과정으로 구현해 내는 방식으로 정책을 추진하였다. 이는 우리나라 교육 정책 구현 환경에서 시도해 본 인문 소양 기반의 시도교육청 단위 민주시민교육으로, 학교의 민주시민 양성 책무를 되살리고자 한 것이라 볼 수 있다.

허친스와 아들러의 사례는 인문학 도서 목록을 구체적으로 추출하고 이를 읽는 방법까지 고안해 민주시민교육을 시도했다는 점에서 인문학적 민주주의의 구현을 위한 시민교육에 적중한 사례라 할 수 있다. 또한 창의지성교육의 정책적 시도는 공교육에서 교육과정 혹은 교육 내용으로 접근했다는 점에서 기존 인문학 민주시민교육에서 한 걸음 더 구체화한 것으로 볼 수 있다. 독서의 구체적 방법과 공교육 정책에서 추진되어 반향이 컸던 점도 차별화된다. 그럼에도 지속성을 담보하기에는 부족했다. 인문학 독서의 엘리트적 성향, 청소년기 이상의 대상에게만 가능한 독서 수준, 전통과 연계 등의 문제로 학교 현장의 민주시민교육으로 자리 잡지 못한 측면이 있기 때문이다.

본 인문학 수업은 인문학 내용과 방법 면에서 허친스와 아들러의 독서 방법을 참고하되, 시도교육청 창의지성교육 정책 방향에 맞추었으며, 중학교에서 실시되는 점을 고려해 단위학교 교육과정 구상을 통한 충실한 수업을 실행하고자 하였다. 그리고 단위학교에서 인문학 독서를 한다고 할 때 어떤 방법으로 구체화할지 고민했다. 이를 위해 교육과정 재구성을 거쳐 학교 철학을 수립하고, 그에 따라 학년 교육과정을 인문학 도서 중심으로 통합하여 구상한 뒤 교과 수업으로 풀어갈 계획을 세웠다.[5]

실행 대상은 2학년 학생으로 하되 4개 반 학생들과의 수업을 집중 연구했으며, 이 학년에서 동시에 진행되던 인문학 독서 학생 동아리반의 반응을 수업과 연계해 운영된 부분에 한해 함께 분석하고자 했다. 이때 교사의 인문학 관심을 독려하고 인문학을 반영한 교육과정을 구상하며 교학상장(敎學相長)의 배움을 위해 운영되던 교사 연구회의 독서 토론 부분도 분석했다. 교사와 학생 모두의 민주시민교육이라는 차원으로 접근하여 실행했으며, 이를 통해 학교공동체 차원에서 전체적으로 인문학 독서를 하게 하여 학생뿐만 아니라 교사의 민주시민으로서의 성숙을 지향했다. 이는 사회라는 구조 속에서 학교라는 공교육 기관을 통해 실행되는 민주시민교육으로 볼 수 있다.

---

[5] 이혜영, 「중학교 사례를 통해 본 중등통합프로그램의 특징」, 『교원교육』 30-2, 2014.

인문 고전 역사 수업

 2014년 3월부터 한 학기 동안 역사 수업 시간에 호메로스의『오디세이아』를 읽으면서 2학년 4개 반에서 진행된 수업을 우선 정리하고자 한다. 또 같은 시기 같은 학년 학생들을 대상으로 모집된 '꿈드림 인문학 동아리' 활동을 정리하여, 인문학 혹은 독서를 선호하는 학생 14명을 대상으로 한 것을 중심으로 분석하고자 한다. 이들 분석은 학습 활동지, 수업 동영상, 학생 소감문, 학생 소감 동영상 등을 근거로 한다. 이와 별도로 사제가 함께 읽기를 권장해 진행된 교사 인문학 동아리, 지역사회 학부모 인문학 동아리 등도 정리하여 총체적인 변화 모습을 포착할 수 있게 했다. 실행된 인문학 독서 활동은 수업 기획, 수업 내용 및 방법, 수업 결과를 중심으로 서술하고자 한다.

역사 교과의 인문학 수업

 수업 기획 학교 교육과정 및 학년 교육과정과 연계되어 이루어질 수 있도록 역사 교과 교육과정을 재구성했다. 교과 수업은 교육과정에 제시된 성취기준을 구현하는 것으로, 인문학 도서 읽기와 다양한 독후 활동을 통해 역사적 사고력과 비판적 판단력을 키우고 민주시민으로 성장하는 것을 돕는 것으로 교과 목표를 설정했다. 독서교육이 활발하게 이루어지는 것으로 잘 알려진 영국, 독일, 프랑스 등 유럽 선진국의 경우 교과서가 아예 없고, 그 자리를 교사가 협의를 통해 선정한 다양한 책들이 채우고 있는데, 이 수업에서도 교과서를 벗어나 인문학 도서를 한 권 선정하여 수업 시간에 함께 읽고 토의하기로 했다. 3단위 수업 시수 가운데 2단위는 교과 진도 계획에 따라 수업을 하고 1단위, 즉 매주 한 시간을 할애해 수업 시간 속 독서를 하도록 기획했다.

일반적으로 창의적 체험 활동에 인문학 독서 영역을 별도로 포함할 수도 있다. 진로 영역과 연계한 진로 독서 또는 학교에서 자율 영역의 활동 분야에 인문학 독서 시간을 정기적으로 편성할 수도 있다. 그런데 인문학 독서 시간을 별도로 편성하는 경우 교사나 학생들이 이를 교과 진도와 별개의 것으로 인식하는 경향이 있다. 교과 속에서 읽고 교과 성취기준과 연계해 인문학 독서를 진행하면 이러한 우려를 덜 수 있다. 교과 성취기준도 교과서의 토막글이 아니라 적절하게 선정된 텍스트 전체에 대한 독서를 할 때 비로소 '제대로' 구현되는 측면이 있다.

수업 내용 인문학 도서로는 서양 최초의 서사시인 호메로스의 『오디세이아』를 선정했다. 중학교 역사 교과서에 '그리스 문명의 발생과 문화적 특징'을 다룬 세계사 단원이 있는데, 이 단원의 수업은 대체로 간단한 줄거리와 작가 이름만 외우고 넘어가며 이 작품에 드러난 그리스 문화의 특징을 암기하는 데 그친다. 따라서 서양문명의 출발인 그리스 문명을 제대로 이해할 수 없다. 서양의 문화적 영향은 우리 삶에도 미치고 있는 중요한 문명 코드임을 감안할 때, 서양 문화의 심층적인 이해는 중요하다.

역사 교과 차원에서 원전을 읽고 내용 이해를 통해 당시 사회를 파악하는 것은 1차 사료 탐구학습에 해당한다. 『오디세이아』에 내재된 인간다움, 인간 본성의 그 무엇 등이 독서를 통해 아이들에게 전달될 수 있는 교육 내용이다. 인간의 삶에는 동서고금을 막론하고 불변하는 어떤 것이 존재한다. 인문학 고전 『오디세이아』에서 인간다운 면모를 발견하고 인간의 삶에 대해 성찰해 볼 수 있다. 인간 삶의 본성을 다루면서 사고하고 탐색하고 이해하고 수용하면서 사회공동체에 대해 생각해 보기도 했다.

수업 방법 4명의 모둠을 편성하고 각 모둠원이 돌아가면서 소리 내어 일정 분량을 읽은 뒤 그 내용에 대해 대화하는 방식으로 했다. 모둠에서 나눈 의견에, 읽은 내용에 대한 교사의 중심적인 질문에 답을 찾아가는 방식으로 대화를 진행하도록 안내했다. 물론 교사의 질문은 정답이 없고 생각을 자극하는 질문이다. 질문의 답을 찾아가면서 그 과정에서 일어나는 대화만이 의미 있게 존재할 뿐이다.

독서 후에는 표현 활동을 다양하게 할 수 있으므로 쓰기로 제한할 필요는 없다. 독서논술이라는 용어가 있을 정도로 독후 활동은 쓰기에 많이 집중되어 있으나, 생각을 공유하는 최선의 방법은 말하기라고 생각했다. 따라서 일정 부분의 읽기를 마친 뒤 이야기하고 질문에 대한 답을 함께 찾으며 대화를 나누게 했다. 이후 칠판에 모둠이 나눈 대화의 결과를 기록해 전체 학급이 공유하도록 했다.

매주 한 시간 읽기 후 생겨난 독서 과정과 결과물은 수행평가로 활용할 수 있게 했다. 논술 평가, 구술 평가 등은 수업 과정에서 일상적으로 진행해 학기말 부담을 줄이려는 배려였다. 학기말이 되면 여러 교과의 수행 과제가 겹치지 않게 상호 조정해야 할 필요가 있다. 그리고 평가와 연계되어 있을 때 수업 집중도를 높일 수 있다. 평가의 본래 취지는 얼마나 배웠나를 측정하는 것이지만, 학교 현장의 평가 역할은 부정적 선발과 등급화의 의미를 많이 함축한다. 이를 고려하면 수업과 연계한 평가가 학생들에게는 더욱 효과적인 유인책이 될 수 있으며, 암기한 내용만 묻지 않고 말하기와 쓰기 등 다양한 표현 도구로 평가하는 것이 공정한 평가 방식이기도 하다.

학생 동아리 인문학 독서 활동

'꿈드림 인문학 동아리'는 학기 초 교사 주도로 만들어졌다(○○중, 2학년,

2014). 인문학 고전 도서를 읽고 싶어 하며, 매주 50쪽 분량의 독서 시간을 낼 수 있는 학생들을 대상으로 했다. 총 18명의 학생이 희망했으나 2~3주 지나면서 14명으로 정리되었다. 학원 수강, 도서에 대한 불수용 등이 이유였으나 순수 희망 동아리이므로 학생의 자발성을 우선 고려하여 희망대로 했다.

독서 활동 기획 독후 활동으로 논술을 병행하지 않는 것을 가장 먼저 정했다. 대체로 이런 동아리를 개설하면 특정 고교를 염두에 두고 준비하는 학생들이 입시 대비 논술을 예상하고 들어온다. 그러나 글쓰기는 지속적인 독서에 가장 큰 방해물이다. 독후 활동으로 글쓰기가 가장 일반화되어 있으며, 초등의 경우 학생들에게 너무 많이 강요하고 있는 것이 현실이다. 따라서 이 동아리 활동에서는 인문학 독서 후 말하기와 경청을 중심으로 수사학 기법을 배우고 민주적 의사소통의 태도를 기르는 것을 목표로 했다. 매주 금요일 방과 후 1시간 30분 정도를 안배하여 자유롭게 토의하는 것으로 기획했다.

독서 내용 함께 읽을 도서는 총 3권, 『일리아스』(호메로스, 천병희 역, 2013), 『소크라테스의 변론』(플라톤, 천병희 역, 2013) 및 『논어』(공자, 강원모 편역, 2014)로, 동서양 인문학 고전을 동시에 접할 수 있게 했다. 책을 선정할 때 학생들과 의논했으나, 10여 권 가운데 선택하게 했다. 도서 선정과 선정 근거는 [표 1]과 같다.

수업과 연계될 수 있는 도서들을 중심으로 정하는 것이 교육과정을 고려하는 교사의 역할이라고 판단해 역사 및 도덕 교과와의 연계성을 고려했다. 역사 교과 시간에 『오디세이아』를 읽고 있는 학생들을 대상으로 했기

[표 1] 독서 동아리 도서 목록

인문학 도서	독서 시기 (월)	선정 근거
『일리아스』 (호메로스, 천병희 역, 2012)	3 - 7	『오디세이아』의 전신인 트로이 전쟁에 대해 궁금해하여 학생들이 선정.
『소크라테스의 변론』 (플라톤, 천병희 역, 2013)	9	세계 4대 성인인 소크라테스와 공자가 궁금하다 해서 서양철학과 동양철학의 두 대가의 책을 선정.
『논어』 (공자, 강원모 편역, 2014)	10 - 12	어렵지 않은 철학책을 접하고 싶다는 학생 의견 수렴. 인문학의 최고봉은 철학이라는 것에 학생들이 공감하여.

때문에 같은 작가의 작품이자 『오디세이아』의 앞 스토리를 전하는 『일리아스』를 한 권 더 읽고 싶다고 했다. 또 현재 도덕 교과에서 배우고 있는 철학을 한층 깊게 이해하고 싶다고 해서 서양철학의 원류인 소크라테스, 동양철학의 근원인 공자를 함께 읽고 비교하기 위해 도서를 선정했다.

독서 방법 우선, 읽어 온 부분에서 어려운 용어, 이해되지 않는 부분, 인상 깊었던 부분 등을 자유롭게 질문하고 이야기를 나누었다. 처음엔 말하기가 잘 안 되어, 작은 종이에 써서 교사에게 건네면 교사가 대신 질문을 말해 주는 식으로 진행했다. 차츰 말문이 열리고 발화가 자연스럽게 된 뒤로는 스스로 질문하게 했으며, 자기의 무지를 부끄러워하지 않도록 마음껏 질문하게 유도했다. 다음으로, 내용 이해가 끝나면 자신의 삶과 연결 지어 생각해 볼 단서가 있었던 부분을 말하게 했다. 혹은 친구나 교사에게 내용과 관련 지어 자연스럽게 질문하도록 했다.

이 과정에서 경청과 반응을 보이는 태도가 중요함을 강조했으며, 질문에 대한 자신의 의견이나 생각을 말할 때 반드시 근거를 가지고 말하게 했다.

경청하는 상대방에게 설득력 있게 말하려면 근거를 제시해야 함을 강조했다. 자기 이야기만 하고 있지 않은지, 상대방의 의견에 반응하고 있는지 등도 유념하도록 했다. 의사소통이 쌍방으로 이루어질 수 있게 대화를 진행하고 이끌도록 교사는 토의 분위기 형성에 주력했다.

교사 인문학 연구회

사제동행, 솔선수범, 교학상장 등의 사자성어가 있다. 이 말들은 학생의 인문학 독서가 교사를 자극하거나 교사의 배움이 학생의 학습에 모범이 될 수 있다는 것을 말해준다. 이를 전제로 한 교사 연구회 활동을 병행했다. 교사가 먼저 인문학 독서의 즐거움을 알고 이를 교육 활동과 삶에서 적극적으로 실천하며 이에 근거해 비판적 사고와 주체적 자기 생각을 지닌 민주시민으로 성장하는 것이 필요하다. 학교 안팎에서 자생적 독서 모임들이 생겨나고, 교사가 읽은 책을 수업으로 적극적으로 끌어들이며, 이를 수업이나 생활지도 차원과 연결 지어 실천할 때 사제 동행, 서로 시민으로 역할하는 인문학 교육이 완성된다고 볼 수 있다.

연구회 활동 기획 2학년부에서 현재 2학년 학생들이 읽고 있는 인문학 서적을 담임으로서 함께 읽으며 학생들과 공감하고 소통하고 싶은 교사 7인을 중심으로 교사 연구회를 결성했다.

독서 내용 및 방법 읽을 책은 한 학기에 2권으로 정하고 학생들과 같이 읽기를 의도한 대로 『오디세이아』(호메로스, 천병희 역, 2013)를 먼저 읽은 뒤 『논어』(공자, 강원모 편역, 2014)를 읽기로 했다.

독서 내용과 방법은 학생들과 조금 다른 방향으로 진행했다. 우선 매시간 대화나 토론을 이끌 안내자를 한 명씩 정해 돌아가면서 맡게 했다. 이 교사는 대화를 이끌 때 책 내용을 이해하는 과정으로 기본 질문, 용어 이해, 역사적 맥락 등에 대한 대화를 나눌 수 있도록 안내한다. 그리고 인상 깊었던 내용에 대해 질문하여 삶의 화두를 짚어보게 했다. 교사의 화두는 교육과 학교의 일상이며, 또 다른 삶의 결로 가정 문제, 자녀 교육, 사회공동체에 관한 대화를 나눌 수 있게 안배했다. 이때 안내 역할을 하는 교사는 인문학에 담긴 인간의 본성, 서로 다른 삶의 맥락에서 나타나는 같은 사고 흐름 등에 대한 의견을 나누고 서로의 의견을 경청할 수 있도록 이끌었다.

교사는 지식을 매개로 말하기를 가장 많이 활용하는 직업이다. 따라서 각자의 교과 지식을 동원해 아는 것을 드러내게 될 때, 교사 집단 내에서도 지적으로 평등하게 대화의 주체로 참여하지 못할 수 있다. 말하기에 능숙할 경우 상대방의 의견을 잘 경청하지 못할 우려가 있다. 또한 대화를 나눌 때 고경력 교사와 저경력 교사 간 '예의' 문제로 조금 경직되는 상황이 벌어질 수도 있다. 이 모든 상황을 예상하며 안내자 역할을 정하고, 토의 과정에 이러한 상황이 벌어지면 서로 견제해 가며 임하기로 했다. 연구회 활동을 통한 다양한 체험을 민주적인 토의에 대한 의식과 태도를 바꾸는 계기로 삼기로 했다.

인문 고전 역사 수업과 민주시민교육

앞서 행해진 인문학 독서 활동 결과를 분석해 인문학 독서를 통해 얻을 수 있었던 민주시민교육 가능성을 탐색하고, 나아가 인문학 독서에 근거한 민주시민의식의 성숙을 예단해 보고자 한다. 인문학 독서 활동에서 발생한 여러 상황을 통해 어느 지점에서 민주시민교육의 맥락과 닿을 수 있는

지 분석했다. 이에 따라 민주시민이 되기 위한 4가지 특성을 추출했고, 각각의 특성을 추출해 낼 때 대상이 되는 활동이나 상황을 근거로 제시했다. 학생 및 교사가 모두 민주시민으로 성숙한 만큼, 사례를 제시할 때 구분하지 않고 인용했다.

첫째, 주체적으로 사고하는 인간을 길러낼 수 있는 민주시민교육이다. 우리가 지금껏 받아온 교육 방식은 일방적인 주입식 교육과 교과서 추종 중심의 수업이다. 인문학 독서를 진행했을 때, 함께 읽고 자연스럽게 토론의 장으로 넘어가면서 다양한 답이 가능한 확산적 사고를 자극하는 질문을 자유롭게 하게 되었다. 우리 교육은 늘 '정답 찾는 학습'이 주류였다. 모든 교육 활동이 수렴되는 지점이기도 하다. 정답 없이 질문과 대답을 하면서 토의와 대화를 이끌던 방식은 개인의 사고를 자극했다. 독서 이후 자기 생각이 발현되는 지점들을 다음과 같이 정리했다.

① 소크라테스가 이렇게 오만한 사람인 줄 몰랐어요. 변론 내용을 들어보면 얄미워서 저라도 사형에 한 표를 던졌을 거 같아요. 다른 사람의 무지를 많이 업신여기는 모습에 4대 성인 중 한 명이라는 생각이 안 들어요. 인격이 정말 아닌 거 같아요(○○중, 2-9, 최우○, 2014년 9월, 도서관).

저도 같은 생각이 들어요. 왜 성인이라고 하면서 지금도 교과서에서 우리가 배우는지 잘 모르겠어요(○○중, 2-7, 박담○, 2014년 9월, 도서관).

② 『일리아스』의 내용을 보면 전쟁 이야기라고는 하지만 너무 잔인하게 묘사되어 있고, 등장인물들이 전쟁을 좋아하는 사람들 같아요. 『삼국지』도 전쟁 이야기인데, 이렇게 잔인하게 적혀 있지 않아요. 동·서양 문화가 정말 다른 것

같아요. 서양 사람들이 1, 2차 대전을 전부 일으킨 거 맞죠? 이 책을 보니 그러고도 남을 것 같네요(○○중, 2-1, 윤승○, 2014).

①은 4대 성인으로 여겨지는 공자와 소크라테스에 대해 자신의 새로운 생각을 형성하는 초기 단계의 학생들 의견이다. 기존 지식에 의문을 제기하는 것이 새로운 사고의 출발이다. 이 지점에서 교사가 기성세대의 생각을 강요하지 않고 책을 끝까지 읽은 뒤 판단하자고 제안하면서 결정을 미루게 했으며, 긴장감을 갖고 독서할 수 있게 안내했다.

②에서는 동·서양 문화를 비교하는 학생을 대면할 수 있었다. 한 걸음 더 나아가 역사적 맥락에서 책 내용을 이해하고 결론을 추론하는 과정도 볼 수 있었다. 서로 다른 것에 편견을 갖지 않도록 주의시키며, 어느 문명도 고정되고 불변해 흘러가지 않음을 언급하고, 책에서 진정 전하고 싶은 내용이 무엇인지에 집중할 수 있도록 안내했다.

일반적으로 앎이 자신의 삶에서 구체화되지 않고 내재화되지 않으면 그건 그저 수단으로서의 지식이며, 앎의 주체인 학습자의 사고가 작동되지 않으면 또한 내재화되지 않는다. 이때 강력하게 작동해야 하는 학습자의 주체적 사고는 모든 지식 구조를 형성하는 핵심적 자기 활동이다.[6] 독서 후 토의의 장에서, 기존 지식에 대한 회의에서 시작해 자기 생각과 의견을 만들어 가는 부분이 많았다. 책 내용에 근거해 논의를 전개하는 과정에서 상대방에게 설득력 있게 임하기도 했다.

둘째, 진정한 소통을 체득하는 토론의 장이 마련되는 민주시민교육이다.

---

[6] Jean Piaget, Chninah Maschler translated and edited, *The Structuralism*, London, Routledge and Kegan Paul, 1973.

토론의 힘은 모둠으로 활동하는 학생들의 수업에서도 효력을 발휘한다. 교과 수업 시간에 매주 1시간을 할애한 인문학 독서 수업에서 모둠별로 그리스 문화의 특징을 추출해 보도록 과제를 부여했다. 지난 시간에 읽은 부분에서 문화 특징으로 선정할 수 있는 내용을 먼저 각 모둠원이 개별 필사하고, 이에 근거해 문화적 특징을 추출하게 했다. 각자 추출한 문화 특징을 다른 모둠원과 논의하게 해 모둠별로 대표적인 것 하나를 선택해서 모둠 칠판에 작성하게 했다. 이를 정하는 과정에서 토의가 이루어졌다.

① 오디세우스는 바람둥이 같아. 부인 페넬로페가 그렇게 기다리고 있는데, 어떻게 칼립소와 잘 수 있어? 난 멋있어도 이런 사람과는 결혼할 수 없을 거 같아.

- 페넬로페도 정숙한 것 같진 않아. 구혼자가 그리 많은데 물리치지도 않잖아?

- 그래도 10년 동안 기다린 거잖아?

- 아냐, 어장 관리하면서 기다린 거니깐 그렇게 볼 수만은 없을 것 같아.

- 서양과 동양의 차이를 적으라고 하는데, 결혼제도라고 할까?

- 결혼했으면 약속을 지키는 문화가 우리랑은 많이 다른 것 같아.

(2-3반 3모둠 대화, 2014년 5월 셋째 주)

② 서양 문화의 파티 생활이 여기서부터 왔나 봐.

- 맨날 '먹고 마시는 욕구의 충족'이라는 말이 나오고 또 맨날 포도주를 마셔대.

- 그거, 지금 우리나라에서 먹는 그 포도주 맞나?

- 그러게, 우리나라도 잔치가 자주 벌어졌던 거 아냐?

- 그래도 이 정도는 아니었을 것 같아.

- 그러게. 서양 문화의 특징을 '포도주와 파티'로 할까?

(2-2반 5모둠 대화, 2014년 5월 넷째 주)

아이들의 토론은 상당히 편안하고 격의 없이 진행되어 때로는 웃음이 나기도 했다(①의 5행). 그리고 교사의 질문은 답이 없다(②의 6행). 따라서 자유롭게 평소 생각을 드러냈다. 상대를 설득하려는 노력도 엿보인다(②의 5행). 합의되어 가는 모습도 발견된다. 민주사회에서 의사소통 방식은 이렇게 갈등과 충돌이 발생해도 합의를 거쳐 결론 내어야 하는 것이 아닌가 생각했다. 기성세대의 가치관이 상당히 많이 스며들어 있기도 했다(①의 3행). 기존 사고방식으로는 발견하지 못하는 재미있는 문화 특징을 추론하기도 했다(②의 1행).

모둠별 토론에서 학생들이 배운 것은 인문학 도서의 내용 차원에서는 교과와 연계한 심층적인 지식이었다. 하지만 이보다 더 의미 있는 것은 가치와 태도를 배웠다는 점이다. 민주시민교육에서 인성적 가치를 배우는 것은 매우 중요하다. 예의, 기성 가치 존중, 문화 상대성 등은 민주사회에서 습득해야 할 핵심 가치인데, 토론 과정에서 자연스럽게 배우고 있음을 알 수 있다. 또한 토의하는 태도를 은연중에 체화하고 있음을 알 수 있다. 상대 의견 경청, 그에 대한 반응으로서 응답, 다른 사람의 의견 수용 등은 민주적 의사 결정에 필수적인 요건이다. 이것을 습득하는 토론 모습을 살필 수 있었다.

셋째, 인문학은 인간의 이야기로서 시민의 역사 그 자체다. 인문학은 인류의 지적·문화적 자산이다. 한마디로 지적 역사를 담고 있는 텍스트라고 생각하고 읽으면 인류의 지적 역사를 추체험해 보는 것이 된다. 더 나아가 지성적 사고를 통해 타인과 자유롭게 토론하고 그 안에서 현재 문제의 대안도 강구해 본다는 취지다. 이러한 독서 유희로 개개인의 삶을 통찰해 보기도 하고, 고전에서 혜안을 얻기도 한다. 동서고금의 삶이 그다지 다르지 않고 고민과 사색의 단서가 비슷하여 생각의 흐름도 비슷하다. 따라서 고전 혹은 명저는 생각의 꼬투리가 많고 의미가 있는 책이다. 다음은 학교에서의 교육 방법을 두고 같은 책을 보면서 학생과 교사의 생각거리가 비슷하게 맞물리는 것을 보여주는 대화다.

① 안회라는 똑똑한 제자를 이렇게 편애하는 공자를 보니, 편애가 나쁜 건지 좋은 건지 혼동하게 해요. 편애는 나쁜 거 아닌가요? 학교에서 공부 잘하는 친구들을 선생님이 편애하는 건 나쁜 거잖아요? 공자가 위대한 인물인 거 맞아요?(○○중, 2-1, 조다○, 2014)

② 저는 생각이 다릅니다. 우리 학교는 혁신학교라고 평등을 이야기하면서, 공부 잘하고 더 배우고 싶어 하는 학생들에 대한 배려가 너무 없다고 봅니다. 공자는 맞춤식 교육을 한 게 아닌가 하는 생각이 듭니다. 사람마다 능력이 다른 것인데, 그걸 무시하고 다 같은 걸 가르친다는 게 아닌 거 같거든요. 공자가 똑똑한 제자를 배려하고 인정하는 것은 좋은 교육법이 될 수도 있어요.(○○중, 2-3, 조민○, 2014).

③ 공자의 교육 방법이 지금과는 많이 달랐던 거 같아요. 개인별 맞춤식? 차별식? 교육으로 보이는데…. 저는 발령 난 이후 계속 고민이 있네요. 공부 잘하는 친구들 중심으로 수업을 하면 저도 신나고 그 아이들도 배우고 싶어 더 안달을 부리지만, 얘네는 소수예요. 대부분의 학생이 수업을 못 따라오는데, 이 친구들에게 맞추면 공부 잘하는 친구들을 버리고 가는 것 같고…. 5년 차지만 지금도 혼란스러워요. 공부 잘하는 친구들에게 더 공부를 잘, 많이 가르치고 싶은 게 솔직한 심정이에요.(○○중, 영어교사 이미○, '교사 파이데이아' 모임, 2014년 9월, 도서관)

①은 공자의 교육법에 대한 학생의 두 가지 의견이 충돌하는 지점이다. 이 부분에서도 학생의 주체적 사고는 생겨난다.

넷째, 인문학 독서 활동의 지향점은 성숙한 민주시민사회다. 앞에서 사회적 독서 활동에 대해 많은 부분을 들여다보았다. 그런데 이들 독서 활동은 무엇을 위해, 무엇 때문에 하며, 또 그렇게 강조해야 하는지 생각해 봐야 한다. 현재 우리나라가 지향하는 사회가 민주주의 사회다. 민주주의 가치를 지향하며, 민주주의 실천을 위한 사회 구성원 즉 비판적 사고력을 갖춘 민주시민 양성을 목적으로 한다.

토론 경험이 부족한 교육을 받은 성인 세대들은 여러 모임이나 단체에서 요구되는 토의 방법에 익숙하지 못한 게 사실이다. 그런데 현 사회는 민주주의 사회가 상당히 성숙한 시기로, 이러한 토의 방법을 많이 요구한다. 다양한 토의의 장을 책을 읽으며 마련해 보려는 뜻에서 모둠원 간에 자유롭게 읽고 대화를 나누도록 유도했다.

다음은 토론 내용 가운데 일부다. 기본 질문으로 내용 이해를 한 뒤 토론할 수 있는 쟁점 몇 가지를 추려서 논의한 것을 요약 발췌했다.

〈교사 토론〉

⑤ 페넬로페를 통해 본 ㉮ 지혜로운 부인의 행동은 무엇일까? 남편의 생사가 확실치 않을 때 어떻게 해야 하나?

- 페넬로페는 남편을 기다리면서 시간을 버는(베를 짰다가 다시 풀었다가…) 모습과 더불어 남편이 오지 않을 때를 대비해 구혼자를 완전히 내치지 않는 모습을 보이는데, 이것이 가장 완벽한 것이 아닐까?

- 동서고금을 막론하고 이 설정이 가장 흥미로운 설정 중 하나가 아닌가 싶음.

④ 50쪽 240줄에 ⑤ 모든 백성이 침묵하는 것이 더 나쁘다는 말이 나오는데, 방관하는 백성을 어떻게 봐야 할까?

- 방관할 수밖에 없는 백성이 아니었을까? 지도자 검증 과정에 참여할 수 없고, 자기 재산을 탕진하는 것도 아니고, 백성은 세금 내는 것은 동일하니까 그 과정을 지켜보는 것이 재미있었을 수도.

⑤ 역경이 오면 무엇을 위해 극복하나?

- 사람은 어딘가로 돌아가게 되어 있고, 몸을 눕히는 곳에 돌아가기 위해 역경을 이겨내는 것 아닐까? '오디세우스'와 달리 현재에 정착하는 사람들도 많지 않나? 역경을 만났을 때 피하거나 극복하는 것의 선택은 사람의 기질 때문인가? 먼가를 얻고자 할 때 고난을 기꺼이 받아들이고 넘어가나? 연령대에 따라 겪게 되는 역경이 있는 것 같고 그것을 이겨내는 방식도 다름. 역경조차도 주관적으로 받아들이는 방식이 다른 듯함. 어떤 사람은 역경으로 생각하고 다른 사람은 크게 느끼지 않기도 하는 듯.

⑥ 혈통이 현대에도 유의미한가?

- ⓒ 우월한 혈통을 주장하는 것은 결국 기득권자들의 논리인가? 혈통을 빙자한 권위와 행동의 룰이 있는 것은 아닐까. 영국 황실을 견디지 못한 다이애나. 자녀의 결혼을 생각할 때 부모를 보는 것.

(○○중, '교사 파이데이아', 조미○ 외 6명, 2014년 5월 셋째 주, 도서관)

토론 과정에서 자기 생각을 자유롭게 말하고 근거를 들어 논거를 폈다. 고전이지만 현재 우리 삶의 맥락과 연결된 지점들을 논의의 쟁점으로 삼은 것을 알 수 있다(㉮ 참고). 또한 국민과 지도자의 관계를 당시 맥락에서 논의하지만, 지금도 현재진행형인 민주주의를 고민하는 논의가 있었다(㉯ 참고).

'민주'라고는 하지만 어떤 측면에서 참다운 '민주'의 실천을 살펴볼 수 있는 지도 토의했다. '현재 우리 사회가 나아가야 할 방향이 민주주의이긴 하지 만, 정치 무관심이 팽배해 있는 상황에서 어떤 돌파구를 찾을 수 있을까' 등의 다양한 민주주의 관련 토의가 이루어졌다.

민주주의 사회에서 살고 있는 대화 참여자인 교사들은 신분 사회와 현 재 사회를 비교하면서 인간 사회가 어떻게 발전해 왔는지 논의하기도 했 다(ⓑ 참고). 신분과 혈통은 지금도 존재하지 않는가? 참다운 민주주의 사회 로 가기 위한 걸림돌이 지위의 차등이라는 점 등, 다양한 주제로 토론하면 서 민주주의 사회의 성숙을 지향하는 면모를 보였다. 절차적 민주주의, 제 도적 민주주의를 이루었다는 것은 민주주의 사회라는 우리의 포장지 속에 진정으로 민주주의의 내실을 다지고 성숙시켜야 하는 가치가 존재함을 확 인하는 자리였다.

내용적으로 민주주의 사회의 지향성도 살필 수 있었지만, 더 큰 이점은 토 론을 통해 참다운 의사소통 방식을 배울 수 있었다는 점이다. 교사에게는 경청이 가장 어렵다는 것을 알았다. 또한 지성을 지향하지만 지식인을 불신 하고, 교육 내용이나 교육철학보다는 교육 방법이나 수업 매뉴얼에 집착하 는 반지성적인 모습을 보였으며, 알고 있는 것을 드러내고 싶어 하는 지적 과 시욕도 많이 발견되었다. 반성하는 자세로 이런 점을 고쳐가면서 토의하는 태도를 익히고, 민주주의 사회의 성숙을 위한 민주시민교육을 실천할 수 있 는 방법을 더 모색하고자 다짐하는 것으로 연구회 활동을 매듭지었다.

인문 고전 독서 수업과 시민교육

필자가 행한 인문학 독서 교육 활동 사례는 기존 사례와 달리 학교의 민주시민교육과 연계했다는 점에서 차별화될 수 있다. 노숙자 회생 프로그램이나 대학 교양으로서의 인문학 독서와는 다르게 접근해 학교 교과 교육과정에서 행해진 인문학 독서 활동으로, 공교육의 교육 목표인 민주시민교육과 어떻게 연결될 수 있는지 살펴보았다.

우선 교육 내용 면에서는 인문학 가운데 역사 혹은 도덕 교과와 연계될 수 있는 서양 고전이나 철학 도서를 선정해 읽기를 했다. 대상은 학생과 교사 모두이며, 수업, 학생 동아리, 교사 연구회 등 학교공동체 모두가 참여하는 방식으로 했다. 모둠별 토론 수업, 토론 활동 등으로 진행해 독후 활동으로 말하기에 중점을 두면서 민주적 의사 결정 방식이나 토론에 참여하는 태도를 기를 수 있는 방법으로 진행했다.

실행 수업을 분석해 보니 주체적 사고 함양, 민주적 토론 태도, 삶의 역사 그 자체로의 민주주의 이해, 성숙한 민주시민사회 지향 등의 민주시민교육과 연결될 수 있었다. 그리고 토론의 장을 마련한 방법 면에서 민주주의 가치와 태도가 내면화되고 체화되는 것을 확인할 수 있었다. 민주주의를 강조하고 머리로 알고 있어도, 민주적 행위로 드러내는 것은 쉬운 일이 아니다. 따라서 인문학 교육 내용과 민주시민교육 지향, 그리고 행위로 드러나는 민주시민의 성숙은 나름의 의미를 지닌다고 볼 수 있다.

우리 사회에 인문학 독서 열기가 달아오르기 시작한 지 꽤 되었다. 성인 독서 문화의 한 코드로 사회 교육 차원에서 성숙한 민주주의로 나아가는 데 일조했으면 한다. 사회적 약자를 위한 회생 프로그램에도 인문학 독서가 정착되어 인간다운 삶을 회복하기 바란다. 무엇보다, 미래 세대로서 희망적 민주주의를 구현하는 주체가 몸담고 있는 학교가 민주주의를 지향하면 좋겠다. 학교 교육에서 인문학을 통한 민주시민교육을 정착시켜 질적·문화적으로 성숙한 민주시민사회로 나아가기 바란다.

정체성 교육의 허상

역사교육은 공교육에서 정체성 교육의 한 축을 담당해 왔다. 이때 정체성은 국가공동체와 관련된 정체성으로, 그 형성과 이를 통한 문화적 일체감을 이루는 방향으로 향해 왔다. 정체성 교육은 국가 주도의 공교육에서 근대 국민국가 형성 이래로 강조되어 온 애국심 함양의 한 방편이었으며, 이러한 교육 목적을 위해 국가의 역사를 알고 이에 근거한 자긍심을 길러주려 한 것이었다. 과거를 잘 알고 이해했을 때 현재의 문제들을 결정하고 판단할 수 있다는 점에서도 역사 교과는 정체성 형성에 중요했다.

그런데 이는 정체성 및 정체성 교육의 효과에 대한 현재까지의 다양한 논의들을 담아내지 못하는 협의의 정체성 교육이라 할 수 있다. 최근 정체성의 의미가 국가와 관련된 것에 국한되어야 하느냐에 관해 여러 의견이 제기되고 있다. 특히 포스트모던 시대를 넘어서서, 세계화가 전면화되고 이주

노동자가 증가하고 있는 한국의 상황에서 국가 정체성만 요구되는 것에 대한 이견들이 많다. 일반적으로 정체성은 나를 어떻게 인식하느냐, 타자와의 관계를 어떻게 설정하느냐의 문제다. 자신이 속한 공동체와의 관계 설정 문제이기도 하다. 물론 이러한 관계들은 하나의 정체성으로 귀결되는 것이 아니라 다중적 혹은 다변적일 수 있다.[1] 따라서 정체성 형성은 개인이 사회 구성원으로 성장해 가는 과정과 맞물려 있다. 이러한 흐름은 자기이해를 전제로 한 공간적 범주를 확대해 가는 과정과 연결될 수 있고, 사회적 집단과의 관계 맺기 과정과도 닿아 있다. 따라서 자기 역사, 가족사, 지역사 등 기존 국가사 외의 다양한 공간적 범주로 대체될 수 있는 정체성 교육이 가능하다.

정체성 교육이 공동체에 대한 애정이나 충성심이 발현되는 교육 결과를 가져온다는 협소한 관점에 대한 이견도 있다. 공동체에 대한 이해가 애국심으로만 결론지어질 수 있느냐의 문제다. 이는 정체성이라는 용어를 잘못 사용하는 것과 연관되어 있다. 현재 우리 역사교육에서는 동일시(Identification)와 정체성(Identity)이 정체성 교육이라는 한 단어로 사용되고 있다. 그리고 이제까지 정체성 교육에서 강조되어온 것은 그 한 축인 정체성(Identity)의 의미였다. 국가라는 집단의 정체성을 심어주고 이에 대한 애정을 기르기 위한 교육이었다.

그러나 동일시의 차원을 되살릴 때, 참여와 다원주의 관점을 수용할 수 있다는 논의들이 대두되고 있다.[2] 다양한 동일시가 추진되어 자아확장감을 지니게 되고, 동일한 역사적 경험을 배우면서 동일시를 통해 공유된 연계성을 바탕으로 사회적 공공영역의 숙의 과정에 합류할 수 있는 준비를 갖추게 된다는 것이다. 더 큰 사회 집단에 소속감을 느끼는 과정에서 숙의와 다원성을 받아들이면서 민주시민의식과 맥락이 닿을 수 있다는 것이다.

이 책에서는 새로이 대두되는 논의와 문제의식에 시사점을 얻기 위해 현장 교사로서 지역사 수업을 하고 정리해 보았다. 국가 정체성 교육 위주의 문제점을 인식하고 이를 보완하기 위한 지역사 수업의 필요성을 제안한 것이다. 또한 수업 결과로 형성되는 정체성은 지역사회의 참여의지를 길러주는 역할을 할 수 있음을 확인해 보려 했다. 국가사 위주의 역사 수업이 정체성 함양을 통해 얻으려는 교육의 목적에서 한 걸음 더 나아가 민주시민교육의 의미를 부여해 보고자 한 것이다. 수업 결과로 생겨나는 지역사회에 대한 이해나 애향심은 지역사회의 사회적 활동에 참여하려는 의지를 길러 줄 수 있음을 찾아보고자 했다.

지역사 수업 준비과정에서 지역사의 내용을 교육 자료로 발굴하고 개발하기가 쉽지 않았다. 역사학계에서 지역사에 대한 관심은 2000년대 초반에 접어들면서 본격적으로 시작되었다.[3] 지역 역사 연구를 통해 국가 중심의 역사 내용을 풍부하게 서술할 수 있으며, 지역 역사에 관심을 가짐으로써 민중의 다양한 역사들이 발굴되고 민주주의에 적절한 역사 서술이 이루어지고 있다. 그러나 지역사는 중등교육의 경우 국가 교육과정에서 교육 내용으로 다룬 적이 없다. 이에 따라 지역사를 교육과정이나 수업 내용으로 인식하지 못하고 있다. 따라서 지역사 수업을 위해서는 자료 개발 단계부터 교사의 역할이 개입될 수밖에 없다. 지역사 수업을 위해 교사는 지역사의 연구 성과 혹은 연구 그 자체를 실행해야 하는 어려움이 있는 것이다.

1) 홍태영, 「세계화와 정체성의 정치」, 『국제관계연구』 14(1), 2013, pp.1-3.

2) Keith C. Baton et al, *Teaching History for the Common Good*, London; Mahwah, New Jersey: Lawrence Erlbaum Associates, 2004, pp.57-68.

3) 국사편찬위원회, 「지역사 연구의 이론과 실제」, 『한국사론』 32, 2001; 김광억, 「지방연구 방법론 개발을 위한 시론」, 『지방사와 지방문화』, 학연문화사, 2000; 이병희, 「향토사 교육의 현황」, 『청람사학』 5, 협신사, 2001.

정체성의 의미와 정체성 교육

정체성은 그동안 사회학과 심리학을 포함해 인류학, 철학, 정치학, 역사학, 문학 등 다양한 분야에서 중요한 학문적 주제로 다루어져 왔다. 각각의 분야에서 서로 다른 시각과 수준에서 조명되어 온 탓에 매우 난해한 학문적 개념이 되어버린 경향이 없지 않다. 어원적으로 정체성은 동일성(stameness)으로서의 정체성과 자기성(selfhood)으로서의 정체성으로 나누어 볼 수 있다. 동일성으로서의 정체성은 '같다'는 의미를 지닌다. 어떤 변화에도 불구하고 '동일한' 존재로 유지시키는 어떤 성정이다. 이 경우 정체성(Identify)은 고정적 속성을 지니며, 집단의 성격을 공유했을 때 대체로 이해되는 개념이다.

이와 달리 자기성으로서의 정체성(Identification)은 '나는 누구인가'를 고민하는 경우의 정체성이다.[4] 인간의 삶은 소멸과 생성을 거듭하며, 변화하고 진화한다. 이 과정에서 개개인이 지닌 실존적인 물음에 대한 답은 계속 달라질 수 있으며, 이 양상을 정체성으로 드러낼 수 있다. 이때 정체성은 변화의 속성을 지니며, 개인 정체성 개념이 되기도 한다. 즉, 동일시 과정을 포함하는 것이다. 정체성 연구와 관련해 전통적 입장은 정체성을 고정적인 것으로 이해해왔다는 점이다. 포스트모던 시대를 거치고 구조주의를 경험하면서 개인의 구성적 사고와 역할에 관심이 증폭되어 왔다.[5]

사회적 구성주의 입장도 심도 있게 제기되어 왔다.[6] 그러면서 정체성 형성도 개인적 차원에서 검토되어 다변성과 동태적인 측면들이 조명되어 온 것이다. 그리고 이제는 공동체와의 관계를 규정지으면서 집단에 종속되는 형태가 아니라, 때로는 실천적 차원에서 공동체를 변화시키고 구성하는 주체로 확장해 그 의미를 검토하고 있다. 여기에 정체성은 인간의 사회적 행

동과 사고를 이해하는 매우 중요한 창으로 인식되기도 했다.[7]

정체성에는 개개인이 스스로를 이해하는 범주의 영역이 존재한다. 자아 정체성은 개인적 활동 및 사회와의 관계 속에서 형성된다. 이때 역할 측면과 관련 집단과의 접촉을 통한 범주화에 의해 정체성이 형성된다고 볼 수 있다. 예를 들면 가정이라는 집단에서 한 자녀로서 성장하고 부모와 형제, 자매와 관계를 맺으면서 개인의 정체성을 형성하는 것이다. 가정은 개인이 경험하는 최초의 집단이므로 여기서 정체성 형성이 시작될 수 있다. 그러나 단순히 집단 안에서의 역할에 의해 정체성이 형성된다면 이 정체성은 정태적일 것이다. 실제 상황에서 정체성은 항상 유동적이다. 속하는 집단이 변화함에 따라 각 집단과의 긴장 관계 속에서 정체성이 형성되기 때문이다. 즉 어떤 관계를 맺을지, 혹은 맺어 왔는지, 아니면 어떻게 변해 가면서 관계할지 고민하면서 역할을 인지하기 때문이다. 따라서 각 집단의 구조와 개인의 주도성 간 긴장 관계 속에서 지속적으로 재형성된다. 그러므로 동태적이다.

개인의 정체성은 주변 환경에 의해 결정되지만 전적으로 종속되는 방식으로 형성되는 것이 아니며, 때로는 관계된 집단을 변화시키기도 한다. 선택의 상황에서 개인은 자신의 정체성을 한층 더 인식하고 나아가 또 다른 정체성을 형성해 가야 하기에 다양한 정체성이 형성될 수밖에 없다. 결국 정체성은 사회적 구성물로서 개인이 주체적으로 형성하는 것이며, 다중적이며 동태적이다. 또한 정체성은 통시적으로 변화할 뿐 아니라 맥락에 따라서도 달라지므로 개인은 동일 시점에서 다원적 정체성을 갖는다.

4) 윤성우, 「폴 리쾨르의 철학」, 『철학과 현실사』, 서울, 2004.

5) Jean Piaget, Chninah Maschler translated and edited, *The Structuralism*, London Routledge and Kegan Paul, 1973, pp.103-106.

6) 비고츠키 저, 배희철 역, 『생각과 말』, 살림터, 201.

7) 옥현진, 「정체성과 문식성」, 『국어교육학회』 35, 2009, pp.363-368.

정체성이 이런 의미라고 한다면 정체성 교육은 사회 구성원으로 성장해야 할 학생들에게 중요한 영역이다. 역사 교과에서는 공간적 범주의 확장에 따라 나를 알고, 지역사회를 알고 국가로 나아갈 수 있으며, 이 범주화 과정에서 각 집단의 문화를 공유함으로써 정체성이 형성될 수 있다. 공간 확대에 따른 범주화에 바탕을 둔 정체성과 그 문화를 공유했을 때 생겨날 수 있는 내적 공유감에 바탕을 둔 정체성은 타자와의 관계 맺기에서도 중요하다. 개인 정체성, 공동체와 개인이 관계 맺음에 따라 형성되는 정체성이 동시에 규명될 수 있으며, 이 둘을 모두 중요하게 봄으로써 공동체에 매몰되는 개인으로 존재하지 않기 때문이다.

또한 정체성 교육으로 형성된 정체감은 그 의미와 역할이 확장되어 현대사회의 민주주의와 참여의식의 맥락과도 연결될 수 있다.

학생들이 공동체의 이익을 심사숙고하려고 할 때, 자신에게만 연관된 정체성(identification)에서 한 걸음 더 나아가 더 큰 사회 집단과 일종의 소속감을 느끼게 해주는 공동체의 정체성(identity)이 존재한다.[8] 이러한 다중적 정체성 가운데 개인에 앞서 집단 그리고 그 가운데 가장 중요하고 정당한 집단은 국가일 수 있으며, 국가 정체성은 공교육에서 정당하게 강조될 수 있는 것이다. 그런데 국가는 학생의 일상적인 학교생활에서 거리감이 크고 실체감이 없는 공동체다. 학생들은 집과 학교가 있는 지역사회에서 생활한 경험이 실제적 공익의 최초의 장소가 되고, 지역사회에 소속감과 실체감을 느끼기가 더 쉽다. 지역사회에 대한 이해와 소속감은 지역 자치 활동에의 참여 의지를 길러 줄 수 있으며, 지역사회의 다양한 활동에 대한 관심으로 귀결될 수 있다. 지역사회의 공익에 관한 숙의의 경험이 이루어질 가능성이 높은 것이다.

지역사 수업의 교육적 의미

국가사 외의 다양한 정체성 형성 교육을 위해 학교 현장에서는 지역사 수업을 할 필요가 있다. 지역사 수업의 역할이나 의미를 재조명하기 위해 우선 용어 이해가 필요하다. 역사교육에서 초기에 많이 사용한 개념은 '향토사 교육'으로, 현재 살고 있는 지역에 대한 역사 연구를 활용한 교육이다. 그곳에 살면서 역사 수업시간에 '그곳'의 역사를 배우는 아이들에게 의미가 있음을 담고 있는 용어다.[9] 향토사 교육은 환경 확대법이라는 교육과정 구성 원칙에 따라 우리 고장에 대해 먼저 배우고 점차 외부 세계를 학습한다는 관점에서, 지역의 역사를 이러한 환경 확대 차원에서 우선 배우고 학습할 수 있다는 식으로 접근한다. 향토사는 애향심이 생겨나게 할 수 있지만, 그로 인해 국지성과 지엽성을 드러내게 된다. 애향심은 배타적 성격을 띨 수 있으며, 객관적인 역사 수업으로 진행되기 어렵다.

한편, 지방사(local history)라는 용어가 역사 연구자들 사이에 널리 쓰여 왔다. 이는 국가와 대비되는 지방을 연구한다는 의미가 있다. 역사 분야를 수용할 뿐 아니라 민속, 문학, 종교 등 문화라는 의미까지 아우르는 개념으로 사용되어 왔다.[10] 그런데 국가사를 상정하고 그에 대비되는 지방사라는 의미를 지니면서 종속의 의미를 띠는 측면이 있다.[11] 지방이라는 말 자체에는 이러한 종속의 의미가 없으며, 중앙을 대표하는 서울도 지방이라는 용어에 포함될 수 있다. 하지만 지방과 중앙은 종속 여부의 의미를 띠며, 그

---

8) Keith C. Baton et al, 2004: 68

9) 이병희, 「향토사 교육의 현황」, 『청람사학』 5, 협신사, 2001, pp.107-108.

10) 안상준, 「독일 지방사 연구의 다양한 지평」, 『지방사와 지방문화』 14-2, 역사문화학회, 2011, pp.375-382.

11) 김한종, 『역사교육의 내용과 방법』, 책과함께, 2007, pp.173-178.

로 인해 지방이라는 용어에 종속의 뜻을 내포하는 것으로 인식되어 왔다. 그럼에도 영역 제한의 의미를 넘어서는 차원에서 역사 연구 분야에서는 지방사라는 용어를 사용한다.

지역사(region history)는 국가사와 대비되는 종속적 의미를 거부하는 입장에서 사용하기 시작했다. 지역이라는 말은 행정적 의미에 치중한 용어인데, 지방사에 비해 더 객관적인 의미를 내포하는 것으로 이해된다. 지방사라는 용어보다 역사 연구의 방법적 측면이 보완되면서 연구자들 사이에서도 이 용어를 사용하는 경우가 많아졌다. 역사교육에서도 이 용어를 사용하는 경향이 있다.[12] 지역 고유의 특성을 살려서 수업을 진행할 수 있으며, 이때 종속적 의미를 배제하고 서울과 같은 비중으로 자기가 사는 지역을 알아가야 한다는 의미가 담겨 있다. 따라서 용어와 관련한 다양한 논의에서 현재 역사교육에서 활용하고 있는 지역사라는 용어를 활용해 '지역사 수업'이라는 표현을 사용하고자 한다.

국가사 교육의 목표가 애국심 함양인 것과 같은 맥락에서 지역사 수업에서는 향토심 함양이 비중 있게 언급되어 왔다.[13] 지역사의 이해를 통한 지역 정체성 형성은 애향심뿐만 아니라 지역사회 참여 의지를 기를 수 있다. 교수-학습 상황에서 지역사는 동기를 유발하기에 유리한 교육 내용이다. 자기가 사는 지역을 이해하고 한 세대 앞 사람들의 삶을 공부하는 것은 현재 학생의 삶의 맥락과 연결될 수 있는 중요한 부분으로, 학습 흥미를 유발하기에 좋은 자료이기 때문이다. 학습 결과 면에서도 지역사회의 현재 상황을 심층적으로 이해할 수 있는 방편으로, 지역의 다양한 활동을 이해할 수 있으며, 한 걸음 더 나아가 지역사회 활동에 참여 의지를 발현하게 할 수 있다.

지역사는 초등 사회과에서는 지역사회의 역사, 지리적 환경, 사회·경제적 내용을 교육과정에 반영해 운영한 적이 있으나, 중등의 경우 이러한 시도가 이루어진 적이 없다. 국가사의 교육 내용이 교과서에 서술되고 이를 현장에서 가르쳤을 때, 학생들은 국가공동체의 구성원으로 성장할 수 있다. 이 과정에서 다루어지지 못하는 개인의 정체성, 이와 연계되어야 할 지역사회 정체성 형성을 간과하면서 개인의 자기 인식과 국가와의 연결이 실체감을 상실한 채 부정형하게 연결되어갔다.

개인의 정체성, 나아가 지역민으로서 공동체 안에서의 정체성을 갖는 것은 국가공동체의 정체성 형성에 필요한 중요한 교육 활동이 될 수 있다.

지역사 수업의 실행

수업 목표

지역사 수업의 목표는 지역 정체성 함양이다. 지역사회의 정체성은 개인이 속한 사회공동체의 일원으로서 역할을 잘 수행하게 할 수 있으며, 나아가 국가공동체의 일원으로 성장하는 데 필요한 연계 교육이 될 수도 있다. 즉, 지역사회의 일원으로서 활동하는 데 필요한 정체성의 확립은 국가라는 공동체 속에서 생활하고 실천하기 위한 국가 정체성은 물론, 더 나아가 세계시민으로서의 정체성과도 연결될 수 있다.[14] 개인의 자유의지에 따른 참여 과정을 통해 판단과 인식의 변화를 가져올 수 있으며, 개인 정체성을 지역사회 공동체성과 접합해 적용할 수 있는 시민적 공정성과 자율성으로

---

12) 김한종, 『역사교육의 내용과 방법』, 책과함께, 2007, pp.173-178.
13) 이병희, 「향토사 교육의 현황」, 『청람사학』 5, 협신사, 2001, pp.107-108; 김한종, 『역사교육의 내용과 방법』, 책과함께, 2007, pp.173-178.
14) 마사 너스봄 외 저, 오인영 역, 『나라를 사랑한다는 것』, 선인, 2003.

성장하게 해주는 것이 참여민주주의이다.[15] 이때 자신이 속한 지역과의 일체감, 즉 정체성은 이러한 참여의지를 높이는 역할을 할 수 있다.

이러한 참여 경험은 지극히 교육적인 것으로, 민주적 시민교육의 중핵적 내용에 해당한다. 시민은 참여 과정에서 자기 개발과 변화를 도모할 수 있으며, 공동체의 규모와 해결해야 할 사안을 경험함에 따라 시민적 권리의 실현과 공공 영역에서의 문제 해결 과정에 적응할 수 있다. 따라서 참여 자체가 소중한 교육적 경험이 되는 것이다.

참여의 교육 활동은 민주주의적 판단력 교육, 민주적 의사 결정 교육, 민주적 비판의식 함양을 위한 방식, 봉사 의식 함양을 위한 교수법 등의 형태로 제안된다.[16] 이때 참여자의 능동적 참여 의지를 키우고, 공간적으로 참여 기회를 제공하기 위한 장소로 지역사회의 역할이 제고될 수 있다. 지역사회로의 참여를 위해서는 지역사회의 이해가 토대가 되어야 하며, 현재 학생의 삶을 맥락적으로 이해하기 위해서는 지역의 변화에 대한 이해가 선행되어야 하기 때문이다. 지역사는 '맥락적' 이해와 '변화'를 학습하기에 좋은 자료로, 지역사회라는 공동체에서 개인 정체성을 인식하고 집단과 관계 맺는 정체성 교육의 실제적인 경험을 제공할 수 있다.

수업 내용: 안성 역사 이야기

각 지역의 역사를 주제로 선정할 때 앞에서 서술했듯이 교사가 근무하는 지역, 학생이 현재 살고 있는 지역의 역사를 다룰 수 있다. 본 수업에서는 안성 지역 소재 ○○중학교의 지역사를 다루는 역사 수업이 그 대상이다.

---

[15] Keith C. Baton et al, Teaching History for the Common Good, London; Routledge, 2009, pp.35-39.
[16] 배효진, 「참여민주주의를 통한 민주시민교육」, 중앙대학교교육대학원 석사학위논문, 2005.

조선 후기로 들어서면 안성은 장시(場市)의 발달과 더불어 경제 활동의 메카로 성장하는데, 이는 현재 국가사에서 일부가 다루어지고 있다. 그러나 수업 내용으로 들어올 수준의 내용과 수업 진행으로 가능한 학습 차시의 적정 학습량은 되지 못한다. 따라서 교사에 의해 연구된 지역사 내용을 포함해 교육 내용을 보완해야 수업이 가능하다. 안성의 역사를 수업으로 구상해 보기 위한 자료를 [표 1]처럼 추출해 보았다.

[표 1]에서 안성의 역사를 중심으로 내용 영역과 내용 요소를 추출하기 위해 크게 사회, 경제, 문화라는 영역을 설정하고 이와 관련한 연구 논문들을 검토하여, 수업 내용으로 활용할 수 있는 주제 및 내용 요소를 정리했다. 내용 영역에서 정치를 배제한 것은, 당시 지역의 정치사를 다룬 연구 결과가 없기도 하지만, 큰 흐름에서 보면 중앙 정치의 영향을 절대적으로 받는 전근대 사회의 중앙집권적 정치 구조에서 지역 자치적 정치 논의가 진행될 수 없기 때문이기도 하다. 수업 상황을 고려해 볼 때, 학생들의 삶의 맥락과 닿을 수 있는 역사 내용으로 정치 영역은 다소 거리가 있는 교육 소재인 것도 한 가지 이유다.

사회사 부분으로는 상공계층의 성장과 양반층의 변화를, 경제사 부분으로는 안성 장시의 발달 과정 및 '안성맞춤'이라는 단어가 만들어진 안성 유기 관련 산업의 역사 이야기도 포함했다. 마지막으로 문화 영역에서는 장시 발달을 배경으로 함께 성장해온 남사당놀이패의 공연 문화, 장시 발달과 상공계층 후원 세력으로 유지되어 온 사찰 이야기를 함께 다룰 수 있도록 내용을 추출했다. 교과서에 서술되어 있는 조선 후기 안성 장터를 배경으로 조선 후기 사회·경제사를 안성 지역에 밀착하여 민중의 삶에 접근해 구상해 볼 수 있도록 주제 선정을 시도했다. 사회·경제 변동은 문화 변화와 연동됨에 따라 조선 후기 안성 지역 문화사에 대한 내용까지 이끌어 내기

[표 1] 안성 지역사 수업 주제 추출

구분	내용 영역	내용 주제 및 요소
안성 역사 (조선 후기)	사회 - 상공계층의 성장 - 양반층의 확대	- 조선 후기 안성 지역에서도 타 지역과 마찬가지로 신분제 해이 양상이 나타난다. 안성 지역에서 그 변화 양상을 추적해 보는 것이 국가사의 흐름을 확인해 보는 활동이 될 수 있다. - 이 지역은 장시가 발달하면서 상공계층이 경제력을 갖추며 성장했는데, 이런 특성이 나타나는 것을 사료를 통해 탐구하는 것이 의미 있는 수업이 될 수 있다. - 현재 안성시 양성면에 해주 오씨 집안 종촌과 이 집안의 선조를 봉향하는 덕봉서원이 있다. 이곳은 해주 오씨 집성촌으로, 문중 묘지가 잘 관리되고 있다. 이 주제를 중심으로 조선 후기 양성현의 양반층과 안성 상공계층의 추이 양상을 살펴봄으로써 당시 사회에서 신분 변동 양상을 추적해 볼 수 있다.
	경제 - 안성 장시의 발달 - 안성 유기의 발달	- 안성 장시의 발달은 지리적으로는 삼남 지역에서 도성으로 올라가는 접점 지역으로서의 이점을 살려 이루어진다. - 안성천을 배경으로 뱃길이 발달함에 따라 유기의 재료인 납청의 운반이 쉬워져 유기제품이 발달하기도 했다. - 지리적 배경과 사회·경제적 발달 관계를 장시 및 유기점의 발달을 비롯한 각종 수공업 상황과 더불어 살펴본다.
	문화 - 남사당놀이 문화 - 불교 문화	- 문화는 경제와 분리되어 생각할 수 없다. 경제적 안정이 문화적 풍요로움으로 이어지기 때문이다. 안성은 장시 발달로 조선 후기 경제활동이 성황을 이룬 지역이다. - 문화 향유 계층이 확대되며 어떤 것들이 어떻게 유행했는지를 사료를 통해 탐구하고, 학생들과 현장을 답사함으로써 깊이 있게 탐구할 수 있다. - 안성시 문화 행사로 추진되는 바우덕이 축제는 남사당놀이 문화의 맥을 잇는 공연이다. 현재에서 출발해 그 기원을 추적해 보는 것이 지역 일원으로서의 정체성 형성에 유리하다. - 안성은 불교 문화에서도 사격(寺格)을 갖춘 절이 많으며, 이들 사찰은 조선 후기 경제 발달과 함께 서민들의 적극적 후원을 받은 곳도 많다. 이것이 당시 사회·경제 변화와 어떻게 맞물려 유지되었는지를 현존하는 불교 유적 등을 통해 탐구해 볼 수 있다.

위한 주제가 되기도 한다. 특히, 현재 국가 수준 교육과정에서 부족하게 제시되고 있는 문화 영역을 보완해 교육과정 주제로 추출해 보려고 했다. 이 작업은 교사에 의한 교육과정 재구성 활동의 일환으로, 지역의 역사에 대

한 연구 성과를 검토하고 교육 내용으로 만들어내는 활동이다.

수업 과정에서 학생들이 제시한 다양한 주세도 수용할 수 있으며, 이 주제들과 그 외에 알고 싶은 주제를 학생들이 선정할 여지를 두었다. 예를 들면, 사회사 부분을 다룰 때 안성 양성의 해주 오씨 집안과 외가 혹은 친가로 친족 관계에 있는 학생들이 있었다. 명성황후의 외가인 해주 오씨 집안이 이 지역에 있다. 이 사실을 정리하면서 양성의 해주 오씨 집성촌에서 살고 있는 친구들에게 근현대 지역의 역사 이야기를 주제로 제안했다. 특히 해주 오씨 집안과 연관이 있는 학생들은 자기 조상 및 현재 살고 있는 마을의 형성과 역사 등에 대해 더 조사하고 다른 아이들과 공유할 수 있도록 주제 추출을 보완하기도 했다.

학생들에게 가장 친숙한 주제로 제안된 것은 안성시 지자체에서 지역 축제 문화로 자리 잡은 남사당놀이패의 역사이며 그들의 공연 문화였다. 이 공연에 주인공으로 등장하는 바우덕이와 남사당놀이 공연의 역사, 놀이 공연 구성 등을 조사하게 하면서 다른 모둠의 아이들과 내용을 공유할 수 있도록 조사 방향 등을 설정하고 내용을 이해할 수 있는 주제를 추출하기도 했다. 지역 축제라는 실체로 드러나는 문화 현상의 역사를 학생들이 구체적으로 이해하는 계기가 될 수 있었다.

'안성 역사 이야기' 프로젝트 수업 실행

수업 내용과 연계해 수업 방법을 구상할 수 있다. 중학교 지역사 수업은 모둠별 프로젝트 학습법과 역사과 사료 탐구학습을 활용하는 방식으로 진행했다. 프로젝트 접근법은 자기주도적 학습으로 주목받는 학습법이다. 한 주제에 대해 스스로 과제를 부여해 진행하며, 학습 과정에서 창의적·협력적·자기주도적 학습이 가능한 학습법이다. 학습 내용과 방법, 실천 이후 평가까지 이루어지는 것이 수업 완결의 의미가 있으므로 지역사 수업으로 수행평가까지 할 수 있게 구상했다. 구체적 내용을 묻는 방식보다는 활동 과정과 결과를 함께 평가하는 것으로, 학기 초 학생들에게 평가 계획을 알려주고 수업 활동과 결과 등에 대비하게 했다.

한편, 역사과의 가장 특징적인 수업 가운데 하나인 사료 탐구학습을 병행했다. 이는 역사 수업의 중심적인 학습 방법으로, 역사학자의 사료 탐구 과정을 경험하게 함으로써 역사적 사실을 단순히 암기하는 것에 그치지 않고 분석적 사고력을 키울 수 있다. 지역사를 연구하면서 사료를 다루어 본 경험이 있는 교사가 그것을 소재로 교육 내용을 구상하고 수업을 진행한다. 역사 교과 고유의 학습 방법인 사료학습의 교육적 의미를 살리는 좋은 교육 내용을 만들어 내면서 수업할 수 있다. 마을에 살고 있는 역사 교사가 지역사를 연구하고 이를 수업에 활용하면 지역사의 생산자인 동시에 실용적 소비자가 될 수 있다. 자기 지역 역사를 연구한 경험을 학생들과 나누면서 연구 과정 경험까지도 수업을 통해 공유할 수 있는 강점이 있다. 다음은 수업 실행 과정을 단계별로 정리하되, 학생에게 제시한 질문의 흐름을 중심으로 정리한 것이다. 주어진 질문과 과제를 해결하면서 학습자의 수업이 진행되었기 때문이다.

동기 유발과 주제 정하기

◎ 시작하기 > 우리 마을 알아가기

1-1) 우리 마을, 안성 하면 떠오르는 단어는?

1-2) 우리 마을 역사를 알아야 하는 이유는?

위 질문은 수업에 임하는 동기 유발을 위한 것이다. 우리 마을을 알기 위한 수업을 위해 사전 진단 단계로, 질문을 읽고 바로 떠오르는 단어와 그 이유를 써보게 한 것이다. 학생들이 마을에 대해 어느 정도 알고 있는지, 어떻게 생각하고 있는지 파악하기 위한 질문이다. 이와 함께 아래 질문을 통해 지역에 대한 학생들의 이해를 미리 진단하고 수업에 대한 흥미를 갖게 하려고 했다.

◉ **탐구과제 > 우리 마을 알아가기: 안성의 역사**

1-1) 모둠원이 알고 있는 안성 지역 역사에 대해 이야기를 나누고 적어 봅니다.

　　주제:

　　누구, 혹은 어디서 들었나요?

1-2) 나눈 이야기를 역사가의 입장에서 기록해 정리하기

　　사실적인 내용:

　　들었던 생각:

1-3) 안성의 역사에 대한 각자의 생각

　이 질문은 앞 질문과 마찬가지로 마을 역사를 알아가기 위한 학습 동기 유발 단계로, 첫 번째 질문과 관련해 학생 자신이 알고 있는 내용의 근거를 찾아보게 했다. 이는 앞으로 마을 이야기를 조사할 때 어떤 부분을 보완해야 하는지, 어떤 방법들이 활용될 수 있는지 생각해 보게 한 질문이다.

　이 과정에서 모둠별로 모여 마을 역사에 대해 이야기를 나누게 되었는데, 주변 어른들을 통해 생활 속에서 듣거나 본 다양한 이야기들이 쏟아져 나왔다. 주제 조사 전에 마을 역사와 문화에 대해 얼마나 알고 있는지 알아보는 활동을 한 것이다. 좀 더 자세히 알고 싶거나 궁금한 것이 있을 때 해결되지 못하는 부분들로 호기심이 생겨나기 시작했다.

　알고 있는 내용, 알게 된 경로 등은 대체로 유사했다. 특히 알게 된 경로

는 주변 어른, 지자체의 안성 관련 문화 행사나 홍보 활동 등으로 같은 경로가 많았다. 두 질문의 답변을 정리한 후 안성의 역사에 대한 각자의 생각을 정리해 보게 했다. '부끄럽다', '많이 아는 것이 없다', '더 조사해 보아야겠다' 등의 반응이 가장 많았다. 이후 스스로 학습 동기가 유발되어 지역사를 조사해 볼 의지를 갖게 되었다.

교사의 질문과 더불어 지역사 내용을 추출한 자료를 제공했다. 제공된 자료와 앞서 토의한 내용을 바탕으로 학생들이 제안한 주제를 더 보완해 그 범주 내에서 정하도록 했다. 지역사 관련 대주제를 먼저 교사가 정해 준 것이며, 모둠의 소주제는 논의를 바탕으로 스스로 선정하게 한 것이다. 자기 주도성이 발휘되어야 직접 역사 자료를 수집하고 분석하면서 진행될 수 있기 때문이다.

주제 조사하기

◎ **탐구과제 1 > 우리 마을 알아가기: 안성의 역사**

1-1) 모둠원이 함께 조사하거나 개별로 조사한 과정을 기록해 봅니다.

    1단계 개별 조사 과정 이야기:

    2단계 함께 조사 과정 이야기:

1-2) 조사 과정에서 있었던 우스운, 재미난, 어려운, 기억나는 에피소드를 기록해 봅니다.

1-3) 조사한 내용을 정리하고 친구들과 함께하면서 들었던 생각이나 느낌도 정리해 봅니다.

선정된 주제를 조사할 시간을 2주 정도 준 뒤 다시 모둠별로 모여서 조사한 내용에 대해 이야기 나누며 정리하게 했다. 조사 방법으로는 도서관에서 문헌 자료 찾기, 시청 홈페이지 검색, 박물관이나 현장 답사, 주변 인물 인터뷰, 구술 자료 정리 등으로 다양하게 제시했는데, 학생들은 대체로 도서관과 현장 답사를 많이 했고, 부모님에게 들은 이야기를 정리해 오거나 현지 박물관 안내자의 설명을 정리한 경우도 있다.

각자 조사하면서 있었던 재미있는 에피소드를 정리하고, 어렵고 힘들었던 부분 등을 정리하게 하면서, 마을 이야기를 통해 서로가 하나 된 느낌도 공유하게 했다. 소감은 대부분 '우리 마을이 이런 곳이었구나' 하는 새로운 발견, '좋은 마을이구나', '우리 마을이 더 발전해갔으면 좋겠다'는 등의 내용이 대부분이었다.

모둠별 주제 정리하기

◎ 탐구과제 1 > 우리 마을 알아가기: 다른 모둠의 주제 공유하기

1-1) 각 모둠이 발표하는 주제에 대해 정리해 봅니다.

모둠 이름	발표 내용

1-2) 각 모둠의 발표를 듣고 난 소감을 두 문장으로 표현해 봅니다.

이렇게 모둠별로 조사해 온 주제를 위 활동지에 기록하면서 발표하고 공유했다. 각자 조사해 온 주제를 중심으로 발표를 통해 공유해 4~5가지의 마을 역사를 알아가게 되었다. 마을 역사라는 수업 주제를 통해 서로 하나된 느낌도 공유하게 했다.

지역사 수업 내용은 중학교 수준의 학생들에게는 이해하기 어려운 부분이 많다. 특히 사료를 직접 다룬다고 할 때, 기존 역사와 달리 새로운 내용을 이해해야 하기 때문이다. 즉, 공부해야 할 내용이 늘고 깊이도 더해지기 때문에 난도가 높을 수밖에 없다. 하나의 주제를 선정하고 깊이 있게 조사하고 활동하는 것은 가능하지만 지역사 내용 전체를 이해하는 학습은 힘들 수 있다. 따라서 모둠으로 나누어 각자 내용을 깊이 있게 다루고 그 경험으로 다른 모둠의 지역사 내용 학습을 진행해 지역사 이해를 보완했다. 발표는 내용 이해가 전제되어야 하며, 이를 준비하면서 내용 심화 면에서 도움을 받을 수 있었다.

과정 지향적 학생 평가하기

수업시간에 모둠별로 함께 작성해간 활동지로 개별 평가를 했다. 같은 내용을 알게 되어도 표현한 내용이 다르고, 의견이나 생각 및 소감을 쓰게 하는 문항이 많아서 충분히 개별 평가가 가능했다. 배움은 함께하고 나누며, 표현과 평가는 따로 하여 아이들이 평가에 불만이 없게 했으며, 수업 과정에서 이루어진 것들이 평가에 고스란히 반영될 수 있게 했다.

평가의 준거로 수업 과정과 조사 과정 및 프로젝트 보고서 결과를 반영했다. 또한 팀 과제 발표 수업에서 다른 학생들의 수업, 보고서, 진행 과정 등의 평가를 함께 반영하는 학생 상호 평가를 병행했다. 평가에 대한 교사의 부담을 학생이 이해할 수 있으며, 학습자의 평가를 반영함으로써 교사에 의한 주관적 평가를 어느 정도 배제할 수 있다. 이러한 평가의 효과는 점수의 차등을 없애 경쟁심을 갖지 않게 할 수 있으며, 프로젝트 진행 과정에서 학생들의 협동심을 배양할 수 있었다.

지역사 수업의 실행 결과

교사가 바라본 지역사 수업의 성취 내용

이 글에서 다룬 지역사 수업의 성취 내용을 교사 입장에서 목표, 내용, 방법 면으로 나누어 살펴보자. 우선 교사가 의도한 교육 목표는 앞 장에서 언급했듯이 정체성 형성에 따른 참여 시민의식 함양으로, 지역사를 이해할 뿐만 아니라 지역사회에 대한 애정을 가지고 지역사회 활동에 참여를 유도하는 것이 목적이었다. 다음은 앞서 소개된 개별 활동지 질문에 학생이 작성한 내용으로, 정체성 형성과 관련해 분석할 수 있는 질문이다.

① 마을 역사를 왜 알아야 하는지에 대한 물음

- 내가 사는 곳이니까

- 우리 마을이 어떤 곳인지 알고 싶어서

- 교과서에 안 나와서 따로 조사해야 할 것 같아

- 안성 역사를 알아야 안성 사람이라고 할 수 있어서

- 재미있게 공부할 수 있을 것 같아서

- 안성에서 평생 살 게 아니어서 잘 모르겠다

- 평택에서 1학년 때 전학 와서 왜 하는지 잘 모르겠다

(2015. 3. 안성 ○○중학교, 2학년 전체 학생 대답의 일부)

질문 ①은 수업 목표를 학생들에게 인지하게 하는 질문으로, 정체성 형성과 관련된 결과를 얻기 위한 것이다. 내가 사는 곳이어서 당연히 알고 배워야 한다는 반응이 가장 많았다. 이는 정체성 교육이 애향심으로 연결될 수 있는 지점이다. 오랜 역사, 도시화가 덜 진행된 농촌 마을이라는 낮은

자존감이 보였지만, 과거 역사에서 자랑거리를 찾아보려는 시도가 많다. 그리고 현재 안성시에서 관광 상품으로 개발하고 홍보하고 있는 안성 8경이나 어린 시절 많이 가본 안성맞춤팜랜드 등의 현장체험을 통해 기억해 내는 것들이 많았다. 아래 [표 2]는 학급마다 6모둠이 활동한 각 모둠에서 왜 지역사를 알아야 하는지 묻고 답변한 것을 통계 낸 것이다. 정체성 형성과 관련해 살펴볼 수 있는 학생 반응이라 할 수 있다.

[표 2] 질문 1에 대한 통계(2015. 3. 셋째 주, ○○중)

학생 반응 \ 학급	1	2	3	4	5	6	7	8	총계
내가 사는 곳이니까	10	9	11	10	11	11	9	12	83
우리 마을이 어떤 곳인지 궁금해서	5	4	4	7	7	5	5	5	42
안성 역사를 알아야 안성 사람이어서	3	5	4	2	2	6	5	3	30
재미있게 공부할 수 있을 것 같아서	2	3	3	2	3	1	3	2	19
안성에서 평생 살 게 아니라 잘 모름	2	2	1	2	2	1	1	1	12
평택에서 전학 와서 잘 모름	1	2	2	1	0	1	1	1	9
총계(학급 인원)	23	25	25	24	25	25	24	24	195

안성이라는 마을에 대해 고민해본 적이 없다는 학생들의 반응도 많았다. 내가 사는 지역을 왜 알아야 하는지에 대한 질문도 쏟아졌다. 수업을 진행하면서 마을 이야기가 학생들에게 어떤 의미가 있는지 구체적으로 설명해 주었다. 마을 공동체 구성원으로 살아가기 위해 당연히 마을을 알아야 한다는 교사의 응답에 고개를 끄덕이는 학생들을 보면서, 수업은 학생의 삶과 맥락적으로 닿아 있는 것이어야 의미가 있음을 새삼 느꼈다. 지역사가 수업 시작 단계에서 흥미를 유발할 수 있는 교육 소재라는 점도 알수 있었다. 우리 마을 역사를 알아야 한다는 당위성을 학생들이 언급하기도 했다. 지역사 수업이 지역사회의 일원으로서 알아야 하는 당연한 내용

임을 언급하고 있음을 알 수 있었다.

한 가지 주목되는 의외의 대답은 '안성에 살 예정도 아닌데, 왜 해야 하는지 모르겠다', '평택에서 나고 이제 전학 왔는데, 이런 수업을 하는 게 의미가 없다'는 반응이었다. 수업을 계획할 때 전혀 의도하거나 고려하지 못했던 학생의 반응이다. 이는 정체성이 교육 목표가 아니라 결과로서 생겨나야 하는 이유를 알게 해주는 반응이라고 분석해 볼 수 있다.

지역 정체성은 국가 정체성의 좁은 범주로, 지역에서 살아가는 사람에게 실체감을 주는 정체성이다. 따라서 이곳에 살 예정이 없는 이에게는 필요 없는 교육이나 수업이 될 수 있다. 그리고 이런 지역 정체성 형성에 동의하지 않을 수도 있다. 따라서 일괄적으로 목표로 삼고 주입되는 정체성 교육이라면 학생 개인에게 힘든 수업 양상이 나타날 수도 있는 것이다. 따라서 교육의 결과로 정체성이 형성되는 것이 합당하다.

의미를 확장해 보면, '한국에서 평생 살 것도 아닌데, 한국사를 열심히 배우고 싶은 마음도 없고, 재미도 없다'는 식으로 한국사 수업에 반응을 보이는 학생들이 많다. 한국사를 왜 배워야 하는지에 대해 수업할 때 일반적으로 자주 나오는 질문인데, '국가 구성원으로 성장하기 위한 정체성 교육'이라는 답이 설득력을 갖지 못하는 이유와 같다. 이런 반응은 다원주의 관점으로 접근해야 할 문제이기도 하다. 같은 사회에서 생활하지만 정체성이 다른 학생이어도 한 공동체 일원으로서 받아들일 수 있는 것이 다원주의이며 민주주의이다. 한국어와 한국사를 모른다고 국가 공동체의 일원임을 부정할 수 없는 경우가 있기 때문이다.

정체성은 국가의 역사를 배우면서 주입되고 암기하는 것이 아니라 개인의 주체적 의지로 습득하고 형성되는 것이어야 한다. 이러한 정체성만이 한국사나 지역사를 배우면서 참여나 적극적 의지가 발현되는 정체성이 될 수 있는 것이다. 학습 결과로 정체성이 형성되어야지 주입 방식으로 모두에게 강요되면 교육의 의미는 퇴색한다. 그 사회의 일원으로서 갖추어야 할 요소로 강요되고 주입되는 순간 교육의 본질은 사라지는 것이다.

다음으로 교육 내용 면에서 성취를 정리해 보았다. 안성의 역사 이해는 인지적 수업 결과이므로, 학습자가 배운 안성 지역사를 활용하여 현장 체험학습 프로그램을 구상해 보는 활동은 사회적 참여라는 태도나 기능을 학습하는 일종의 체험활동으로 설계했다. 이러한 태도나 기능의 성취 내용을 정리하여 표로 분류, 정리했다.[17]

[표 3] 지역사 수업의 성취 내용

구분	성취 내용	수업 결과
인지적: 안성의 역사 이해	모둠 내 자료 및 사료 정리를 통해 지역사 이해 모둠별 공유 통해 마을 역사의 심층 이해	마을 역사 알기 모둠원간 소통 협력과 배려
	답사 프로그램 만들기, 문화재를 그림 등으로 표현해 보기, 마을 역사 보고서 작성하기	학습 결과의 다양한 표현 익히기
기능적: 사회적 활동	2학년 현장체험학습 일정 구상하기, 비용 산출하기, 구상안의 실행 방법 토의하기	앎의 사회적 실천

[표 3]에서 학생들이 수업을 통해 만들어 낸 결론을 모둠별 발표와 질문을 통해 공유함으로써, 조사한 주제는 하나지만 4~6가지 지역사 주제를 배울 수 있었다. 학생들은 많은 분량의 지역사 내용을 발표와 공유를 통해 심층적으로 알 수 있게 되었다. 발표 준비하면서 전체 앞에서 말하는 태도

---

17) 본 수업 사례의 사회적 실천 부분인 '현장체험학습 프로그램 만들어 보기' 활동은 『학교협동조합, 현장체험학습과 마을교육공동체를 잇다』(2015)에 학교협동조합의 교육 활동 사례로 소개되기도 했다.

와 어떤 내용을 핵심적으로 전달해야 할지 궁리하게 함으로써 스스로 학습한 내용을 모둠별로 정리할 수 있는 기능적 배움도 있었다.

기능 면에서 구체적으로 알게 된 안성의 역사를 바탕으로 수업을 통해 현장체험학습 일정을 구상하고 프로그램을 기획하여 앎의 사회적 실행을 유도하는 모둠 활동을 하게 했다. 타학교 학생들이 방문했을 때 우리 마을 소개를 통해 배운 것을 자신들과 연관된 교육 활동으로, 학교 밖 사회경제적 활동으로 연계해 구상해 보라는 과제를 준 것이다. 학생들의 사회 참여적 마인드를 경험해 보게 하기 위한 의도였다.

각자 초등학교 수학여행을 회고하면서 안성을 소개하고, 어느 곳을 방문하면 지루하지 않을지 흥미롭게 구상했다. 비용 산출은 학생들의 경제 개념을 짚어보는 계기가 되었다. 이런 수업을 통해 지역사회 일원으로서 지역의 사회·경제적 배경을 이해하고 간접 체험을 통해 애향심이 생겨날 수 있음을 확인할 수 있었다. 수업의 활기는 덤으로 얻어지는 효과였다.

수업 방법이나 동기 유발 면에서도 지역사 수업의 장점이 많았다. 총 5번의 수업을 하면서 수업 동기 유발 면에서 학생들의 흥미를 끌어내기 쉬웠다. 도입부에서도 학생들의 경험에 비춘 이야기로 시작했으며, 모둠별 토의가 시작되면 아이들은 저마다 할 이야기들이 더 많아졌다. 이러한 학습 동기는 학생의 자기주도적 학습 능력이 발휘되는 부분에서도 나타났다. 알고 싶은 주제를 스스로 정하고, 이를 조사하고 발표했을 때 성취감이 크며, 배움에서 주도성을 갖게 되는 것 등은 프로젝트 수업의 가장 큰 장점이다.

또한 각자 조사한 자료를 통해 지역사회에 대한 이해를 다양하고 폭넓게 하는 수업은 주변 사람들이 자신의 삶과 연결되어 있음을 느끼게 해주었다. 여기에 모둠별 대화를 통한 수업 방식은 토의 습관과 태도를 기르는 데 유익했다. 특히 경청과 소통을 통해 하나의 방향과 주제로 같은 흐름의 배움을 하는 경험은 합의의 민주주의를 체험하는 좋은 기회라고 생각한다. 요컨대, 교사가 의도했던 목표로 정체성 교육이 이루어졌으며, 내용 면에서 국가사 외에도 풍부하고 다양한 역사를 다루는 수업을 했다. 그뿐만 아니라 기능적 차원에서 활동을 통한 참여의지 발현 등을 이끌어낼 수 있었으며, 동기 유발이 잘 되는 수업 소재임을 알 수 있었다.

학생 반응으로 본 수업의 결과

매시간 사전 준비로 조사한 뒤 모둠끼리 정리함으로써 학생들이 함께 배워갈 수 있게 했다. 각 활동이 끝나면 소감과 느낀 점을 기록하게 했다. 이 내용을 토대로 지역사 수업에 대한 학생들의 반응을 분석하고자 했다. 수업 주제 선정, 수업 전체에 대한 소감, 사회적 활동 구상의 3가지 과제 및 이에 대한 반응을 중심으로 했다. 무엇을 공부하고 어떻게 느꼈는지 분석하고, 사회 참여 활동 구상을 통해 학습과 사회 참여를 연결한 것에 어떤 반응을 보이는지 살피려 했다.

우선 학생들이 선정한 주제를 통해 첫 반응을 살펴볼 수 있었다. 각 학급에서 선정해 조사한 주제는 [표 4]와 같다. 모둠 선정 주제는 초기와 발표 시기가 조금 차이가 있지만, 수업 동기나 관심을 살펴보기 위한 것이므로 초기 선정된 주제를 중심으로 통계를 냈다. 발표하고 공유하는 가운데 주제가 바뀐 모둠이 상당히 있는데, 이는 조사 방법이나 준비과정 등에서 생긴 갈등을 조정하며 의견을 수렴하는 과정에서 비롯되었다.

전체적으로 교사가 의도했던 지역사 내용에서 학생들의 추가 제안과 수정으로 보완되었으며, 이를 근거로 주제가 선정되었다. 모둠의 주제는 학생들이 현재 관점에서 역사를 보는 경향이 강하고 삶과 분리되지 않는다는 것을 알게 해주었다. 각 학급에서 개별 모둠이 선택한 주제 가운데 압도적

[표 4] 모둠별 선정 지역사 주제

선정 주제 \ 학급	1	2	3	4	5	6	7	8	총계
남사당 공연(바우덕이)	2	1	2	2	4	1	2	2	16
양성 만세 운동	1	1	1	2		1		1	7
안성 8경 및 안성 특산품			1	1			1	1	4
칠장사 등 절 이야기	1					1	1		4
해주 오씨 및 양성 덕봉서원	1	1			1	2			5
안성 장터 및 안성 유기	1	2	2	2	1	1	2	1	12

으로 많은 주제는 남사당놀이 공연 문화와 안성 장터였기 때문이다. 이는 현재 역사에 밀착되고 자신의 삶과 연결된 지역사 수업 소재다.

학생들은 가을마다 열리는 지자체 주관 축제의 역사적 연원을 알고 싶어 했다. 이는 학생들이 체험하는 지역 활동에 대한 호기심에서 시작되었으며, 내용을 자세히 알게 되어 다음 축제 때 더 적극적으로 참여하고 싶다는 의견이 많았다. 지역사회 축제 기간 중 다양한 공연이나 응원 등의 활동을 학생들이 지원하는 경우가 많은데, 대부분 형식적으로 참여하고 억지로 동원되는 식이었다. 바우덕이의 삶을 알고 남사당 공연 문화를 조사했기 때문에 조금 달라질 거라는 학생들 반응이 수업의 원래 목표와 닿아 있다고 분석된다.

자신들이 일상적으로 방문했던 안성 장터에 대한 관심도 높은 편이었다. 장터는 조선 시대에는 활발하게 운영되었지만, 현재 많이 위축되어 있다는 것을 주변 어른들에게 들은 것과 관련된 관심으로 보인다. 안성 지역의 경제 활동이 인근 지역인 평택보다 위축되어 가는 이유를 역사에서 찾아보고자 했다. 과거에는 안성의 경제 활동이 더 활발했는데, 어떤 과정을 거쳐 현재에 이르렀는지 궁금해했다. 역시 현재에서 출발한 과거 이해다.

다음 질문 ②는 전체 수업에 대한 학생들의 소감이다. 지역사를 공부하면서 느낀 소감을 분석해 교사가 의도하는 수업 목표가 달성되었는지 직·간접적으로 살펴보려 했다.

② 지역사 프로젝트 수업 과정에서 느낀 점은?

- 현장 답사를 하면서, 어른들에게 듣던 마을 역사에 대해 더 많은 것을 상세히 알게 되었다. 의외로 우리 마을에 중요한 역사가 많다는 것을 알았다(2-9, 여, 신미○).

- 조사하면서 양성 운수암의 역사에 그런 내용이 있는 줄 알게 되었다. 조사하러 갈 때 버스가 하루 두 번밖에 안 다니고 한참 걸어야 했다. 우리 마을 역사를 알리려면 교통편이 잘 되어 있어야겠다(2-9, 여, 정윤○).

- 안성 양성면에 살고 있는데도 덕봉서원이 그런 역사가 있는 곳인 줄 몰랐다. 맨날 가면 사람이 한 명도 없었는데, 집안 명예에 먹칠하지 않도록 학교생활을 해야겠다(2-6, 남, 정명○).

- 2, 로 끝나는 날짜에 열리는 안성시장에서 여러 가지 질문을 하려고 상인 아줌마들에게 다가갔지만, 불친절했다. 장사가 잘 안 되는 것을 알았다(2-6, 여, 정문○).

- 교과서에도 안 나오는데 왜 이런 수업을 하는지 짜증이 났는데, 시험에 안 들어간다고 해 좋은 마음으로 임하려 했다. 이런 수업을 통해 우리 마을을 잘 알게 되어 보람 있었다 (2-1, 남, 권민○).

- 양성박물관을 하루 종일 돌면서 여러 가지 사실을 알게 되어 좋았다. 이런 숙제가 아니었다면 알지 못했을 우리 마을 역사다(2-9, 남, 박민○).

- 자세한 마을 역사를 알게 되어 참 좋았다. 맨날 지역사 수업만 하면 좋겠다(2-4, 남, 이정○).

- 모둠끼리 같이 조사하고 정리하면서 힘들었다. 모둠원끼리 의견 맞추고 숙제를 같이 하기

가 쉽지 않았다(2-5, 남, 한명○).

- 조사에 참여하지 않는 친구들이 있어서 속상했다. 지역사 수업뿐 아니라 다른 모둠 수업에서도 이런 친구들 때문에 짜증 난다(2-3, 여, 이지○).

(2015. 3. 안성 ○○중학교, 2학년 수업 활동지 및 녹취록에서 발췌)

질문 ②에 대한 답은 대체로 교사의 의도대로 지역사에 대한 다양한 내용을 인지적 차원에서 이해하고 있었으며, 수업 결과 또한 목표대로 정체성 형성 차원에서 지역사회를 이해하고 참여의식이 생겨나는 경향을 보였다. '교과서에 나오지 않는 내용을 알게 되어서 좋았다', '안성에 살면서 안성을 알아야 한다고 생각하게 되었다'는 반응이 있었고, 자기 집안 정체성을 폭넓게 이해하게 된 학생도 있었다. 수업 내용이 내가 사는 지역과 시·공간적으로 연관이 있음을 확인하면서 실체감을 느끼는 것이었다.

또한 지역사를 알리고 싶은 마음으로 교통편 개선, 안성시장의 쇠퇴에 대한 안타까움, 모둠 활동에서 친구와 관계 맺기 등, 다양한 소감을 통해 지역사회 개선 의지, 사회성 형성 등 정체성 교육 및 사회 참여에 대한 생각이나 의지 등이 나타났다. 학교 수업만으로는 파악하지 못할 지역사회에 대한 문제들을 인식하기 시작했다는 점에서 사회 밖으로 시선을 두게 된 계기였다. 따라서 지역사 수업 목표에 일정 부분 도달한 것으로 파악된다. 더불어 모둠별 프로젝트 수업에 대한 반응도 살필 수 있었는데, 과정에서 발생할 수 있는 갈등 해결 방식을 배워가면서 협동정신을 키울 수 있었음도 알 수 있었다.

다음 질문 ③은 지역사 수업을 통해 사회 참여 의지를 더욱 발현할 수 있도록 지역사 수업의 활용에 대한 활동을 유도하는 질문을 하고 학생들의 반응을 분석한 것이다. 지역사 수업을 가장 흥미 있어 하면서 수업 분위기가 좋았던 한 반을 대상으로 묻고 수업 내용을 녹취한 부분을 정리했다.

③ 지역사 학습을 바탕으로 현장체험학습 일정을 짜서 다른 지역 친구들에게
우리 마을을 소개한다면?

- 우리도 마을을 소개해 주고, 다른 지역으로 수학여행을 가고 싶어요. 우리가 짜면 이대로
여행 프로그램을 진행할 수 있나요?
- 일정을 계획하고 예산을 짜면서, 수학여행 비용 등 경제 개념이 정말 없다고 느꼈어요.
- 지역을 소개하려니, 여행지로 꼽을 만한 좋은 곳이 없는 것 같아요. 우리는 여기 사니까
좋은 것뿐인데.
- 다른 학교 친구들에게 잘 소개해 주고 싶고, 같이 자면서 같이 놀고 싶어요.
- 적은 비용으로 다른 지역을 여행 다녀서 좋아요.
- 유명한 곳도 아닌데, 우리 마을로 수학여행 올 수 있다는 것을 이번 수업에서 알았어요.
- 우리가 만드는 여행이라 의미가 있는 것 같아요.

(2015년 5월 20일 5교시, 2-4반 교실, 수업 녹취록 일부)

질문 ③에 대한 답은 모의 방식의 사회적 참여 활동으로 구상한 과제를
해결한 뒤의 학생 반응이다. 학습 내용에 근거해 학생들에게 친숙한 수학
여행을 매개로 일정을 구상하게 하고, 필요한 비용까지 산출해 보게 했다.
학생들은 일을 추진하는 사람이 되어 활동에 참여했다. 그리고 다른 학교
학생과 여행을 계기로 친구관계를 맺는 교육 프로그램을 구상해 보게 했
다. 실제로 이렇게 수학여행이 진행되는지에 대한 질문이 많았고, 이것을
상품화해 안성을 알리자는 반응도 있었다. 수학여행을 이렇게 간다면 지
루하지 않고 진짜 우리만의 여행이 될 수 있겠다는 반응도 있었다.

수업 내용이 사회적 참여 활동으로 바로 이어질 수는 없다. 학교에서 학

생들이 배우는 것은 현재 삶의 맥락이기도 하지만 미래 삶에 대한 대비의 성격도 강하다. 배운 내용을 어떻게 사회적으로 활용할지 고민하는 것은 그 자체로 상당한 의미를 지니며, 지역사회 활동으로 이어질 수 있는 문제를 끌어들일 때, 수업이 활기차게 진행될 것이다. 지역사는 이런 수업이 될 수 있게 함을 확인할 수 있었다.

단위학교에서 추진되는 현장체험 학습의 일환인 수학여행의 문제점들을 학생들과 함께 살펴보고, 해결 방안에 대한 다양한 의견을 들으면서 생각을 공유했다. 그리고 경제적 비용 산출을 통해 실생활 물가 등을 체감하게 했다. 이대로 추진될 수 있는지에 대한 학생들의 다양한 질문과 반응은 '우리의 활동 내용이 추진되어 이런 수학여행을 갔으면 좋겠다'는 참여 의지의 발현이다. 이는 참여 시민의식 함양에 일조했을 것으로 본다.

다원성을 고려한 지역 정체성 역사 수업

정체성 교육은 지속적으로 강조되어 온 역사 교과의 교육 목표다. 그런데 국가 정체성 교육만 강조하는 것은 현시대의 요구와 변화에 응하지 못한다. 정체성 교육의 의미에서 동일시와 정체성 형성으로 논의가 확대되고, 이 정체성이 참여의지 발현을 통해 민주시민의식 함양과 맥락이 닿을 수 있음을 살펴보았다. 이에 따라 국가 정체성 형성뿐만 아니라 개인 정체성, 지역 정체성 등 정체성의 다변성과 역동성을 반영한 다양한 정체성 교육이 필요함을 확인했다. 특히, 가정을 벗어나 최초로 접하는 소사회 경험의 장으로서 학교가 학생들을 지역사회 구성원으로 성장하게 하는 다양한 정체성 교육이 필요하다.

이 글에서는 지역사 수업의 실행과 결과 분석을 토대로 지역사회 일원으로서의 정체성 교육이 이루어질 수 있으며, 이를 통해 참여 시민의식 함양, 참여 민주주의를 지향하는 수업이 이루어질 수 있음을 다루었다. 또한 교육 목표로서의 정체성 교육이 아니라 수업 후 결과로 형성되는 정체성에 주목하고자 했다. 그렇게 되었을 때 다원적 관점의 정체성 교육이 논의될 수 있으며, 이것이 참여의식 함양을 통한 민주적인 방식의 정체성 교육과도 맥락이 닿을 수 있기 때문이다.

이 글은 지역에 근무하는 교사의 연구 활동이 교육 현장에서 실천으로 행해질 수 있음을 전제한다. 대체로 지역사는 지역에 근무하는 교사가 연구할 가능성이 가장 높다. 그리고 교사의 연구 활동이 수업으로 연계되었을 때 역사의 생산과 소비가 동시에 이루어지며, 그에 따른 교육 효과가 극대화될 수 있다. 지역사를 연구한 교사가 교육과정 재구성을 통해 수업을 준비하고 실행하는 과정에서 지역사 연구, 수업 준비 등 상당 부분에서 긴 기간이 소요되기도 하지만 교육 효과는 매우 유의미하다. 수업 결과는 교사가 본 성취 내용과 수업에 대한 학생의 반응을 통해 분석했다.

수업 후 교사의 성취 수준 도달 및 학생의 반응 분석을 통해 지역사 수업과 정체성 교육에 관해 다음과 같은 시사점을 얻었다. 첫째, 교육 목표 면에서 자신이 살고 있는 지역에 대한 이해를 통해 지역사회 정체성 형성에 영향을 줄 수 있고, 이는 국가 정체성 교육과 연계선상에서 이해할 수 있다. 둘째, 교육 내용 면에서 학생들은 지역사를 당연히 배우고 알아야 하는 것으로 이해하며, 따라서 지역사 수업의 당위성을 확인할 수 있었다. 셋째, 교수 방법 면에서 학생 삶의 맥락과 연결되어 있는 지역사 소재가 국가사에 비해 수업 동기를 유발하고 자기 주도적 학습 활동을 끌어낼 수 있다. 마지막으로 이러한 수업을 통해 형성된 자기 이해에 근거한 지역 정체성은 지역사회 참여 의지를 함양하게 한다는 점에서 어떤 측면에서는 참여 민주주의를 뒷받침한다고 볼 수 있다. 따라서 민주시민의식을 함양하는 역사 수업을 통해 역사교육의 중요 역할이던 기존 정체성 교육의 역할과 의미를 보완한 측면이 있다.

이 수업을 통해 역사교육 면에서 몇몇 시사점을 찾아볼 수 있었다. 우선, 교과서에 없는 내용이라도 교사의 교육과정 재구성으로 수업을 진행할 수 있으며, 이를 통해 정체성 교육의 목적을 학생들에게 환기시킬 수 있다는 것이다. 교사의 지역사 연구가 수업으로 이어졌을 때 역사 수업이 풍부해질 수 있음을 확인했다. 또한 수업 결과로 얻게 되는 정체성 형성은 향후 지역사회의 일원으로 성장하고 활동할 학생들에게 지역사회 이해, 지역사회와 관계 형성, 사회 참여적 지역사회 활동 등으로 이어질 것으로 기대된다는 것이다. 국가 정체성이든 지역사회 정체성이든 사회의 일원으로 참여할 수 있는 참여시민의식 함양을 통해 민주주의의 질적 성숙의 방향을 모색하는 역사 교과의 역할을 자리매김해 보고자 했다.

—
4장
—
시민교육을 위한
—
문화사 수업
—

문화사 수업의 어려움

역사 교사라면 한국사의 문화사 수업에 회의를 느끼는 경우가 많다. 수없이 나열되어 있는 문화재, 그리고 학생들이 공감하기 힘든 미의식을 주입하듯 서술된 교과 내용을 보면 어떤 내용을 가르치고 무엇을 강조해야 하는지, 그리고 어떤 방법으로 학생들과 소통해야 하는지 난감해진다. 그것들이 모두 국가의 문화 자긍심을 심어주는 방향으로 서술되어 있어서 과연 교육 목표 설정이 문화사 수업에 적절한지 의문이 들기 때문이다. 서술된 내용 또한 불교와 유교 등 종교와 사상에 관한 내용들이 포함되어 있어서 학습자들에게 공감을 끌어내기 힘들다. 이런 상황이 교사를 힘들게 하는 요인들일 것이다.

수업이 힘든 이유를 요인별로 살펴보면, 우선 한국문화사의 교육 목표는 민족 정체성 함양이라는 전제에서 출발해 문화 자긍심을 고취하는 방향으로 설정되어 있으며, 문화 공동체 의식 함양을 통한 국가 정체성 교육에 연결되어 있다. 따라서 현장 수업에서 문화적 자긍심과 한국인으로서의 자부심을 어떻게 심어 줄 수 있을지 궁리해야 한다. 정체성을 강조하려는 교육 목표는 국가 지정 문화재 중심으로 구성되고 서술되는 내용으로 교육 활동을 해야 하는 교사에게는 큰 부담이며 한계를 지닌다. 문화재 전문위원이나 이 분야의 대가가 표현하는 미의식이나 미술 작품으로서의 역사적 평가 등이 그대로 사용되면서 미적 감각이 주입되는 형태의 수업이 이루어져야 하는 것이다.

이는 역사학계의 연구 한계가 반영된 측면이기도 하다. 한국 미술사 혹은 문화사 분야의 실증적 연구 결과물로 축적되어 온 것들이 교과 내용에 포함되어 있다. 따라서 수업은 학습자의 요구나 흥미 등을 반영하기 어렵고, 학습자의 삶과 동떨어진 교육 목표가 설정되어 있다. 이는 역사적 사고력 함양이나 민주시민교육과도 거리가 있는 것으로, 역사 교과 본연의 교육 목적과도 동떨어진 것이다.

교육 내용 면을 살펴보면, 문화사 수업의 한계는 더 크게 다가온다. 문화의 의미 범주가 넓고 근대 이후 문화사 연구 영역과 방법이 달라져 옴에 따라 교과의 문화사 서술 체계도 복잡하게 전개될 수밖에 없었다. 게다가 전근대에 경험하지 못한 민주주의라는 사상의 흐름이 현재 역사교육의 목표로 도입되어 있는데, 이를 교육 내용으로, 특히 문화사 영역으로 가져오는 문제는 쉬운 일이 아니다. 전근대에 민중이 배제된 내용들, 일상의 삶과 유리된 서술 등이 극복해야 할 점들이다. 또한 고급문화를 강조해 지배층의 문화 양식을 중심으로 서술된 점은 민주주의 사회와 공교육 특성상 민중 전체에 설득력을 지닐 수 없으며, 학습자의 공감대를 끌어낼 수 없는 요소로 작용한다. 지배층 문화의 사치의 결과인 문화재들의 고급성과 세련미가 한국인 전체의 문화 자긍심으로 서술되어 있고, 이를 가르쳐야 하는 현실은 민주시민교육과는 거리가 먼 것이다.

2007 개정 교육과정 고시에 앞서 '한국문화사' 과목이 신설되어, 교육과정을 개발하고 그에 따른 해설서나 교재를 바라보는 관점 등의 방안을 탐색하기도 했다.[1] 당시 교과서 단원을 개발하는 등의 노력들은 교사들이 수업과 연계된 문제 인식을 공감하고 있다는 것을 말해준다. 교사 모임의 수업 사례를 공유하면서 현장 수업을 지원하기 위한 내용 서술 방안을 탐색하기도 했다. 이러한 문제점들을 극복하기 위해 교육 목표 설정과 그에 근거한 교육 내용 서술, 그리고 교재 활용 방안이나 수업 탐색에 대한 대안을 제시하면서 선택과목으로 '한국문화사'를 신설하려는 시도였다. 우여곡절 끝에 이 과목이 탄생하지 못한 것도 현재 수업의 난맥을 심화하는 요인이다.

교육 방법 차원을 들여다보면, 단위학교 현장의 문화사 수업은 대체로 어려운 사상을 설명하거나 다양한 사진 자료를 보여주면서 학습자의 내용 이해에 집중한다. 한 걸음 더 나아가 체험을 위해 직접 만들어 보는 학습을 하기도 한다. 다양한 미디어를 통해 전문적이고 학술적인 설명을 곁들인 동영상을 활용하여 현실감 있는 문화사 수업을 하기도 한다.[2] 그러나 이러한 수업 방법은 여전히 내용을 가능한 한 잘 정리해 '가르치고자' 하는 교사와 수동적으로 이들 내용을 '받아들이는' 학습자의 관계를 전제한다. 이런 관계 속에서 문화사 수업이 학생들에게 무의미하게 다가가기는 마찬가지다.

이 글에서 문화사 서술과 수업에 관한 문제들을 논의의 장으로 끌어들이려는 이유는 최근 민주시민교육을 위한 역사 수업 연구의 흐름에 부합하는 현장 수업 논의를 위해서다.[3] 공교육의 교육 목표인 민주시민교육에 역사 교과도 한 축을 담당해야 하기 때문인데, 문화사의 경우, 목표 설정과 교육 내용 및 방법 면에서 적절하지 않은 방식으로 진행되어 온 측면이 있다. 이에 대해 반성하며 본연의 목적을 살리기 위해 한국문화사 서술 내용을 검토하고, 이를 토대로 민주시민교육에 부합하는 문화사 수업의 방향을 탐색하고자 했다.

우선 문화사에서 교과 내용의 문제들을 분석하고 이들 서술 내용의 문제의식들을 담아서 혹은 넘어서서 민주시민교육으로서의 문화사 수업을 탐색해 보고자 했다. 민주시민으로서 자율 의지를 지닌 학습자의 주체적 배움을 만들어 가는 문화사 수업이 주된 목표다. 이 과정에서 드러난 수업 결과들을 정리하고 민주시민교육을 통한 민주시민의식의 성장 가능성을 탐색해 보고자 했다. 교육의 결과들은 수업에서 학습자의 행위로 드러나는 것이다. 교과 내용도 결국 수업을 잘 이끌어내어 학습 목표에 이르는 데 필요한 자료일 뿐이다. 따라서 학습의 주체자로서 학습자가 주도해 문화사 수업을 하는 것이 중요하다. 이를 통해 민주시민교육을 지향하는 문화사 학습의 내용과 방법적 대안을 모색해 보고자 한다.

'한국문화사' 선택과목의 개발 단계에서 파생된 문화사 교육의 문제의식과 이를 극복하기 위한 방향 설정을 공유하고 이들 논의에 근거해 민주시민교육을 실천하고자 하는 문화사의 교과 내용을 제언하고자 한다. 또한 문제의식에 근거한 문화사 수업을 정리해 내용과 방법의 연계를 통한 수업 방안도 탐색하고자 한다. 연구 대상은 경기도 소재 한 중학교에서 2015

---

1) 한국교육과정평가원, 『한국문화사 모형단원 개발 연구진 연구 보고서』, 2008; 김육훈, 「한국문화사 교재의 구성 방향」, 한국교원대학교 석사학위논문, 2009.

2) 전국역사교사모임, 「문화사 수업의 내용 구성과 수업 방향」, 2009.

3) 참실준비워크샵, 「역사 수업에서 민주주의 교육을 실천하자」, 2012; 강화정, 「역사 교사의 민주주의 인식과 서사 형성-5·18 수업 사례를 중심으로-」, 『전국역사학대회논문집』, 2013; 황현정, 「민주주의 내용요소로 본 한국사 내용 선정 원리」, 『역사교육』 130, 2014; 황현정, 「정체성 교육과 지역사 수업」, 『학습자중심교과교육학회』 15-10, 2015.

년 10월부터 한 달 간 2학년 8개 반에서 이루어진 '문화 이야기 발표' 수업이다. 민주시민교육의 방향으로 설정해 문화사 서술에서 국가주의 혹은 애국심 함양을 위한 정체성 교육과 일정 부분 거리를 두고자 했다. 그리하여 역사적 사고력과 민주시민으로서의 자질을 함양하기 위한 문화사 교육의 방안을 탐색해 보고자 한다. 수업과 내용 혹은 내용과 수업의 연계 속에서 문화사 교육의 문제들을 극복하기 위한 연구가 될 수 있겠다.

교육 내용으로서의 문화사

문화사 개념과 그 교육 내용

문화의 개념은 학문과 학자에 따라 다양해 1,000가지가 넘을 정도다. 우선 문화는 문명이라는 개념과 섞여 사용된다. 대체로 정신문화와 물질문명의 대칭 구도에서 이해되는데, 문명에 대해 문화가 우월한 것이라는 일종의 위계를 설정하고 있다. 이런 상황에서 문화란 크게 두 가지 의미가 있다고 볼 수 있다. 하나는 정치, 경제, 사회와 구분되는 별도의 인간 활동의 한 영역으로 보는 것이고, 다른 하나는 자연과 인간을 대비시켜 자연현상이 아닌 인간 활동의 모든 현상으로 파악하는 것이다. 후자의 의미로 사용한다면 문화는 문명을 아우르는 모든 것을 총칭한다. 그리고 문명은 문화유산과 재화의 총체이며, 문화적 영역(문화권)은 지리적 원근의 의미를 내포하는 것이 될 수 있고, 이에 따라 문명 간 모방은 문화적 전이가 되는 것이다.

문화의 개념이 다의적인 만큼 문화사의 개념도 다양하고 각기 편차가 크다. 그런데 문화사는 학문적 발전을 거듭하면서 의미가 변천되어 온 측면이 있다. 우선 고전적 의미의 문화사는 랑케 사학의 정치사 중심 서술에 반대하면서 등장한 개념이다.[41] 이 의미에는 4가지 특징을 지적해 볼 수 있다. 첫째, 이전 문화사가 사회, 곧 경제적 하부구조나 정치·사회구조에 충분히 주의를 기울이지 못했다. 둘째, 문화적 통일성 내지 문화적 합의라는 전제를 깔고 출발했다. 이때 '문화가 과연 민중의 생활에 영향을 주었는가' 하는 문제는 차치하더라도 엘리트층 내에서조차 문화적 분열상을 어렵지 않게 확인할 수 있기 때문에 이 전제는 수정되어야 한다. 셋째, 문화적 전이 현상과 관련해 기본적으로 전통과 그 보조 개념인 수용이라는 구도가 내포되어 있다. 문화적 가치와 행태 그리고 요소들은 세대를 통해 전승되며 수용한 것은 받은 것과 동일하다는 전제가 깔려 있다. 이에 따라 편협하고 제한적인 문화사라는 네 번째 특징이 도출된다. 이런 맥락에서 고급문화에 한정되고, 실체론적인 문화관을 벗어나지 못하며, 유럽의 문화적 전통에 의존한다는 점 등에서 고전적 문화사는 한계를 드러낸다.

20세기 전반기에 대중이 정치 무대에 진출하고 과학과 기술의 중요성이 비약적으로 커지면서 물질적 생산력이 급증하는 인프라의 변화가 생겼다. 이에 따라 유럽에서 사회·경제사가 역사 연구의 주도적인 위치를 차지하게 되었다. 새로운 문화사의 단초를 마련한 것은 새로운 역사학의 절정이라 할 수 있는 프랑스의 아날학파였다.[5] 그 가운데 특히 중요하게 취급된 심성사는 사회사의 연장인 동시에 사회사 및 정치사와 구별되는 독자성을 지녔다. 즉, 장기지속적인 구조를 갖는 것은 사회구조 못지않은 역사적 규정력을 발휘한다는 것이다. 집단 심성이 갖는 상대적 자율성에 주목하면서도 그것이 집단적이고 거의 무의식적인 정신세계를 말하는 만큼 사회사적 방

---

4) 부르크하르트 저, 안인희 역, 『이탈리아 르네상스의 문화』(1860), 푸른숲, 1999; 호이징가 저, 최홍숙 역, 『중세의 가을』(1919), 문학과지성사, 1989.

5) 김응종, 『아날학파의 역사세계』, 아르케, 2001; 프랑수아 도스 저, 김복래 역, 『조각난 역사: 아날학파 신화에 대한 새로운 해부』, 푸른역사, 1998.

법론을 그대로 심성사 연구에 원용하는 것이다. 이는 결과적으로 문화를 경제·사회적 영역 위에 위치한 사회적 총체의 한 심급으로 파악하는 것이다. 이때 문화사는 지성사나 사회사가 딛고 있던 고급문화와 민중문화, 문화의 생산과 소비, 실재와 허구 사이의 준별을 넘어서서 그 구분을 무너뜨리고 그것들 간의 역동성에 주목한다는 점에서 유의미한 영역이 되었으며, 실재와 허구를 관통하는 표상의 세계에 관심을 갖게 해주었다.

이는 신문화사의 흐름에 연결되어 전개된다. 문화의 자율성이나 창의적 능력에 대한 관심이 반영된 흐름인데, 이러한 신문화사의 등장에는 2차 세계대전 이후 전개된 식민지들의 민족해방투쟁, 전 세계적인 고도의 기술적 발전 과정에서 나타난 인종, 계급, 성별의 갈등과 충돌이 역사적 배경으로 작용하기도 했다. 이는 문화사가 지적·사회적 삶은 물론 그 표상의 측면까지 포괄하는 속성을 지니며, 무엇보다도 역사학이 해체주의까지 이르는 다양한 지적 도전에 직면해 있기 때문이다.

문화사 개념의 발전에 따른 문제의식이 문화사의 역사 서술 및 교과 내용으로 들어오기 위해서는 다음과 같은 점을 고려해야 한다.[6] 첫째, 그것은 원시문화와 근대문명의 전통적인 구분을 넘어서 문화적 상대주의에 입각해야 한다. 둘째, 사회적 행위의 모든 상징적 차원을 포괄하게 된다. 예술만이 아니라 물질문화, 문자만이 아니라 구술, 희곡만이 아니라 극으로의 구현 양식, 철학만이 아니라 보통 사람들의 집단심성이 문화의 범주가 되고 있다. 셋째, 이전 문화사의 중심 개념인 전통에 대해 새로운 대안적 개념들이 나타났다. 문화적 재생산, 문화적 전유 등이 그것이며, 이는 문화와 사회의 관계에 대해 이전과는 다른 관점이 제기되는 계기를 마련했다. 즉, 문화의 생성적인 능력이 새롭게 인정받은 것이다.

문화의 개념과 문화사 변천의 이러한 면면들이 교육과정으로 적용되기 위해서는 우선 교육 목표를 고려해야 하고, 그에 따른 내용 구성을 위한 선정 원리, 내용 요소 등이 정해져야 한다. 교육 목표는 민주시민교육으로, 공교육의 모든 교과의 지향을 담고 가야 한다. 그리고 역사적 사고력 함양이라는 역사 교과 본연의 목적을 염두에 두어야 한다. 기존 문화사 영역으로 서술된 교육과정은 이런 점들을 놓치고 있다. 유홍준이 지적한 문화사의 문제점은 한 시대를 설명하기 위해 구색을 맞춘 장식품이나 예술품을 언급해 온 일종의 문화재사 내용 전개와 서술 방식이다. 이는 여전히 고전 문화사의 개념을 적용한 서술이라고 볼 수 있다. 또한 유홍준은 전성기의 미술과 변혁기의 미술을 중심으로 서술한 문화사의 한계를 지적하며, 좁은 의미의 문화 개념을 적용해 미술사를 중심으로 기술하고 있는 것도 문제점으로 지적한다. 더욱이 조선 후기로 접어들면 현재의 민중사관의 입장에서 당시 미술사 해석 방식의 한계를 보이는데, 역사 해석에서 민중사관 등 목적론적으로 인식하고 있는 것이 아니냐는 문제로까지 비화될 수 있음을 언급한다.

강응천은 내용 전개에서 서술이 체계적이지 못하고 사실의 나열에 그치는 점을 지적하며, 기본 개념에 대한 설명이 부족해 어려운 용어를 배우느라 문화사 전반에 대한 이해를 떨어뜨리므로 교육 용도에 적절하지 않다고 했다. 문화 자체의 역사보다 문화 외적 측면의 발달사가 더 많은 비중을 차지하는 점도 문제로 든다. 이에 따라 문화사와 다른 분류사의 관계가 명확하지 않고 다른 분류사의 위계상 하위 수준에서 서술되어, 결과론적인 문화 현상으로 오해할 소지가 다분하다고 지적한다. 세계 또는 동아시아 문화 전체의 흐름에서 위치 짓는 서술이 아쉬운 점은 민족사관 문제가 문화

---

6) 부르크하르트 저, 조한욱 역, 『문화로 본 새로운 역사』(1989), 소나무. 1996.

사에 녹아들어 있는 것과 맥락을 같이 함도 아울러 지적하며, 마지막으로 시각자료 활용 문제 등을 언급한다.

오항녕은 박정희 정권 시기 20여 년간 문화 정책을 펼친 것이 현재 문화사의 교과 내용의 가장 큰 문제임을 지적했다. 이 시기 민족문화 인식은 '국정교과서'로 대변될 수 있는데, 민족문화 인식 및 한국인으로서의 문화 정체성 함양은 국가 정책으로 출발했으며, 이를 통해 민족주의 정체성 교육이 시작되었다고 한다. 문화 변형 또는 문화 왜곡에는 역사학계나 교육계가 모두 저항할 수 있겠으나, '문화 전유'에는 누구도 저항하기 어려웠음을 지적한다. 더불어 학문적 양심 혹은 가치중립적 교육이나 객관적 관점의 역사 수업 등은 앞서 언급한 '문화 전유'보다 더 큰 반향을 지니며 모두에게 호응될 수 있었던 것이다.

한국인의 정체성을 형성하고 애국을 통한 일체감을 고취하며 생존을 위한 경제 발전에 주력하는 것 등은 당위성으로 다가왔다. 진보사관과 동전의 양면인 목적론적 역사 인식의 프레임으로서 근대주의는 자유와 평화, 인권의 실현을 위해 근대를 바람직한 시대로 바라보는 관점에서 한계를 분명히 드러낸다. 이러한 한계는 고스란히 문화 영역으로 흡입되어 민주주의와 인권, 평화로운 사회로 진입하기 위한 경제 발전이나 한국인으로서의 정체성 등이 문화사 교육의 중핵으로 등장했으며, 수동적으로 받아들여지고 주입되는 방식의 문화사 내용 서술과 그에 따른 교육이 이루어진 것이다.

전체적으로 전 시대를 관통하는 일관된 문화사 개념이 존재하지 않겠지만, 적어도 일정 부분은 문화사 개념을 공통으로 적용할 필요가 있어 보인다. 문화에서 사상은 그 문화를 생산하는 데 이론적 근거를 제공하고 표상 체계를 담아내는 중핵적인 역할을 하므로, 사상을 당시 세계와 문화를 인식하는 렌즈나 관점으로 보기 때문이다. 이는 문화적 현상에 드러난 사상의 흐름을 해석해 내기보다는 역으로 사상을 통해 모든 문화 현상을 인식하는 방식이다. 이렇게 보는 것은 한국문화사에 담을 관점이나 내용으로 그 시대의 해석과 평가를 동시에 기술하여 옛 시대를 열등하게 보는 방식을 배제할 수 있어야 한다. 그리고 현재 관점에서 현재의 문화적 기원을 추적해 보는 시대 읽기를 할 수 있어야 한다. 이러한 방식은 문화를 사상의 거울로만 바라보게 하는 수동적 관점을 넘어서는 것으로, 이러한 교육이 지속적으로 이루어진다면 우리 문화 현상을 대하는 태도와 학습자의 주체적인 역사 인식을 길러주는 수업이 가능할 것이다. 비판적 시대 읽기는 민주시민교육의 출발이 될 수 있는 것이다.

문화사 수업과 시민교육

문화와 문화사의 이러한 개념을 토대로 '넓은 의미의 문화사'로 의미를 규정하고 분야사를 유지하면서 전체사를 지향하고 열린 문화적 안목과 다원성을 강조하는 〈한국문화사〉로 교육과정의 성격과 내용을 설정한 경험이 있다. 여기서 제안한 내용은 다음과 같다. 첫째, 민족, 국민 정체성으로 알고 있는 것 자체가 누군가에 의해 구성된 것임을 알 수 있도록 해야 한다. 둘째, 삶의 실상을 보다 적극적으로 구성하는 것이 역사과목에서 할 수 있는 일이다. 셋째, 민족·국민 정체성을 상대화할 수 있어야 한다. 넷째, 역사교육을 주체 형성이라는 맥락에서 새롭게 접근할 수 있어야 한다.[7]

교재관의 관점을 설정하여 모형 단원 개발도 했다. 이에 따라 2007 개정 교육과정은 11·12 학년(고등학교 2, 3학년)에 중등과정의 선택과목으로 〈한국

7) 김육훈, 「정체성 개념과 국사·한국문화사 교육」, 「문화사 수업의 내용 구성과 수업 방향」, 전국역사교사모임, 2009, pp.10-12.

문화사〉를 개설했다. 〈한국문화사〉는 '우리 문화가 형성 발전되어 온 과정을 이해함으로써 한국인의 정체성을 함양'하는 것을 목표로, '우리 역사 전반에 대한 이해를 바탕으로 학술·종교·문학·예술·과학·기술 등 여러 분야에서 이룬 성과를 탐구하고, 역사적 사고력을 기르며, 우리 역사의 전개에 능동적으로 참여할 수 있는 자질을 갖추는 데 중점을 두는 과목'이라고 규정한다.

역사 과목은 내용을 많이 담는 교과라서 내용 이해가 수업의 1차 목표가 된다. 따라서 수업 내용을 구상하는 것이 무엇보다 중요하다. 앞서 언급했듯이 교과 내용에 서술된 문화사의 한계를 검토해 볼 때, 이를 수업 내용으로 다루려면 교사가 재구성해야 한다. 이는 교육 목표 설정 단계를 거쳐야 하는데, 수업의 지향을 어떤 관점에서 바라보고 구상할 것인지 탐색해야 한다. 여기서 관점이라 하면 앞서 언급한 국가 정체성 교육이나 국가주의 그리고 민족 정체성 교육에서 드러난 많은 문제점을 극복할 수 있는 방향이어야 한다. 그리고 공교육의 모든 교과가 지향하는 민주시민교육이어야 한다.[8] 따라서 수업에서 학습자의 주체적 배움을 형성할 수 있는 방향으로 구상되어야 할 것이다.

문화사 수업은 대체로 학습 내용에서 흥미를 유발해 유의미한 학습이 될 수 있게끔 방법을 탐색하는 방향으로 진행되었다. 기존 문화사 수업에서 미술사 부분의 나열식 서술, 분야사로서 전쟁 이야기만 실리는 현상, 그리고 명품 위주 문화재 서술의 답습 등을 넘어서서 적절한 시각자료가 제시되어 이해와 감상 그리고 시대의 맥락에서 이해하는 수업을 위한 방법을 찾아보자는 의견이 많다.[9]

학생들에게 〈몽유도원도〉를 감상하게 한 뒤, 그림 자체와 제작 배경에 대한 설명으로 시작하여 〈몽유도원도〉에 있는 시를 설명해 줌으로써 시에 대한 그 시대 사람들의 심미안에도 공감할 수 있게 하고, 학생들이 시를 지어 보기도 하는 수업을 구상한 예도 있다.[10] 그리하여 시서화 일체의 조선 문화를 체험적으로 이해하게 하는 수업 사례도 있다. 이러한 수업은 여전히 문화사의 내용을 잘 가르치려는 교사의 욕구를 크게 벗어나지 못한다. 이들 수업 방향이 민주시민교육의 흐름에서 벗어난 것도 아쉬운 점이다.

교육 목표 면에서 앞서 언급했듯이 문화사 수업도 민주시민교육을 지향해야 한다. 문화의 다양성과 다원주의적 관점이 강화되는 현대 사회에서 시대별로 다양한 문화가 존재했다는 것은 그 자체가 문화 다원주의를 보여주는 것이라 할 수 있다. 문화 다양성을 알고 그 차이와 차별을 넘어 수용과 배려의 자질을 함양할 수 있는 소재다. 시대를 넘나드는 다양한 문화를 접하고 개개인의 문화를 보는 관점을 이해하며 차이를 받아들이는 것도 문화 다원성의 입장에서 민주시민 자질 함양이 가능한 지점이다.[11] 옛 시대가 더 부족하다고 느낄 수도 있다. 현재 사회의 문화적 양상에 관한 문제점을 인식하는 계기를 과거 문화에서 찾을 수도 있다. 중요한 것은 다양한 문화와 문화를 바라보는 관점이 다양할 수 있다는 점을 인식하는 것이다.

교육 내용 차원에서는 민주주의와 민중의 문화를 인식할 수 있어야 한다. 이는 전근대사에서 다소 찾기 어려운 내용일 수 있다. 현대의 관점에서 과도하게 민주주의 요소를 찾으려 한다면 작위적이다. 그럼에도 민중의 각

8) 전국역사교사모임, 『문화사 수업의 내용 구성과 수업 방향』, 2009; 삼실문미워그냅, 「역사 수업에서 민주주의 교육을 실천하자」, 2012.

9) 이서훈, 「한국문화사 시간에 미술사 수업하기」, 『문화사 수업의 내용 구성과 수업 방향』, 전국역사교사모임, 2009.

10) 김육훈, 「문화사 시간에 미술사 수업하기」, 『문화사 수업의 내용 구성과 수업 방향』, 전국역사교사모임, 2009.

11) Keith C. Barton and Linda S. Levstik, *Teaching History for the Common Good*(Mahwah, New Jersey: Lawrence Erlbaum Associates), 2004.

성과 민중문화의 대두라는 맹아적 요소를 찾아보는 것은 민주주의의 연원을 추적하고 민주주의에 대한 이해를 심화시킬 수 있다. 더구나 민의 대두와 인권의 진일보한 발전을 시대의 흐름에 따라 살피는 것은 '변화와 변천'의 관점에서 충분히 의미 있는 교육 소재일 수 있다.

교육 방법 차원에서 학습자의 주체적 배움을 지향할 수 있어야 한다. 민주시민교육에서 중요한 것은 자율적 인격체로서 개인의 성장이다. 학습자는 교과서 내용을 스스로 재구성하며 배우고자 하는 방향으로 수업을 설계해야 한다. 민주시민으로 성장하기 위해서는 개개인의 자율적 각성과 자유의지 형성이 무척 중요하다. 민주시민 사회의 구성원으로 성장하는 과정에 있는 학습자들이 자율적 의지에 따라 배움을 설정하는 것은 그래서 중요하다. 문화사는 문화재 나열 중심으로 서술되어 있다. 그러나 문화에 대한 배움을 통해 얻어지는 감상이나 느낌은 온전히 개인 몫이어야 한다. 이러한 배움을 위해 문화사 내용 가운데 알고 싶은 주제를 학습자 스스로 선택하여 그 주제를 중심으로 조사하고 발표 자료를 준비하는 경험을 통해 개개인의 문화 학습을 자극할 필요가 있다. 또한 특정 시대에 집중해 준비하게 함으로써 시대적 맥락과 배경에서 문화를 이해하게 할 필요가 있다. 이는 개인이 주도해 가는 배움이 이루어지기 위한 교육적 의미가 전제된 활동이다.

학생 주도 '문화사 프레젠테이션' 수업

수업 목표와 계획

기존 문화사 교육은 집단의 정체성, 즉 한국문화 정체성 교육에 치우친 관점을 대체로 강조해 왔다. 이러한 문화 정체성 교육은 다문화 사회의 다양한 특성을 반영하지 못한다. 다원주의의 방향으로 나아가는 민주시민교육의 지향을 고려하지 못한 것이다. 국가 혹은 민족이라는 단일 공동체로 통합된 한국문화의 정체성을 갖는 것도 중요하지만, 사회 공동체의 구성원으로서 다원성을 인정하고 다름을 수용하는 것 또한 민주시민으로 성장할 수 있는 방편이다.

문화 자긍심이나 단일성에 우선해 개개인의 주체적인 문화 의식이 성숙되고 나와 다른 문화에 대해 수용적으로 생각해 볼 기회를 제공하는 것이 민주시민교육의 질적 향상을 도모할 수 있다. 교육 현장의 문화사 수업에서 교사는 문화 다원성 교육을 할 수 있고, 학생은 심미적 성향을 주체적으로 만들어 갈 수 있다.

이 연구의 실행 수업은 이러한 목표에 부합하며 학습자의 주체적 문화인식을 갖출 수 있게끔 구상하고자 했다. 우선 학습자 스스로 알고 싶어 하는 역사에 담긴 문화들을 정리하고 조사하여 주체적 배움이 일어나게 했다. 이와 함께 문화 교류의 관점과 각각의 시대에 따른 문화 다양성을 경험해 보며 다원적 문화 이해를 도울 수 있도록 했다.

또한 각자 관심 있는 시대를 정하고 맥락을 이해하면서 문화사 학습 내용을 조사하고 배워갈 수 있도록 계획했다. 이후 각자 배운 것을 공유하기 위해 프레젠테이션으로 준비하게 했다. 학습 내용을 4명의 모둠원이 하나의 프레젠테이션으로 만들어내게 한 뒤, 다른 모둠의 발표 자료를 들으면서 그들의 문화사 학습을 공유하는 과정을 담으려고 했다. 이 과정에서 나와 다른 문화사의 관점과 다양한 주제, 그리고 스스로 학습하는 과정들을 서로 배울 수 있는 것이다.

교사는 가르치려는 욕구를 배제하기 위해 노력했다. 다방면에 걸친 전문가에 의해 정리되어 있는 방대한 문화사 내용을 모두 알게 해야 한다는 인지적 교수 욕구를 배제하는 것이 중요하다. 학습자들의 시선을 통해 이렇게 내용이 걸러지는 작업이 이루어지도록 수업 환경을 조성하려 했다. 학습자의 관심으로 제기되는 질문에 대해 모둠별 설명을 했고, 자주 질문되는 내용 또는 학습자 스스로의 조사나 자료 읽기로 이해하기 어려운 부분은 전체 반을 대상으로 일부 설명을 했다. 그렇지만 '학생들이 교과서 내용을 모두 알아야 하므로 교사가 모두 설명해야 한다'는 생각은 접어두고자 했다.

이런 과정은 학습 주체자가 주도하는 문화사 교육을 하는 것이다. 내용을 잘 이해하는 것, 시각자료를 다양하게 활용해 체험 수업이 되는 것 등의 기존 방식을 넘어선 수업 시도이다. 개인의 학습 주도성이 발현될 수 있는 문화사 수업으로 태도 면에서 주체적 배움을, 내용 면에서 다양한 문화를 받아들이며 시대별 문화재나 문화 현상을 다차원적으로 이해하고, 문화교류 관점의 내용을 다룸으로써 다원성을 받아들이는 학습을 할 수 있을 것이다. 이러한 필요에 따라 수업 내용을 재구성하고 그에 따른 수업을 하여, 반성적 성찰을 통한 문화사 수업에 대한 긍정적 제언을 하고자 한다. 이러한 작업은 교과 내용으로 들어와 있는 문화사 내용 서술의 한계를 극복하고 민주시민교육, 나아가 다문화 교육을 지향하기 위한 수업 실행 차원의 방법적 탐색이라 하겠다.

'문화사 프레젠테이션' 수업

수업은 총 4차시로 실시했으며, 학습자 스스로의 주도적인 학습을 유도하되, 동료 간 도움을 받을 수 있도록 모둠 형태로 진행될 수 있게 했다. 개념 이해, 주제 선정 등은 각 모둠 내의 협의 활동을 통해 학습하고 조사나 정리 단계 등에서는 개별 활동이 이루어지게 했다. 개개인의 학습 결과 내용들은 모둠과 전체 학급으로 공유하기 위해 모둠별 공동 과제를 주고, 프레젠테이션 과정을 설정했다. 다음은 각 단계별 진행 과정이다.

① 모둠활동으로 협의를 통해 시대와 문화 주제 정하기

전체 학급을 6개 모둠으로 만들고, 각 모둠에서 문화와 문화사에 대한 개념을 어느 정도 이해하고 있는지 파악하는 질문을 한다. 학습자들은 서로 의견을 나누고 정리한 후, 각자 조사하고 싶은 주제와 시대를 정한다. 시대가 중복될 수는 있으나, 주제를 각각 다르게 정하도록 유도한다. 같은 주제를 다루려는 학습자들은 공동 조사하고 함께 배울 수 있도록 안내한다. 다의적인 개념의 문화에 대한 이해는 모둠별 협의를 통해 하나의 공통 의미로 수렴되게 하여 다음으로 진행되는 주제 선정에 도움이 될 수 있게 한다.

이 단계는 서로 의견을 나누며 문화 개념과 문화사 개념을 학습자가 정의하고 알아가는 과정이 포함되어 있으며, 시대와 주제 선정에서도 자율 의지에 따라 자신이 배울 주제를 정하는 것이므로, 스스로 배움을 선택하는 기회를 제공한다. 평소 잘 알고 있는 문화사, 지역 문화사 등 관련 사전 지식에 관한 질문으로 진단하며, 이를 통해 앞으로 학습자 스스로 문화사에 대한 관심을 자극하고 학습 동기가 유발될 수 있게 했다.

② 개인 활동으로 자신이 선택한 문화 주제 조사하기, 조사 내용 정리하기

조사 과정에서 활용할 수 있는 자료로는 우선 교과서 자료, 인터넷 자료와 도서 활용 등을 제안했는데, 대부분의 학생들은 교과서로 내용을 이해한 뒤 인터넷에서 시각자료와 심층 자료를 취합했다. 조사 활동은 개별로 하게 했으며, 조사 내용 정리는 모둠으로 했다.

조사 과정을 서로 이야기 나누며 정보를 교환하게 했고, 조사 후 소감이나 느낌도 기록하게 했다. 문화사 개별 학습 과정과 내용을 공유하는 것은 배움을 나누는 중요한 과정으로, 타인의 학습으로부터 또 다른 배움을 추구할 수 있기에 유의미하다.

③ 모둠 활동으로 프레젠테이션 준비하기 및 내레이션 구상하기

내용 정리는 개별 조사 내용을 기록할 뿐만 아니라 프레젠테이션으로 구상해 발표할 준비에 필요한 내레이션도 함께 구상하게 했다. 각자의 주제를 한 틀로 꿰어 내는 것은 시대별 배열이 가장 일반적이나, 몇몇 모둠은 같은 시대의 다양한 주제로 정리해 보는 방식을 적용하기도 했다. 두 시대만 선정해 두 주제를 배열하고 각각 4가지 정도의 내용을 준비해 총 16개 자료를 정리하기도 했다.

내용을 구상하고 준비할 때, 발표를 고려하여 다른 학습자들의 배움을 배려하도록 유도했다. 이를 위해 중복되는 주제 등은 건너뛰어 발표할 수 있다는 점, 다양한 시각자료를 준비해 이해를 돕는 점, 쉬운 용어로 풀어서 설명해야 하는 점 등을 주지시켰다.

④ 프레젠테이션을 통해 각 모둠의 배움을 공유하기

전체 공유를 통해 문화사를 배우게 한다. 개개인의 집중적인 주제 조사와 발표로 다양하고 많은 영역 그리고 적지 않은 내용을 배우게 된다. 왜 이 주제를 선택해 조사하고 발표하는지 설명하게 했으며, 이 주제의 시대적·문화적 배경을 조사해 탈맥락적으로 문화사를 보지 않도록 주지시켰다. 문화사를 배우는 가장 큰 목적은 여러 시대의 다양한 문화를 접해 보는 것이며, 이를 통해 다원적 관점의 문화 인식을 심어주기 위함이다. 또한 역사적 맥락을 벗어나 현재와 비교해 봄에 따라 과거의 문화들을 수준이 낮거나 발전하지 않은 것으로 치부하는 시야에서 벗어날 수 있게 유도했다. 이러한 탈 역사적인 시대착오적 문화 이해는 현재 우리 사회의 다원적 문화 관점을 길러주는 데도 한계가 있기 때문이다. 문화 상대주의 관점은 우리가 여러 사회를 바라보는 것에서 길러질 수 있지만, 과거 사회를 바라보며 역사적 맥락을 고려하고 해석하면서도 길러질 수 있기 때문이다. 이러한 학습의 누적을 통해 시대를 관통하는 '역사적 통찰'이라는 것을 맛볼 수 있는 것이다.

수업 결과 정리

학습자 진단

문화사 학습을 시작하기 전에 문화와 문화사에 대한 개념 이해를 진단하고자 사전 교육을 계획하고 실행했다. 문화란 무엇인지에 대해 자유롭게 토론하고 내용을 적어 보게 했다. 역사에서 문화란 무엇인지에 대한 답변도 모둠별로 토의해 정리해 보게 했다. 이 두 개념을 연결지어 생각해 보는 것이 바로 문화사라는 개념을 이해하는 것이라 판단하고 교수 활동의 목적에 맞는 의도를 갖고 질문한 것이다. [표 1]은 문화의 개념에 대한 학습자의 답변을 정리한 것이다. 4명의 모둠원으로 한 학급당 6모둠이 구성되어 있고, 총 8개 반이므로 답변은 총 48개다.

[표 1]은 학습자들이 문화에 대한 자신의 생각을 이야기하고 다른 모둠원들의 의견을 듣고 난 후 각 모둠별로 정리한 것을 주제별로 통계 낸 것이다. 앞 장에서 정리한 것처럼 문화와 문화사에 대한 개념은 학문적으로 매우 다의적으로 사용된다. 따라서 교육 활동에서 학습자들이 알고 있는 문화와 문화사 의미가 있을 수 있다. 대체로 학습자의 사전 인식에서 문화에

[표 1] 문화 개념 인식

	질문) 문화란 무엇일까요?	통계
1	그 지역의 풍습, 행사	5
2	그 시대의 모습, 자랑거리	10
3	즐기는 것, 여가활동	3
4	생활풍습, 의식주, 사는 삶, 예의	5
5	그 나라 고유의 특징	11
6	조상 대대로 전해 내려오는 풍속	6
7	오래된 역사	5
8	사람이 살아가는 이야기	3
총계		48

대한 인식은 일상적인 것으로부터 문화라는 개념을 추정해 사용하며, 공간과 시간의 인식을 전제하고 있었다.

우선 공간에 대한 인식을 찾아볼 수 있는데, 현재 관점에서 다른 지역에 사는 사람들을 통해 지역 차이를 고려하고 있다. '그 나라 고유의 특징'(⑤번)이라는 의견이 많고, '그 지역의 풍습'(①번)이라는 답변도 지역사회에 대한 풍습을 문화로 인식하여 지역사회의 문화 행사 등을 연상하고 있음을 알 수 있다. '조상 대대로 전해 내려오는 풍속'(⑥번)이라는 답변도 공간을 전제한 답변이다. 조상이나 풍속이라는 표현에서 역사성을 띠기도 하지만, 학습자가 살아가는 공동체에 대한 인식을 통해 같은 생활 모습을 갖게 된 것을 문화로 알고 있었다. 학생들에게 문화의 일상적 의미는 공간에 대한 인식이 우선하고 있음을 알 수 있다.

다음으로 시간적 관점에서 각 시대의 모습을 담고 있는 것이 문화라고 이해하고 있었다. '그 시대의 모습이나 자랑거리'(②번)로 이해하는 현상이 이를 보여준다. '조상 대대로 전해 내려오는 풍속'(⑥번)이라는 답변은 공간이

자 시간을 전제한 인식을 보여준다. 조상이라는 표현은 옛 것을 상정하는 시간의 흐름을 인식하고 있음을 보여주어, 역사적 인식을 전제한다고 볼 수 있다. 앞선 세대의 삶의 방식을 이어가고 있다고 답변한 '생활풍습, 의식주, 사는 삶, 예의'(④번) 등도 일정 부분 시간을 전제한 개념이라고 볼 수 있다. '오래된 역사'(⑦번)라는 답변은 그대로 역사성을 반영한다. 문화란 사람들이 오랫동안 축적해 온 역사라는 것이다. '시간의 누적과 생활양식이 문화'라는 학습자들의 인식을 파악할 수 있었다.

마지막으로 현재적 관점이 나타나는 학습자 반응이 있는데, '즐기는 것, 여가활동'(③번)은 현재 자신들의 문화생활에서 추론한 문화 개념이다. '사람이 살아가는 이야기'(⑧번)라는 답변도 현재 사람들의 이야기를 담은 포괄적인 의미가 문화라고 인식함을 말해준다. 이들 답변의 비율은 그리 높지 않은 편이다.

다음으로 문화와 역사라는 두 개념을 연결하여 생각해 보게 하는 질문에 대한 답변을 분석했다. 수업에서 학습자가 배우게 될 직접적인 개념이며, 이 주제에 따라 역사의 내용을 정리해야 하기 때문이다. 질문은 우회적으로 역사에서 문화라고 하면 떠오르는 것을 모둠별로 의견을 나누고 정리하게 했다. [표 2]는 학습자 활동지에 표현된 총 48개 모둠의 의견을 범주화하고, 통계를 정리한 것이다.

이 자료를 살펴보면 문화와 역사를 연결해 생각해 볼 때, 가장 많은 답변은 '각 시대의 고유한 것이나 유행'으로, 총 15개 모둠이 답하였다.(⑥번). 문화를 생활양식으로, 시대를 반영하는 문화 산물로 이해하는 것으로, 당시 유행이나 그 시대 고유의 특성을 반영하고 있다고 생각하는 것이며, 각 시대를 인지하고 있음이 반영된 의견이라고 볼 수 있다.

이어서 문화사를 문화재로 인식하고 있는 항목에 13개 모둠이 답변하

[표 2] 문화사 개념 인식

	질문) 역사에서 문화 하면 떠오르는 것은?	통계
1	도자기, 불상, 탑, 그림, 불교 등 문화재나 미술 작품	13
2	유교, 불교 등 사상	2
3	옛날이야기	2
4	한복, 제사, 음식 등 풍속이나 생활양식	9
5	민속놀이, 궁궐, 건축 등 볼거리나 옛 건축	6
6	각 시대 고유의 것이나 유행	15
7	신분제	1
총계		48

여, 높은 비율을 보인다(①번). 이는 기존 문화사 학습이 대체로 문화재 중심
이며, 미술 작품을 중심으로 이루어졌음을 반영한다. 문화재는 국가의 문
화적 자긍심을 심어주기 위해 공동체가 선정한 것으로, 개인의 미의식과는
전혀 연결되지 못한 예술 작품인 것이다. 미술 작품을 중심으로 문화를 이
해하는 것은 문화의 개념을 매우 축소하여 이해하는 것이며, 학습자의 이
러한 인식은 누적된 문화재 중심의 문화사 수업에서 선행된 학습을 통해
보여진다.

'전통, 볼거리, 음식, 민속놀이 등 풍속이나 생활양식'(④번)이라는 답변과
'한복, 제사, 건축 등 옛 것'(⑤번 항목)이라는 답변도 다소 있는 편이다. 이 경
우에는 문화의 개념을 ①번 항목보다 넓게 파악한 것으로, 생활양식 전체
로 문화를 이해한 것이다. 여기에 각 시대의 특성이 반영되고 있음을 알 수
있다. 전통과 민속놀이라는 표현은 시간성을 포함하기 때문이다. 이외에도
유교나 불교 등 딱딱한 사상으로 문화를 이해하여 바로 앞 시대의 이데올
로기를 떠올리는 경우가 있으며, 옛날이야기로 문화를 이해하는 경우도 있
었다.

교사로서 학습자에게 제공하고 싶은 문화사 인식은 ④번 항목으로, 상당 부분 이러한 학습자 입장을 확인할 수 있어서 수업 동기 유발이나 학습 내용의 적정성을 고려해 볼 수 있는 긍정적 반응이 나왔다. 문화재를 통한 좁은 인식을 학습자 스스로 학습을 통해 교정할 수 있도록 안내하는 것이 교사의 역할이라 할 수 있다.

수업 과정 분석

앞서 언급했듯이 학습자 개개인이 다루고 싶은 주제를 정해서 조사하게 했다. 그리고 각자 조사해 온 주제를 모둠별 발표 과제로 만들게 했다. 각자가 주제를 선택한 이유를 정리한 몇몇 학습자의 것을 중심으로 분석했다. 그리고 발표 과제의 제목을 협의해 정하게 했는데, 그 제목을 토대로 학습자들이 수업 과제를 어떻게 인식하고 있는지 분석해 보았다. 주제 선정 이유와 모둠의 자료를 정리한 표는 [표 3]과 같다.

내용은 대체로 성격에 따라 3가지로 범주화할 수 있었다. 학습자 스스로 학습 주제를 정할 때 시대를 고려하는 모습이 그 하나다. 시대마다 문화의 특성이 달라지는 것에 착안해 자신이 잘 알고 싶어 하는 시대를 정하는 경향이 주제 선정의 한 이유로 나타났다. 역사 속 문화를 이해할 때 시대에 따라 문화의 성격이 달리 나타나는 것을 인식하고 있는 학습자의 인지 경향을 반영한다.

내용의 심층적 이해를 주제 선택의 이유로 제시하는 학습자들이 있었다. 교과 내용으로 서술된 문화사 지식에 더하여 더 전문적인 내용을 알고 싶어 주제로 선택한 경우다. 이는 내용의 수준이 낮고 다양성은 광범위한 문화사 서술에 대한 지적 호기심 때문이라고 생각한다. 이 경우 사상과 문화

[표 3] 주제를 선택한 이유

범주	주제를 선택한 이유	출처
시대별 문화 이해	조선시대 풍속화에 대해 알고 싶어서	권○
	고려시대를 먼저 선택했는데, 청자가 생각나서	김가○
	통일신라 문화재에 대해 더 알고 싶어서	이지○
	삼국시대에 대해 좀 더 알아보고 싶어서	길은○
	삼국시대에도 문화재가 있는 것이 신기해서	권민○
	그 시대의 건축과 예술의 발달상을 알고 싶어서	김건○
	삼국시대의 왕릉이 궁금해서	김용○
	삼국시대의 어떤 문화재가 보존되어 있는지 궁금해서	윤예○
내용의 심층적 이해	무덤들은 거의 다 비슷하기에 헷갈려서 이참에 공부하기 위해	서유○
	서민문화가 무엇이, 왜 발달했는지 궁금해서	박현○
	백자, 분청사기, 청화백자를 비롯한 여러 가지 문화재를 보고 싶어서	박유○
	불교 건축물과 옛날 사람들이 생각하는 예술을 알아보고 싶어서	유영○
	고려 하면 가장 먼저 떠오르는 문화재가 도자기일 것이며, 수많은 종류의 고려청자의 모양과 만든 방법이 궁금해서	이수○
	불교가 발전하게 된 이유와 불교가 사람들에게 미친 영향이 궁금해서	신하○
현재 학습자 관심	내가 조선시대 사람이었다면 서민이었을 것 같아, 그 시대 문화가 궁금해서	박준○
	평소 건축에 관심이 많아 고려시대 건축에 대해 조사	이동○
	미술 쪽에 관심이 많은데, 주제 선정할 때 가장 먼저 보이고, 다양한 작품이 있어서	김가○
	죽주산성이 근처에 있는데, 몽골과의 전투 양상이 궁금해서	김윤○

의 연관성을 탐색하고 싶거나(불교와 불교 문화), 나열적인 문화사 지식의 한계를 극복하고 맥락적으로 이해해 보려는 시도(각 시대의 무덤 구조 내용)들이 반영되어 있다. 시대별로 흩어진 상태로 배우기보다 한 주제로 모든 시대를 관통해 정리해서 알고자 하는 경우(전 시기의 도자기 문화) 등도 있었다. 문화사의 나열식 교과 내용의 한계를 학습자 스스로 극복해 보려는 의도가 충분히

드러나는 주제 선정이라 할 수 있다.

마지막으로 학습자의 관심이 반영되어 주제를 선정한 경우도 있었다. 이는 역사 교과의 목표나 성격에도 결부된 특성인데, 모든 학습자의 관심이 현재에서 출발하고 현재의 맥락과 연계되어 있을 때 가장 학습 효과가 높은 것과 상통한다. 자신이 서민이므로 민중 문화가 궁금하다는 경우, 건축과 미술에 대한 개인의 관심과 연결해 이전 시대 문화를 알아보고 싶다는 경우, 지역 문화와 연관시켜 더 알고자 하는 경우 등은 현재의 문화와 연결해 주제를 정했음을 알 수 있다. 이 경우에는 문화사 수업에 대한 동기 유발이 극대화될 수 있으며, 학습 결과도 현재의 유용성과 결부되어 의미 있게 정착될 가능성이 높다.

한 가지 두드러진 특성은, 이들 모두 내용에 대한 폭넓은 이해를 바라며 주제를 정했다는 점이다. 역사를 학습하고자 하는 입장을 정리할 때, 보통 4개의 관점이 있다. 공동체 정체성, 박식함을 보여주려는 전시성, 교훈으로서의 역사를 대하는 도덕적 반응, 역사 현상에 대한 분석과 해석을 통한 사고력 함양이다. 문화사 수업은 주제 선정이나 내용의 심층적 이해를 앞세우는 차원에서 전시성의 입장이 나타나기도 한다. 알고 있는 내용을 심화 학습하거나 현재의 입장에서 주제를 선정할 때도 내용 이해를 우선시하는 경향을 보이는 것 등이 이런 모습을 보여준다. 때로 우리 문화에 대한 긍지와 자부심을 통해 공동체의 문화 의식이 생겨나는 것을 고려하면, 공동체 정체성을 함양하는 결과도 보여주기도 한다.

그러나 무엇보다 이들 두 관점에 앞서 본 수업에서 학습자의 문화사 내용 주제 선정 경향을 분석해 볼 때, 전시성이나 정체성 교육보다는 풍부한 인간 삶의 면면을 이해하기 위한 입장이 보다 적절한 것으로 생각된다. 한국사 교육에서 공동체 입장에서는 정체성 교육을 강조해 왔으며, 이에 가장 적절한 것이 문화사 영역이었다. 하지만 학습자들은 문화 일체감을 통한 정체성 교육보다는 시대별로 다양한 인간의 삶을 살펴보면서 현재와 닿아 있는 상황을 이해하는 것을 우선시했고, 내용 심화를 통해 지적 호기심을 충족하려는 경향을 보였다.

다음은 교사의 질문에 답한 학습자들의 의견을 녹취한 자료다. 이를 통해 문화사 학습에 대한 학습자의 다양한 생각과 의견을 들어보려 했다.

① 수업 시간에 문화사를 학습하면서 문화사가 무엇이라고 생각하나요?

- 문화재나 유물만 문화라고 생각했는데, 사람들의 생활양식도 좋은 문화라는 것을 배웠어요. 그런데 문화라는 뜻이 너무 넓은 것 같아요. 조금 좁혀서 생각하면 좋겠어요. 배울 게 너무 많은 거 있죠? 제가 다 알기에는 힘들어요.

- 옛날 문화도 좋은 것이 많다는 생각이 들었어요. 조선시대 여성 차별이나 불교 이야기처럼 옛날 것은 모두 불편하고 어려운 것뿐이라고 생각했는데, 전통 놀이나 행사 같은 것은 지금도 남아 있는 게 많잖아요? (문화란) 결국 사람 사는 이야기 같아요.

- 다양한 사람들의 다양한 이야기가 문화인 것 같아요. 저는 교과서에 나온 문화재만 조사했지만, 그렇지 않고 안성의 산성을 중심으로 조사한 친구의 발표 내용을 들을 수 있어서 좋았어요.

- 제가 조사한 내용을 친구들에게 소개한 경험이 참 좋았어요. 나도 친구들에게 도움을 줄 수 있구나 하는 느낌이 뭐랄까…. 같이 공부하는 느낌이 많이 들었는데, 더 잘 알게 된 것 같아요.

- 시대마다 특징이 있다는 것을 알았어요. 그리고 어려운 유교나 불교 이야기들이 이렇게 문화재가 되었구나, 생활이 되었구나 하는 생각이 들었거든요.

- 우리나라에 좋은 문화재가 많다는 것을 알았어요. 그런데 교과서는 너무 많은 문화재를 다루고 있어서 머리에 잘 안 들어와요.

수업을 통해 학습자가 문화사를 무엇이라고 생각하는지 들어보기 위해 수업 시간에 질문하는 방식으로 했으며, 교사의 질문과 학생들의 답변을 정리하여 그 반응을 함께 검토해 보고자 했다. 조금 광범위한 반응이 답변으로 나왔다. 내용적인 면, 개념적인 면, 수업 방법적 측면 등에 대해 자유롭게 의견을 냈다. 내용 면이나 개념 차원에서는 '역사에서 문화가 문화재가 아니라'는 것을 알게 되었으며, 사람 사는 이야기가 반영되어 나타난 것임을 알아가는 학습자의 인식 변화를 알 수 있었다. 그리고 옛것이라고 불편하고 나쁘다기보다는 좋은 것으로 우리에게 남겨진 문화도 있다는 것을 알았다고 했다. 문화의 다양성 수용 면에서, 장소에 의한 다양성뿐만 아니라 시대에 의한 다원성도 수용할 줄 아는 포용성이 생기고 있음을 알 수 있었다.

수업 방법 면에서도 개인이 성취한 배움을 나누었을 때 더 많은 배움을 얻을 수 있었던 점도 좋았다고 한다. 학생이 주도해 정리한 문화 관련 내용은 자기 배움으로 체화하기 쉬웠으며, 주관적인 문화적 취향이 반영되어 기존 공동체의 미의식이 주입되는 방식보다는 학습자 개개인의 미의식이 심화되는 것을 확인할 수 있었다. 학생의 반응에서 주목해야 할 점은, 문화에 대한 미의식은 일차적으로 개별성과 주관성을 띠는 것이지 공동체의 미의식이 먼저 학습되는 것이 아니라는 점을 언급한 부분이다. 일반적으로 역사 수업에서 객관적 자료 또는 권위자의 해석이나 평가를 중시하기 때문에 문화재에 대한 미의식도 역사 해석의 일환으로 보아 이를 그대로 따르는 경향이 있었다. 따라서 이러한 방식을 벗어날 수 있는 문화사 수업을 교사가 고려해야 할 필요가 있음을 알 수 있다. 또한 역사 수업의 문화사 관련 평가도 지필평가 등의 방식에 대안이 마련되어야 함을 시사한다. 학습자의 주체적 배움을 고려하는 문화사 수업이라면, 문화를 바라보는 관점이나 성장하면서 생겨날 심미안의 관점 등을 키워 줄 수 있는 방안을 고려해야 할 것이다.

② 스스로 조사하는 '문화사 수업'을 어떻게 생각하나요?

- 제가 다 조사하지 않아도 많이 알 수 있어서 좋았어요. 다른 친구들이랑 겹치는 게 많지만 제가 조사한 자료는 한 주제에 나개의 자료인데, 그에 비해 참 많이 알게 되었어요. 함께 공부하면 더 좋은 거 같아요.

- 발표 준비하면서 많이 공부가 되었어요. 다른 친구들이 조사한 내용을 정리하면서 수업한 마지막 시간은 힘들긴 했지만, 무언가 많이 배운 것 같아요. 그런데 친구들 생각이 각자 많이 달라서 조금 놀랐어요.

- 안성의 문화를 조사해 보고 싶었어요. 우리 지역에도 문화재가 많은데…. 교과서에는 그런 내용이 잘 안 나와요. 안 배워도 되는 건지, 더 중요할 수도 있는 거 아닌지…. 이번 경험을 통해 우리가 조사해서 공부해 볼 수 있겠다는 생각이 들었어요.

- 힘들어요. 편하게 설명 듣고 싶어요. 시험에는 안 나왔으면 좋겠어요. 반마다 배운 내용이 다르니까. 교과서에 나온 내용, 다 배운 거 맞아요?

수업 결과

조사 후 문화란 무엇인가에 대한 반응을 정리해 보았다. 인식의 변화 요인으로 예상한 자료는 교육과정으로 제공되는 문화사 내용, 인터넷이나 문헌 검색을 통한 조사 내용, 교사의 교수 내용, 지식으로서의 문화사 내용이다. 다음 [표 4]는 활동지에 기록된 다양한 반응을 범주화하고 통계 낸 것이다.

[표 4] 수업 후 학습자의 문화 인식

	질문) 조사한 후, 문화란 어떤 것인가요?	통계
1	그 시대의 생활 방식, 일상생활 그 자체, 사람이 사는 이야기	14
2	그 시대의 전통이나 관습	7
3	아름다움	1
4	집단의 생활 특징, 나라의 문화재 혹은 색깔, 개성	2
5	역사 그 자체, 그 시대 그 자체	13
6	인류가 살아온 흔적	2
7	옛날 사람들이 어떻게 생각하는지, 무엇을 사용했는지 등	4
8	현재의 관점으로 본 것	1
9	세월이 흐르면서 가치가 높아지는 것	4
총계		48

학습자들이 문화사 수업을 통해 문화에 대해 어떻게 인식하고 있는지 질문을 통해 살펴보았다. 수업 시작 전에 문화사가 무엇이고 문화가 무엇인지를 질문해 얻은 답변으로 가장 많은 것은 '그 나라 고유의 것'이었다(표 1 참고). 그리고 역사에서 '문화' 하면 연상되는 것으로 '그 시대 고유의 것, 특징'이라는 답변이 가장 많았다(표 2 참고). 그런데 문화사 수업 후 학습자들의 반응은 문화가 삶의 총체라는 것을 이해하는 반응을 보인다. 전체 모둠별 응답을 조사한 [표 4]에서 그 시대의 생활 방식, 일상생활 그 자체, 사람이 사는 이야기라는 반응이 가장 많았으며(14개), 역사 그 자체, 그 시대 그 자체라는 반응도 많이 나왔다(13개).

이 결과가 보여주는 것은 문화사에 대한 새로운 역사 수업의 영향이다. 한국의 문화 정체성에 익숙한 학습자들에게 보편적 문화 개념을 인식시켜 주었으며, 다양성과 상대성을 길러준 것으로 보인다. 문화 혹은 문화사는 특정 시대나 장소에 국한되는 것이 아니라 삶의 보편적 현상이며, 삶의 결과로 드러난 모습이라고 이해하는 것이다.

이러한 학습자 반응은 교사의 수업 의도와도 맞닿아 있다고 볼 수 있다. 국가 혹은 민족이라는 단일 공동체로 통합된 한국 문화 정체성을 갖는 것도 중요하지만, 사회 공동체의 구성원으로서 다원성을 인정하고 다름을 수용해야 민주시민으로 성장할 수 있다. 문화 자긍심이나 단일성보다는 나와 다른 문화에 대해 수용적으로 생각해 볼 기회를 제공하는 것이 민주시민 교육이라고 앞서 언급했다. 이를 위해서는 문화사에 대한 보편성을 인식해야 하고, 다양한 문화가 존재할 수 있다는 열린 생각을 할 필요가 있다.

교육 현장의 문화사 수업에서는 문화 다원성 교육을 할 수 있으며, 문화사는 개인의 심미적 성향을 주체적으로 만들어 갈 수 있는 수업 소재다. 따라서 수업 결과에 따른 이와 같은 학습자들의 반응은 유의미한 결과로 보인다. 나아가 이들 인식의 변화에 따라 문화에 대한 개인의 미적 성향도 변화한다면 공동체의 일원으로서의 문화 정체성뿐만 아니라 개인의 다양한 미적 성향도 길러진 것으로 보인다.

문화사 수업과 시민교육

한국문화사 서술의 문제점을 거론하고 수업 방법을 모색한 결과, 문화사가 지향하고 나아가야 할 방향은 우선 주제가 있는 문화사로 교육 내용이 서술되어야 한다는 것이다. 현재의 문화사 서술을 주제별로 정해 그 범주 속 문화사 내용으로 포함될 수 있는 것을 제안해 보려 한다. 선정 주제는 3가지로, '시대를 담는 문화사', '사람의 삶인 문화사', '다양성이 담기는 문화사'다. '시대를 담는 문화사'는 역사에서 연대기 인식이 여전히 중요하다고 인식함에 따라 각 시대의 맥락을 전제로 현상이 드러난 문화사를 이해할 수 있게 하는 주제다. 우선 시대별 사회·문화적 특징을 서술하고 그에 따라 표출된 문화 현상과 남겨진 문화재를 정리하는 방식이다. 내용 중심 혹은 나열적인 문화재 서술이 되지 않게 하며, 시대별 문화 현상이나 특징을 역사적 맥락을 포함한 복합적인 현상으로 이해할 수 있도록 서술해야 한다.

'사람의 삶인 문화사'는 삶을 중심으로 문화 현상을 파악하는 방식이다. 이때 주제들은 민주시민교육과 닿아 있는 주제 혹은 현대 사회의 가치가 포함된 주제로 선정될 필요가 있다. 인권, 평등, 자유 등의 가치와 현재 대부분 학습자가 살아가는 서민의 모습이나 삶을 이해하는 내용들이 포함될 수 있겠다. 문화사를 배울 때 가장 문제가 되는 것은 학습자의 삶과의 괴리감이다. 지배층의 문화재, 국가공동체의 이데올로기나 영재성을 지닌 인물 등을 통해서는 공동체의 우월한 문화 정체성 교육은 가능하나 학습자와의 연결 고리를 찾기 어려우며, 따라서 학습 동기 유발 자체가 힘들다. 이러한 난점을 극복하는 방안으로 현재 학습자의 삶에서 출발하는 문화사의 주제들을 선정해 학습하는 방식을 제안한다.

'다양성이 담기는 문화사'는, 오늘날 공교육의 학습자들의 특징과 연관된 주제다. 다원주의 사회에서 다양성을 경험하고 성장하는 이들은 하나의 문화 정체성만을 지닐 수 없다. 또래 문화를 경험하고 기성세대 문화를 학습하며 미래 문화를 창출해야 한다. 다양성을 경험하는 문화사란 시대별 다양성을 포함할 수 있고, 각 시대가 서로 많은 차이가 있음을 보여주는 것일 수 있다. 중요한 것은 다양성을 이해하고 포용할 수 있는 가치와 태도를 길러주는 것이다.

이 모든 주제는 현대 사회를 살아가는 학습자와 닿아 있어야 함이 중요한 전제다. 그래서 국가주의('애국심'이나 '한국의 미' 등)를 넘어서는 교과서 문화사 서술을 제안하는 것이다. 이들 주제는 '교육 목표 차원에서 문화에 대한 주체적 관점을 길러주는 방향', '민주사회의 자율성을 지닌 개인으로 거듭나기 위한 문화사 교육', '국가공동체나 현재 사회 공동체에 매몰되지 않는 개인이 되기 위한 문화 공유의 지향'을 담아야 한다.

또한 교육 내용 면에서 교사의 교육 내용 재구성이 가장 필요한 영역임을 감안해야 함을 알 수 있으며, 따라서 한층 다양한 자료가 포함되게 해야 한다. 그리하여 수업 차원에서 학습자가 주체가 되며, 수업 내용이 현재 삶과 유리되지 않고, 문화 생산과 문화 향유가 공존하는 학습자로 서기 위한 문화사 교육을 제안한다.

문화사 수업은 한국사에서 문화 정체성 함양이라는 교육 목표를 달성하기에 좋은 교육 소재임을 살펴보았다. 역사, 특히 문화 경험을 공유하는 것은 공동체의 정체성을 갖추는 데 더할 나위 없이 좋은 교육 소재다. 나는 문화 정체성 교육의 긍정적인 부분은 인정하면서도 문화사 수업의 난점을 제기하고 목표, 내용, 방법 등을 고민하며 수업을 해보았다. 문화사 서술과 수업에 대한 여러 시사점을 도출해 보려 했다.

문화사 교육 내용 면의 서술 한계를 짚어 본 후, 이들 난점을 극복하는 수업을 해보았다. 목표, 내용, 방법 등에서 학습자 주도의 수업을 통해 문화에 대한 주체적 관점을 길러주고, 민주사회의 자율성을 지닌 개인으로 거듭나기 위한 문화사 교육의 시사점을 도출해 보았으며, 국가공동체 혹은 공동체에 매몰되지 않는 개인이 되기 위한 문화사 수업이 되어야 함을 제안했다.

문화사를 다루는 역사 수업에서 중요한 것은 문화를 인간 삶의 총체로 인식하고 때로는 사회변화를 주도할 수도 있는 현상으로 이해해야 한다는 점이다. 예술이나 사상의 결과물로만 문화를 이해했을 때, 문화재나 작품을 외우면서 권위자의 미의식을 공유하는 학습만이 가능하다. 이런 방식의 문화사 수업을 극복하려면 학습자가 주체적으로 배울 수 있도록 문화사에 대한 관점을 세워야 하며, 그것이 국가로부터 주입되는 문화 정체성 함양에 비중을 두어 온 역사 수업을 바꿔 나가는 길이다.

3부

혁신학교 역사 교사의
고민과 탐색

문해력과 역사 수업

역사 수업은 사료 탐구학습이 중요하다. 사료 학습이 중요한 것은, 대체로 역사를 배우는 과정에서 1차 사료나 2차 사료 및 문화유산 관련 유물을 직·간접적으로 대하면서 역사적 사고를 경험하기 때문이다. 당시 맥락에서 사료를 읽어내야 하고, 현시대에서 비판적 관점으로 평가할 수 있어야 하며, 무엇보다 옛글, 즉 지난 기록을 읽어내는 것이 역사적 사고로 이어지기 때문이다. 옛글과 현재의 글을 읽고 가치와 관점을 가지고 비판적으로 보아야 하므로 다른 어느 교과보다 여러 차원의 문해력 학습이 가능할 것으로 보인다.

역사 교과 내용은 대부분 사료에서 유추된 역사적 사실이고, 이들 1차 사료나 유물 등을 다루면서 '꼬마 역사학자'가 되는 것을 경험하면서 역사적 사실을 추론해 보며 역사적 사고력을 키워가는 수업이 대체적인 양상이니, 매 수업이 문해력을 길러내는 것이다. 이 문해 과정에서는 학생의 주체적 사고 활동이 작동된다. 학생 스스로, 그리고 비판적으로 문해 활동을 하고 그에 따라 판단하고 결론 짓는 수업인 것이다. 따라서 사료 학습에서 길러내려는 것은 비판적 문해력이며, 학생의 주체적 사고 활동이 작동되는 대표적 유형인 것이다.

학생의 주체적 사고 활동을 강조한 심리학자로 비고츠키와 피아제를 들 수 있다. 특히 비고츠키는 말을 통해 사고의 성숙을 살펴볼 수 있는 것에 포착하여 실험을 진행했으며, 글말과 입말을 통한 아동 사고의 형성과 발달에 관심을 가지고 연구했다. 이 과정에서 말의 기능을 중요하게 생각했다. 말의 기능을 의사소통 수단으로만 한정 지어 사회적 역할만 강조한 것이 아니라, 사고 형성에 가장 중핵적인 역할을 한다고 했다.

역사·문화적 축적물이 교과 내용의 대부분을 차지하는 상황에서 역사 문해력의 역할도 마찬가지라고 볼 수 있다. 역사 문해력이 과거와 현재의 소통을 가능케 하며, 한 걸음 더 나아가 시대착오적 해석과 맥락을 넘어서는 이해를 성장시키며, 아동의 사고를 촉진하는 방향으로 나아가게 하는 것으로 이해될 수 있을 것이다. 문해력을 통해 내적 사고를 촉진하고 외적 발화(發話)를 통해 다시 현재 사회와 소통하는 과정에서 학습자는 과거를 통해 현재를 이해하며 미래를 바라보는 관점을 지니게 되는 것이다.

학교 현장에서 다양한 학교 문화 관련 주제, 교육과정 관련 내용, 그리고 배움의 관점이 들어간 다양한 수업방법이 관심을 끈다. 그 가운데 교사 수업 차원에서 이야기되는 문해력(literacy) 개념이 있다.[1] 학교 교육은 문자로 이루어지는 기호상징을 통해서든, 대화에 기초한 소통에 의해서든 문해가 수업에서 중요한 역할을 한다. 텍스트를 통한 교육 내용 전달이라는 전통적 관점에서 3R's의 기초교육을 통해 사회구성원을 길러내는 것이 교육의 의무였으므로 문해력 함양은 공교육에서 매우 중요한 과제였다. 사회가 복잡해지고 발달함에 따라 사회구조 속에서 텍스트가 상징하는 바를 정확히 이해해야 하는데, 문해력이 바로 그런 능력을 키우는 것이다. 이것이 사회구조를 비판적으로 이해하고 세상을 알아가는 방식이며, 프레이리의 비판적 문해력과 접목되는 부분이기도 하다. 교육에서 논의되는 여러 차원의 문해력 개념을 정리하고, 역사교육에서 문해력과 접목될 수 있는 지점들을 살펴보아야 하는 이유가 여기 있다.

문해력의 의미

역량으로서의 문해력

전통적 관점에서 읽고 쓸 수 있는 능력은 글을 해독할 수 있다는 의미였다. 쓸 수 있다는 것은 언어를 해독하고 그것을 가시적인 형태로 풀어낼 수 있는 능력을 의미해 왔다. 텍스트의 단어와 문장에 의해 읽는 사람에게 의미가 형성된다는 것이다. 그러므로 읽는 이는 텍스트와 그 일부에 대해 해석할 수 있는 사람이다. 이때 해석이란 마음속에서 행해지는 어떤 것으로서 심리학적인 문제다.

이러한 역량 중심 관점에서 문해력은 텍스트를 읽을 수 있는 기능을 가르치는 과정으로 간주된다. '기초 역량'의 하나로 평생교육법에서는 문해교육을 "일상생활을 영위하는 데 필요한 기초능력이 부족해 가정, 사회 및 직업 생활에서 불편을 느끼는 자들을 대상으로 문자해득 능력을 갖출 수 있도록 하는 조직화된 교육프로그램"으로 규정한다.[2]

정체성과 문해력

정체성은 그동안 사회학과 심리학을 포함해 인류학, 철학, 역사학, 문학 등 다양한 분야에서 중요한 주제로 다루어 왔다. 각각의 분야에서 서로 다른 시각과 수준에서 조명되어 온 탓에 매우 난해한 학문적 개념이 되어버리기도 했다. 여기서 한 가지 공통된 것은, 정체성을 인간의 사회적 행동과 사고를 이해하는 매우 중요한 창으로 인식해 왔다는 점이다. 문해력 연구에서 공유되는 정체성의 특성을 반영한 수준에서 개념을 검토하고 다시 문해력과의 관계를 정련되게 정리하는 수준에 한정해 서술하고자 한다.

우선 정체성은 사회와의 관계에서 형성된다. 이때 역할 측면과 관련 집단과의 접촉을 통한 범주화에 의한 정체성이 형성될 수 있다. 둘째, 정체성은 사회구조와 개인의 주도성 간 긴장 관계에서 형성된다. 개인의 정체성은 주변 환경에 의해 결정되지만, 전적으로 종속되는 방식으로 형성되지 않는 것이다. 셋째, 정체성은 타자와의 접촉과 선택의 상황을 통해 더 분명하게 인식될 수 있다. 세계화와 함께 사회로의 편입이 잦아지면서 타자와 관계를 설정해야 하는 상황이 빈번히 발생하고, 민주적 사고의 성장과 함께 개인은 다양한 선택의 상황에 놓인다. 따라서 개인에게도 다양한 정체성이 형성될 수 있는 것이다. 넷째, 정체성은 모든 사회적 의미 구성 행위에 관여한다. 사회구성주의 입장에서 개인은 주관적인 자기 인식을 바탕으로 의미의 사회적 구성에 참여하는 자로 간주된다. 마지막으로 정체성은 다중적이다.

---

1) 문해력과 문식성은 같은 난어 'literacy'를 사용한다. 기능 관점에서 문자해독력을 의미할 때는 문해력이라는 용어를 사용하며, 구성주의적 관점에서 사회문화적 맥락과 연관 지은 의미를 사용할 때는 문식성이라는 용어를 사용한다. 분야별로는 사회과학에서 문해력이라는 용어를 통용하며, 국어학에서는 문식성 개념을 주로 활용한다(노명완, 『문식성의 연구』, 2005, 차이점). 이 글은 사회과학 분야의 입장이므로 통용되는 문해력 개념을 사용하고자 한다. 그러나 기능의 관점만을 유지하지는 않음을 밝힌다.

2) "평생교육법" 제 2조 3항.

정체성이 단수 명사여서 '단일하고 일관되며 고정적인 것'으로 인식될 수 있으나 다면성, 이중성, 가변성을 지님을 언급한다.[3]

이때 분명한 것은, 문해 활동이 좁은 의미의 자아 정체성뿐만 아니라 사회·문화적 맥락에서 볼 수 있는 정체성 형성과 관련된다는 점이다. 학습자들이 사회·문화 속에서 자신을 어떻게 자리매김하는가는 문해 실천에서 가장 중요한 부분이다. 여기서 '정체성'이란 고정되거나 획일화된 실체가 아니라, 타인과의 상호작용 속에서 자신을 구성해가는 지속적인 사회적 과정을 의미한다. 즉, 문해 실천이란 읽고 쓰고 말하는 활동의 매개를 통해 문해 학습자들이 자신의 정체성을 만들어 가는 과정이다. 따라서 정체성을 사회적 구성물로 간주한다. 여기서 ① 정체성은 개인 문제가 아니라 집합적인 문제로, 집단에서 구성되고 생성되고 소유되며 사회적으로 매개되는 것이고, ② 문해 학습자의 정체성은 단일하고 변치 않는 것이 아니라 복수의 실체이며 지속적으로 변화하는 것으로, 정체성은 통시적으로 변화할 뿐 아니라 맥락에 따라서도 달라지므로 문해 학습자는 동일 시점에서 다원적 정체성을 지니며, ③ 이 정체성은 유연하지만 그 핵심이 존재하여 상황에 따라 이것이 매우 다르게 비치기도 한다.[4]

사회문화 접근 혹은 신문해 연구 영역에서는 문해를 일정 능력의 습득으로 제한하는 것을 비판하며 문해 개념을 사회문화적 맥락에서 접근해야 한다고 주장한다. 문해는 특정한 능력 습득이라는 획일적 기준으로 한정할 수 없으며, 사회문화적 맥락을 반영하는 하나의 실천운동으로 확장해서 보는 것이다.

사회문화 관점의 문해력

문해력의 역사는 전통적 관점을 벗어나 사회적·문화적 전망과 함께 그

의미를 다시 위치 지어 볼 필요가 있다. 이때의 문해력은 정치적인 성격이 강하게 내재되어서 사람들과 같은 권력 관계를 포함한다고 본다. 프레이리는 '해방적 문해력'의 주창자로, 문해력은 혁명적인 정치적 맥락을 지닌다고 주장한다. 그는 글 읽기와 세계 읽기를 연관 짓는 능력이 없다면 현대 민주주의는 제도적으로 불공평한 권력관계만 남는 민주주의를 양산할 뿐이라고 한다. 따라서 주체의 적극성이 내포된 비판적 문해가 필요하다. 도구주의 문해에서 반문해란 '글은 읽지만 세계를 읽지 못하는 것'으로, 전문 텍스트는 읽을 수 있지만 지식세계를 구성하는 다른 모든 지식에 무지한 것이다. 그는 문해력을 통해 사회적으로 존재하는 것들에 대해 행동으로 질문하는 사람들이 될 때 그것이 사람들의 힘을 강화하리라 믿는다.[5] 읽기를 거듭할수록 점차 문해력을 얻게 되어 비판적 사고에 도전하게 할 수 있다. 배우는 일은 쉽지 않은데, 그것은 다른 사람들이 말한 것을 반복하는 것이 아니라 창조하고 또 재창조하는 것이기 때문이며, 학습자에게 교육이란 비판적 정신과 창조성을 계발하는 것이지 수용적인 태도를 의미하는 것이 아니라는 점을 말한다.

이런 이유로 문해력은 정치로부터 분리될 수 없다. 일반적으로 문해력이나 교육에 의해 이루어지는 것은 아무것도 없을 거라고 생각되기도 한다. 그런에도 문해력 함양이나 교육 행위는 사회적·문화적·정치적 측면에서 그 사회의 가치나 태도 혹은 규범과 신념 그 자체라고 보기도 한다. 따라서 문해력을 기르는 것은 어떤 면에서는 종교적·정치적으로 침묵하는 대중을 만들

3) 옥현진, 「정체성과 문식성」, 『국어교육학회』 35, 2009, pp.363-368.

4) Moke & Luke, 「Literacy and identity: examing the metaphors in history and contemporary research」, 『Reading Researcher Quarterly』 44, p.415.

5) 파울로 프레이리 저, 교육문화연구회 역, 『프레이리의 교사론』, 아침이슬, 2003, pp.28-29.

수 있으며, 식민지 압제에 반대하는 급진적 저항에 이르게 할 수도 있다.[6]

따라서 문해력은 사회적 실천(social practice)과도 연결된다. 특정 유형의 텍스트를 읽는 방법은 습득되는 것이며, 개인이 사회적 실천 속에서 한 구성원으로서 유창하게 또는 본성처럼 체화되고 습득되는 것이다. 이 같은 사회적 실천 속에서 사람들은 특정 유형의 텍스트를 나름의 방법으로 읽게 될 뿐만 아니라, 특정 방법으로 텍스트에 대해 말할 수 있게 된다. 이처럼 특정 유형의 텍스트를 읽는 방법을 갖출 때 특정한 태도와 가치들이 유지되며 사회적 상호작용을 가능케 하는 것이다.

사회적 집단에 의한 실천을 살펴보면, 문해력 실천과 다른 실천들을 분리하는 것이 불가능에 가깝다는 것을 알 수 있다. 문해력 실천은 거의 언제나 말과 상호작용, 가치와 신념들을 포함하는 더 넓은 실천들과 교직 상태를 이루며 통합되어 있고, 서로 얽혀 있으면서 다른 부분을 구성하는 요소가 되기도 하기 때문이다. 이 사회적 실천 속에서 읽기와 쓰기는 조그만 조각일 뿐이다. 다른 사회적 실천 속에서 다르게 구성되고 다르게 위치한 작은 조각들이다.[7]

바틀렛은 프레이리의 비판적 문해력과 새로운 문해력을 연관 지어 사회·문화적 입장에서 문해력에 대해 연구하고 있다.[8] 그녀는 사고의 발달에 관한 두 입장을 모두 포용하는 관점에서 성인의 문해 과정을 연구했다. 그녀의 연구를 새로운 비판적 문해 연구의 출발이라고 보기도 하는데, 문해와 교육의 인류학적 관점에 새로운 통찰을 제공한다.

그녀가 주장하는 발달적 대화는 정치 참여의식을 높이고 건강한 의식으로 개선시키며 더 나아가 경제적 수입도 늘어나게 해주는 것으로, 이 연구에서 그녀는 프레이리의 이론과 개념을 교육학자의 입장에서 주의 깊게 살펴본다. 결국 문해는 물질적·사회적·상징적 세계와의 상호작용을 강조하며,

어떤 상태가 아니라 '지속적인 성취를 이루어가는 됨(becoming)의 과정'으로 접근할 필요가 있다고 강조한다. 그래서 그는 문해를 명사가 아니라 동사적 의미에서 문해하기(doing literacy)로 이해해야 한다고 주장한다. 사회문화적 접근은 교육의 목표점이 아닌 학습의 성취과정으로서의 문해를 강조하며, 주체로서의 문해 학습자를 문해 연구의 중심으로 주목할 필요가 있다.

새로운 리터러시 연구들이 쏟아져 나오는 2000년대로 들어서면서 '새로운'의 의미를 구체화시키는 작업을 하면서 이론과 실제 속에서 리터러시에 대해 비판적 관점을 적용하는 경향(2003)이 나타나기도 한다.[9] 이때 비판적 관점을 견지하는 차원에서 가장 중요하게 다루어야 할 것은 사회 이론과 교육적 적용 그리고 정치적 맥락이 리터러시 연구와 연관되어야 하는 것이다. 각자 처한 지역 상황에서 리터러시를 갖추는 것에 대해 교육적 상황을 고려하여 관심이 기울여져야 하며, 이들 지역 차원으로 접근했을 때, 리터러시의 맥락화 과정, 그 사회의 구조적 이해, 정체성과 정치 상황 등과 연계해 살펴보아야 한다는 점에 주목한다. 새로운 접근과 비판적 접근에 더해 지역적 상황을 고려해야 함을 제시하는 것이다.

다양한 영역의 문해력

미국 사회의 화두는 정의의 실천이다. 코니 노스는 사회·경제 정책이 교육 정책과 밀접하게 관련되어 있다고 보고, 교육문제 해결은 사회정의가 구

---

[6] 제임스 폴 그리 저, 오선영 역, 「문식성 신화: 플라톤에서 프레이리까지」, 『사고와 표현』 3-1, 2010, p.154.

[7] 제임스 폴 그리 저, 오선영 역, 「문식성 신화: 플라톤에서 프레이리까지」, 『사고와 표현』 3-1, 2010, p.160.

[8] Lesley Bartlett, Cresskill, NJ: *The Word and The World: The cultural politics of literacy in Brazil*, Hampton Press, 2010.

[9] Brian Street, *What's "New" in New Literacy Studies? Critical approaches to literacy in theory and practice*, Current Issues in Comparative Education Vol.5(2), Teachers College, Columbia University, 2003, pp. 87-88.

현되어야 가능하다고 한다. 따라서 교육에서 민주주의 구현을 위한 하나의 도덕으로서 정의가 강조될 수밖에 없고, 사회·경제적 요인들을 정확하게 읽어내는 능력이 중요하다고 생각한다. 이를 배경으로 사회적 정의 구현을 위해 학교 교육이 어떻게 진행되어야 하는지 고민하는 과정에서 기능적, 비판적, 민주적 문해의 개념을 제안했다.[10] 문해란 학생들이 학교 교육을 충실하게 따라가는 것은 물론, 지역과 더 넓은 사회에 긍정적 영향을 미칠 수 있는 능력을 의미한다. 이때 교사들의 신념과 교육적 맥락, 제도화된 억압과 지배, 특권이 각양각색이었기 때문에 학생들이 갖춰야 할 능력에 접근하는 방식도 다를 수 있다고 본다. 그가 제안한 다섯 가지 문해는 사회 정의를 위한 투쟁에서 비롯된다.[11] 그는 교사들의 수업에 밀착해 연구했는데, 결론적으로 수업에서 얻은 3가지 문해가 민주적 문해로 나아가며, 정책과 관련해 통찰적 문해가 필요함을 제안한다.[12]

첫째, 기능적 문해를 기른다는 것은 학생이 전통적 의미에서 학문적으로 성공한다는 의미를 지닌다. 사회정의를 위한 기능적 문해의 중요성은 풍부한 학문적 지식과 기량을 지니고도 학교 문턱을 넘지 못하는 학생들의 경우 중요한 역할을 할 수 있다. 둘째, 비판적 문해는 비판적 의식을 개발해 불공정한 요소들에 저항하게 한다. 교육 기회의 증대를 강조하기보다는 근본적인 문제를 일으킨 구조와 불공정한 권력 관계에 문제를 제기한다. 셋째, 관계적 문해는 보살핌을 받고 싶어 하는 인간의 기본적인 욕구를 담고

10) Connie North, *The Promise and Perils of Developing Democratic Literacy for Social Justice*, University of Maryland College Park, Maryland, 2009, pp. 557-559.

11) Connie North, *Teaching for "social justice"? exploring the meanings, Implications, and promise of education's latest catchphrase*, University of Wisconsin Madison, 2007.

12) 코니 노스 저, 박여진 역, 『정의로운 교육이란 무엇인가』, 이매진, 2009.

있다는 것이다. 이것은 때로 기능적·비판적 문해와 부딪치는 것이기도 하다. 그러나 이를 다루면서 보살핌을 사회정의를 위한 교육, 특히 연대감과 함께 논의할 수 있을 것으로 보았다. 넷째, 민주적 문해는 사람과 사람 사이의 상호작용에 초점을 둔다는 점에서 관계 문해와 비슷하다. 하지만 낯선 상대와 나누는 공적인 상호작용을 강조하는 점에서 차이가 있다. 공적인 상호작용은 서로 더 깊이 이해하고, 공익에 영향을 미치는 문제에 관해 더 잘 알고 생각을 결정할 수 있게 해준다. 끝으로 교육자, 학자, 정책 결정자들이 사회정의를 위해 투쟁하면서 통찰적 문해의 가치를 인식해야 한다. 통찰적 문해를 구현하는 교사들의 수업은 개인의 이야기, 공동의 이야기를 적극적으로 상상하는 일이 학생들에게 희망을 준다. 이상적인 문해는 학생과 교사가 변화의 주체인 세계에 전념하도록 길을 넓히고 지탱해 주는 것이다.

교육에서 텍스트는 중요한 매개수단이며, 문자의 형태든 입말의 형태든 학습자와 교육자의 연결고리이다. 이 고리의 성격을 이해하고 그 역할을 인지하는 것이 중요하며, 이를 사회문화적 맥락에서 접근해 이해하는 것 또한 중요하다. 그러나 우선해야 하는 것은 학습자의 교육됨(문해됨)이 학습자의 관점에서 어떤 의미를 지니는지 아는 것이다. 사회 공동체 안에서 개인 존재가 지니는 의미를 제대로 파악하고 이해할 때 전체 공동체로 나아가는 수단이 될 수 있기 때문이다. 문해됨이 학습자의 정체성 형성의 단초이며, 그 과정은 배움이 있는 한 진행 과정에 있는 것이다. 앎이란 과정이며, 목적이 아닌 것과 같은 맥락이다.

학습자의 문해됨에 대한 연구는 밀도 있게 진행되지 못했다. 그러나 문해됨의 과정이 정체성 확립 과정임에는 합의를 이루었다. 이들의 정체성을 어떻게 방향지어 주느냐의 문제, 그럼에도 스스로 문해됨을 이용해 정체성을 확립해 가는 모습 등에 대해 이야기할 수 있을 것이다. 교육은 개인의 정체성을 사회 공동체에 맞추어 어떤 방향으로 정해주고 키워내느냐에 초점을 두는 것으로 이러한 정체성 형성에 영향을 준다.

이들 문해력은 앞에서 언급했듯이 수업에서 도달해야 할 지표와 밀접하게 연결될 수 있다. 교사에 의한 수업을 고민하는 단계에서 여러 연결고리가 될 수 있는 것이다. 학교 교육에서 기능적 문해는 초등 단계, 특히 저학년에서 많이 논의된다. 기본적인 3R's 교육은 이때 이루어진다고 볼 수 있으나, 학년이 올라갈수록 그에 따라 요구되는 텍스트의 수준이 높아지고 중등으로 진학하면 각 교과에서 요구되는 전문적 개념들이 등장하기 때문에 기능적 문해는 여전히 필요하다. 역사교육에서 역사적 용어를 이해하기 힘들어하는 학생들이 교과를 싫어하게 되는 경우가 다반사인데, 이런 측면에서 역사교육의 기능적 문해는 중요하다. 비판적 문해는 범교과 차원에서 강조되어야 할 중요한 문해로, 사회를 제대로 이해하기 위한 하나의 방식이다. 민주적 문해력은 공익, 갈등, 비폭력, 다양성을 주제로 소크라테스식 대화법을 활용해 가르칠 수 있다. 코니가 포용이나 통찰 문해에서 다룬 개인과 사회가 모두 중요하며, 결국 이 둘의 관계 맺기가 사회정의를 실천하기 위한 민주적 문해와 연결되어 있다고 본다.

새로운 문해로 떠오르는 것이 하나 더 있다. 바로 '디지털 문해력'이다. 요즘 가장 필요한 문해력은 디지털 문해라고 생각된다. 현대 사회에서 디지털은 매우 중요한 소통 수단이자 사회적 참여나 실천의 방식이 되고 있다.[13] 기성세대가 부정적으로 혹은 낯설게 대하고 있고, 때로는 두려움으로 대하는 디지털 소통이 미래 세대에게는 주된 사회적 관계의 수단이 됨에 따

---

13) 김아미 외 3인, 『중학생 미디어문화와 미디어 리터러시 교육 방향 연구』, 2018, pp.3-6.

라 디지털 리터러시 교육 방식에 대한 논의가 분분할 수 있다. 기성세대는 디지털 소통에 대체로 부정적이지만, 이 소통 방식을 이해하지 못함에 따라 다양한 교육의 문제가 생겨나고 있다.

이러한 디지털 리터러시는 새로운 소통 수단이지만, 문해 관점에서는 도구와 수단이 달라진 것 외에 여전히 문해력의 관점에서 중요하게 다루어야 할 요소를 모두 포함해야 하는 것임은 분명하다. 디지털에 두려움을 느끼는 기성세대와, 이를 자유롭게 다루지만 여전히 문해력 교육에 무방비로 노출될 수 있는 학습자 사이에 일정 부분 조율이 필요할 것이다. 역사교육의 목적을 '비판적 판단력과 역사적 사고력을 바탕으로 능동적 참여를 목적으로 하는 민주시민 양성'이라고 설정할 수 있는 것과 같이, 디지털 문해 또한 시민교육의 관점과 융합하고 그 요소를 탑재하는 것이 당연하리라 본다.

역사교육과 문해력

민주주의는 다중적 개념으로, 역사교육에서는 제도적 측면의 의미와 이데올로기로서의 의미, 그리고 국가 차원에서 실천을 위한 목표 개념으로 구분해 볼 수 있다. 민주주의라는 제도적 개념에 인권의 의미가 포함된 것은 근대 시민혁명 이후의 일이다. 조금 더 시대를 거슬러 올라가 보면 인문주의가 대두하면서 신 중심에서 개인 중심으로, 그리고 개인의 인권 개념으로 자리 잡아가는 인간에 대한 자각의 과정을 보여주는 것이라고 할 수 있다. 따라서 민주주의는 제도적 의미의 발전 과정과 추구해야 할 가치를 내포하면서 개념으로 정립되는 과정에 있다.

역사교육의 입장으로서 4가지 관점으로 인문주의적 민주주의(Humanistic

Democracy)를 전제하고, 민주주의에 심의 민주주의(deliberation democracy), 참여 민주주의(participatory democracy), 다원주의(pluralism) 차원을 제시하여 교육의 지향점으로 삼기도 한다.[14] 이는 민주주의 제도를 구현하는 데 사회 구성원의 합의를 이끌어내는 절차를 중시하며, 다양한 사회 구성원을 인정하고 참여로 이끌기 위함이며, 나아가 공공선(the Common Good)을 추구하는 방향으로 나아가야 한다고 하였다. 따라서 역사교육은 구성원의 사회적 합의를 전제로 한 내용과, 구성원이 지향하는 가치 및 제도로서의 민주주의를 교육 목적으로 설정하고 이를 실현하기 위한 고민을 담고 있다고 본다. 역사교육은 구체적 수업 상황과 연계되어 실천적인 측면에 닿아 있고, 내용에서도 이전 세대의 민주주의 실현 과정 및 그 가치 전달 그리고 이를 토대로 발전해가야 할 방향을 설정하기에 적절하기 때문이다.

문해력을 통한 정체성 교육

역사교육에서 보편적으로 강조하는 정체성은 국가 정체성이었다. 여기에는 한 나라의 구성원으로서 자각하고 행동하려면 그 나라 역사를 알아야 한다는 당위성이 깔려 있었다. 역사적 흐름에서 과거를 제대로 알아야 현재를 이해할 수 있다는 관점에서 역사교육은 정체성 확립에 필요한 교육이라는 데는 이견이 없다. 그러나 그 정체성이 국가와 관련된 것에 국한되어야 하느냐에 관해서는 다양한 의견이 제기된다.[15] 정체성은 앞에서도 언급했듯이 다중적이다. 즉, 다면성, 이중성, 가변성을 지닌다. 그리고 다문화 사회에서, 다원주의 사회에서 정체성 확립 문제가 새로운 화두가 되고

---

14) Kenth C. Braton, Linda S. Levstik, *Teaching history for the common good*, Routledge, 2009.

15) 패트릭 새비든 저, 이산호·김휘택 역, 『다문화주의: 국가정체성과 문화정체성의 갈등과 인정의 방식』, 2010.

있다. 국가사를 통한 정체성 형성이 지양되어야 하는 시점이다. 올바른 정체성 확립은 공동체 안에서 개인이 규명됨을 의미하며, 개인에 의해 행위의 대상과 방향이 정해진다는 의미에서 중요한 작업이 될 수 있다.

교육 내용의 성격으로 미루어볼 때 역사교육은 집단과의 접촉 및 역사적 경험 공유를 통한 정체성 정립에 도움을 주며, 그에 따른 교육 활동이 전개되어야 한다. 이와 연동될 수 있는 문화를 통한 정체성도 교육 영역이 될 수 있다. 따라서 공간적 범주의 확장에 따라 나를 알고, 지역사회를 알고, 국가로 나아가는 지역 확대에 기반한 범주의 정체성 및 문화 정체성이 만들어질 수 있다. 이는 개인의 역할 확장으로 이해될 수 있는 부분으로, 가족사, 지역사, 국가사에 대한 이해를 통해 각각의 집단에서 개인이 주체적으로 혹은 객체화되기도 하면서 집단과 개인 간 관계를 맺어가며 집단 내에서의 정체성을 확립해 간다. 각각의 지역 범주에 바탕을 둔 개인 간, 집단 간 교류로 형성 가능한 이 정체성은 각 범주의 역사에 대한 폭넓은 이해로 형성될 수 있다. 이때 각 집단 간 공유된 문화에 기반한 정체성도 형성될 수 있다. 공간 확장에 따른 범주화에 바탕을 둔 정체성과 그에 따른 문화와 함께 형성되는 내적 공유감을 통한 정체성은 타자와의 관계 맺기에 중요하다. 개인 내부의 토대가 될 수 있는 요소로, 이를 통해 공동체 안에서 개인이 관계를 맺는 토대가 마련되기 때문이다.

교과에서 다루는 내용에 의해 형성되는 이러한 정체성도 문해 활동을 통해 표현되고 재구성되는 측면이 있다. 문해력이 정체성 형성의 도구가 될 수 있는 것이다. 심리적 도구인 언어를 사용하는 문해 활동은 정체성을 표현하고 재구성하는 고차적인 수단이 될 수 있다. 문해 활동의 목적이 구체성의 표현 및 재구성에 있다는 점에서도 연결 지점을 살펴볼 수 있다. 정체성 관점에서 문해 활동의 목적은 개인이 자신의 사회적 위치와 목소리를 표현하고 문해 활동을 통해 사회에 참여하는 과정에서 자신의 위치와 목소리를 재구성하기 위함이다. 이러한 연결 고리를 바탕으로 문해력 연구에서 정체성을 구조적·전담화적인 것으로 인식하고 그들이 속한 지역사회의 정체성과 동일시하며 그러한 집단적 정체성을 고정적인 것으로 보는 입장이 있다. 이때 다수 집단의 정체성을 형성할 수 있도록 학교가 도와야 한다는 것으로, 1990년대 이전 연구에서 보이는 경향이 있다.

이후 연구들에서는 다양성과 차이를 보다 긍정적이고 적극적인 관점에서 학습을 위한 지적 자산으로 인식하는 방향으로 나아가고 있다. 그리고 정체성의 역할과 범주에 초점을 맞추어 이루어진 문해력 연구들이 있다. 지역성과 상황성을 고려하여 문해 활동이 이루어지는 구체적 장소와 상황에 초점을 맞추어 연구가 진행되기도 한다. 이러한 관점에서 역사교육은 지역과 상황의 맥락을 이해하기 위해 과거 역사를 이해하고 현재 행위에 대한 판단력을 기를 수 있도록 행해져야 한다.

문해력을 통한 시민의식 함양

앞 장에서 검토한 문해력 개념 중 코니 노스의 개념은 현장 교사들의 수업 활동에 대한 연구 결과이므로 교사가 활용하기 쉬운 편이다. 그의 개념에 따르면 기능적 문해력, 비판적 문해력, 관계적 문해력을 통해 민주적 문해력을 완성한다. 이러한 문해 교육 활동을 통해 그 사회가 추구하는 정의라는 덕성을 구현하고자 한다. 코니 노스는 이를 위해 교육정책가들의 통찰적 문해를 5가지로 분류하고 검토한 교육 제안들을 정책으로 실현하기 위한 문해력까지 제안한다. 이들 가운데 수업 목표의 성격을 띠는 것이 민주적 문해라고 볼 수 있다. 그리고 이를 달성하는 데 필요한 교육방법으로 기능적 문해, 비판적 문해, 관계적 문해를 제안한다. 이들 문해력은 수업에서 가시적 교육 목표나 방법을 제시하기 때문에 비판적 사고력, 역사적 사고력 등과 같은 개념보다 현장 적용감이 있다. 민주적 문해력 또한 막연한 민주시민의식이라는 개념보다 더 성취감 있는 목표로 다가온다. 이들 용어를 통해 역사교육에서 추구하고 성취 가능한 문해 개념을 검토해 보고자 한다.

우선 기능적 문해에 관련해 살펴볼 수 있는 것으로 역사 용어에 대해 느끼는 어려움이 있다. 학생들이 교과에서 사용하는 전문용어를 이해하기 힘들어한다면 어떠한 교육 활동도 나아가기 어렵다. 교육현장에서 이러한 현상은 빈번하다. 특히 역사적 사실과 개념들이 큰 비중을 차지하는 현재 상황에서는 기능적 문해력이 선행되어야 한다. 그러나 역사를 배우고 교육하는 것에서 단순히 기능적 문해력을 갖추는 수준에 머문다면 이는 의미 없는 활동이다. 역사교육의 목표에 전혀 맥이 닿아 있지 않은 기초교육 활동에 해당하기 때문이다. 물론 국어교육에서 요구하는 3R's 수준의 읽기를 넘어서서 역사의 전문용어를 이해해야 하는 단계에 이르게 하는 교과 고유의 교육이 행해져야겠지만, 이 수준에 그치는 것은 역사에 대한 흥미나 동기유발 단계에서 그친 것으로 간주된다.

프레이리는 비판적 문해에서 문자를 읽는 것은 세상을 읽는 것이며, 그 텍스트를 비판적으로 이해하고 새로운 텍스트를 창조해가는 과정이라고 했다. 그리고 비판적 문해 교육을 통해 세계를 변혁해야 하며, 나아가 삶의 주체로서의 참된 인간화의 길로 나아갈 것을 강조한다.[16] 코니 노스의 비판적 문해는 비판적 의식을 개발하여 불공정한 요소들에 저항하려는 것을 의미한다. 기능적 문해처럼 교육 기회의 증대를 강조하기보다는 근본적인

---

[16] 프레이리 저, 교육문화연구 역, 『프레이리의 교사론』, 2003, pp.73-83.

문제를 일으킨 구조와 불공정한 권력 관계에 문제를 제기하게 하는 능력을 말하는 것이다.[17] 역사교육 본연의 목표인 민주시민 자질 함양은 이러한 비판적 문해력을 통해 어느 정도 다가갈 수 있다. 사실에 기반한 합리적인 판단력과 비판적 사고력은 역사교육의 분석적 사고력 또는 탐구적 사고력에 의해 길러질 수 있다. 이때 읽기와 쓰기, 즉 문해 문화는 공부하고 알고자 하며 사물의 주관성을 배우고 사물의 존재 이유를 비판적으로 인식하게 해준다.[18] 따라서 분석과 탐구를 통해 비판적 사고력을 함양한다는 것은 곧 비판적인 문해력을 지닌다는 의미이다.

민주사회에서 소통을 위한 대화는 다른 의견을 조율하는 합의 절차에 반드시 필요한 요소다. 이때 경청 능력이 필요하며, 이는 남을 배려하고 존중함으로 갖추어갈 수 있다. 경청 능력이란 코니 노스의 관계적 문해로 설명될 수 있다. 관계적 문해는 보살핌을 받고 싶어 하는 인간의 기본적인 욕구를 담고 있으며, 사회정의를 위한 교육, 특히 연대감과 함께 논의해 볼 수 있는 문해로 본다.[19] 이 관계적 문해는 신뢰, 존경, 책임감을 공유하는 데 중점을 두고 교사와 학생의 관계를 발전시키는 과정을 의미한다. 관계적 상호주의가 존중되고 한 사람 한 사람 모두의 존엄이 지켜지는 진보한 교실, 즉 학교공동체를 만드는 것으로 나아갈 수 있는 문해라는 것이다.

정체성 형성이나 문해력 개념들을 통해 살펴본 바에 따라, 역사교육에서 민주 시민교육과 문해력 함양은 일정 부분 연계될 수 있음을 알 수 있다. 이를 역사교육에서의 민주적 문해력이라고 볼 수 있으며, 이러한 문해력을 기르기 위해 적극적으로 노력할 필요가 있다. 민주적 문해력은 기능적 문해와 비판적 문해를 통해 형성될 수 있으며, 소통과 대화를 위한 합의 절차에서 관계적 문해로 보완되었을 때 사회 공동체의 일원으로 성장하게 해주는 역사교육이 될 수 있으리라 본다. 이는 결국 역사적 사실과 개념에 대한 비판적 앎과 분석 및 탐구 과정을 거치는 것으로, 비판적 사고력과 문해를 통해 길러질 수 있음을 알 수 있을 것이다.

역사교육과 문해력

프레이리는 자발적 호기심은 지적 호기심으로, 인식론에 기초한 것이라고 규정한다. 따라서 자연이 영원하고 인식의 범주가 무한하므로 앎이란 과정이지 종결에 이를 수 없는 것이며, 배운 것에 그치지 않고 사회 참여로 나아갈 때 진정한 비판적 교육 실천이 성립하며, 이것이 바로 해방교육학이라고 한다.[20] 그의 해방교육학의 궁극의 목적은 인간 해방이며, 삶의 주체로서 올곧이 홀로 설 수 있는 개개인의 실존이다.

민주시민의식 함양에서 중심적인 역할을 하는 비판적 문해는 읽기를 통해 사회를 제대로 이해하는 것이다. 그러나 대안을 제시하지 않은 비판이 의미가 없듯이 사회에 대한 비판적 인식으로 불공정과 불의를 알았을 때 이를 개선하기 위한 사회적 실천이 뒷받침되지 않으면 이러한 깨우침은 의미가 없다. 따라서 교육의 도달 지점은 사회적 실천이 내재된 참여 민주주의라고 할 수 있다.

역사교육에서 다루는 내용들이 개인이 사는 장소나 상황과 무관한 것일 때 학습자는 흥미를 느끼지 못한다. 지역사회의 일원으로서 참여를 끌어

---

17) 코니 노스 저, 박여진 역, 『정의로운 교육이란 무엇인가』, 이매진, 2009, p.21.

18) 프레이리는 지식 습득을 ① 자동시적 혹은 본능적 단계, ② 주술적 단계, ③ 완전 타동사적 혹은 소박한 대중적 의식 단계, ④ 불완전 타동사적 혹은 비판적 의식단계로 설정하고, 이들 단계를 통해 각 개인의식의 변화뿐 아니라 사회 기층을 구성하는 사람들의 전체 의식의 변화를 이끌어낼 수 있으며, 이를 통해 사회변화를 이끌어낼 수 있다고 했다.

19) 코니 노스 저, 박여진 역, 『정의로운 교육이란 무엇인가』, 이매진, 2009, pp.175-177.

20) 프레이리 저, 사람대사람 역, 『자유의 교육학』, 2003, p.105, 119, 150.

내고자 한다면 개인이 사는 지역에 대한 이해가 필요하다. 이를 통해 지역 공동체의 다양한 활동에 참여를 이끌어낼 수 있다. 지역사회를 제대로 이해하기 위한 비판적 문해가 함께 작동해야 한다. 국가사에 대한 이해와 그에 따른 정체성 확립 과정에서 의미 있는 문해력이 작동해야 할 것이다.

위에서 제안한 역사교육의 세 가지 문해력은 수업에 직접 닿을 수 있다. 그리고 각각 개별로 서술했지만 동시에 작동하는 문해력이다. 예를 들면, 비판적 문해를 위해서는 기능적 문해가 전제되어야 하며, 민주적 문해를 완성하기 위해서는 관계적 문해까지 포함되어야 진정한 공동체 사회가 형성되는 것이다. 결국 이것은 개인과 사회 공동체의 관계를 설정하는 일련의 과정으로 이해될 수 있다.

역사교육은 개개인의 다양한 정체성이 이해되고 확립된 후 공동체와의 관계를 설정하며, 불공정과 불의에 부딪치면 그 사회 공동체를 끊임없이 개선해 나가기 위한 실천적 맥락까지 이어지게 해야 한다. 그리하여 역사는 발전을 지향하는 것이다. 역사교육뿐만 아니라 인간 활동 그 자체가 다시 역사 연구 대상이 되고 역사교육의 학습 대상이 된다는 점을 생각해 볼 때, 사회공동체가 나아가기 위해 발전 방향에서 어느 순간에도 개인 삶이 매몰되지 않는 역사를 실천(practice)하기 위한 역사적 문해력 개념이 정립되어야 할 것으로 본다

2장
학습자의 주체적 사고와
비고츠키의 말

학습자의 주체적 배움

인간은 외부세계에 대한 궁금증을 가지고 태어난다. 태어날 때부터 학령기까지의 아동 행동을 관찰해보면 외부세계에 대한 호기심이 모든 아동에게 있음을 발견하게 된다. 이 호기심이 학교 활동으로 들어오면 지적 호기심이 된다고 볼 수 있다. 지적 호기심에서 아동은 사고 활동을 통해 자신이 알고자 하는 세계와 세계를 움직이는 절대적 법칙을 이해하려고 한다. 그 과정에서 나타나는 여러 지식에 대한 인식은 상대주의적 관점, 즉 역사의 흐름 속에서 계속 수정될 수 있다. 이때 중요하게 작동하는 사고 활동의 자율성, 그리고 알고자 하는 주체적 특성이 중요하다. 이는 비고츠키의 사고 발달의 관점과 부합한다.

학교 현장에서는 '교사에 의한 교육과정 재구성'과 그에 따른 활동으로 '학생에 의한 지식의 재구성'이라는 교육 활동이 중요하게 떠오르고 있다.

'교육과정 재구성'은 국가에서 제시된 것을 그대로 전달하는 역할보다는 교사의 사고 활동에 의해 재구성되어 학생들에게 제공되는 것이 의미가 있다는 관점이 내포되어 있다. 아동은 교사의 생각이 가미된 '재구성된 교육과정'에 의해 스스로 생각을 만들어갈 수 있다. 교사에 의한 강제적인 지식의 주입이나 아동의 수동적인 지식의 암기가 이루어지는 것이 아니라, 교사나 아동 각자의 사고 활동을 통해 지식을 재구성해 가게 하는 것이다. 따라서 동일한 교수-학습 활동에서도 아동은 각자의 지식 체계를 구성한다. 이때 중요한 것은 아동들이 스스로 생각해 재구성한다는 것이다. 그 결과물로 재구성된 지식 체계 자체보다는 구성하고자 하는 아동 자신의 지속적인 사고 활동이 유의미한 것이다.

비고츠키가 그의 이론에서 중시한 고등정신기능은 바로 이 사고 활동을 말한다. 비고츠키는 이 활동이 인간의 역사적·문화적 축적물인 말(기호, 상징 체계 등)에 의해 성장하고 촉진된다고 보았다. 교육에서 제공되는 '교과'라는 지식의 체계를 주입하고 암기하는 것이 중요한 게 아니라, 이를 통해 교사와 학생의 고등정신기능이 작동하고 성장하도록 그 '교과'를 활용하는 것이 중요하다는 것이다. 따라서 한 세대의 사고 활동의 결과물이 다음 세대의 고등정신 기능 발달에 도움을 주는 순환적 구조에서 가장 중요한 것은 인류가 지닌 고유한 사회성을 바탕으로 한 고등정신기능의 발달, 즉 사고 활동 그 자체인 것이다.

교육현장에서 지식을 재구성하는 아동은 사고의 자율성과 세계에 대한 이해를 자기 관점에서 구성해 간다. 교육 활동에서 지식의 재구성은 이 사고 활동의 자율성을 존중하는 것이다. 아동이 재구성한 사고의 결과물은 학교 현장을 벗어나서 유의미할 수 있는데, 사고의 자율성이 내포되어 있기 때문이다. 일상적으로 자신의 지식을 재구성하는 능력은 민주사회의 구성원으로서 지녀야 할 자질로, 바로 이것이 학교 교육의 목표가 되어야 한다. 이러한 사고 활동에 대한 훈련은 지성적 사회구성원을 길러낼 수 있으며, 세계에 대한 이해와 자아 성찰을 통해 개인의 자아실현을 이룰 수 있게 해줄 것이다.

마찬가지로 교육과정 재구성이라는 개념에는 이렇게 재구성하려는 교사의 사고 활동을 강조하는 뜻이 담겨 있다. 교사 나름의 판단으로 학교 환경이나 학생의 특성을 고려해 재구성할 때 수업현장에서 의미가 있다. 이때 결과물로 나온 재구성된 교육과정은 중요한 것이 아니며, 다른 교사에게 유용한 것이 될 수 없다. 중요한 것은 지속적으로 교육과정을 재구성할 수 있는 교사의 사고의 자율성이다. 교사가 지니는 사고의 자율성은 사회구성원으로 성장해 가는 학생과 더불어 교육현장의 다양한 활동들에 가치를 부여해줄 것으로 본다.

비고츠키의 사고

비고츠키는 서구사회에 알려진 것이 오래되지 않았고, 우리나라에 알려진 것 또한 근래의 일이다.[21] 그의 이론에 대한 연구는 교육심리학과 교과별 교육학 영역, 외국어 교육 등에서 중요 개념이나 핵심적인 연구 성과를 중심으로 일부분만 활용하는 수준으로 진행되어 왔다. 특히 그의 '근접발달 영역'(ZPD, zone of proximal development)이라는 개념은 교육 활동에서 교사의 역할과 학생의 가능성을 최대한으로 보는 관점 덕분에 중요한 교육 개념

---

[21] 비고츠키는 1934년까지 총 250여 편의 글을 발표하고 작고했다. 그의 연구는 학문적 탄압 기간(1936~1956)에도 살아남아 1962년 마이크 콜 교수에 의해 영역본이 처음 나왔으며, 1985년 『사고와 언어』라는 제목으로 우리나라에도 소개되었다. 그러나 원본의 3분의 1 정도만 번역, 출간했다.

이 되어 교육현장에서 적극 수용되어 왔다. 최근 들어서는 교육과정 재구성, 지식 재구성 등의 개념들이 학교 현장에서 유의미해지면서 그의 철학이 다시 조명되고 있다. 따라서 그의 철학의 정확한 논점을 정리하고 현장에서 어떠한 방식으로 연계하여 활용할 수 있는지에 대한 정리 작업이 필요하다.

그는 인지심리학 분야에서 연구했으며, 아동의 인지발달에 대한 관심에서 연구가 출발했다. 기존 인지 구조나 인지심리학에서의 연구 성과에 대한 검토를 시작으로 연구를 진행했는데, 쾰러, 뷜러의 동물 실험을 통한 인간 인지발달 연구에 대한 비판이 시발점이었다. 이들 연구는 인간과 동물의 인지구조가 동일한 발달 과정과 구조를 지닌다는 입장을 강하게 비판하고 있음을 알 수 있다.

그 연구들은 인간 활동 행태들의 발달과 이 행태들의 생물학적 근원의 관계를 밝혀냈다. 그러나 어린이 행동에서는 어린이 사고에서 동물적 형태들에 포함된 것 외에는 아무것도 밝혀낸 것이 없다. 환경에 대해 인간만이 갖는 특징적인 새로운 종류의 관계, 노동의 발달로 이어지는 자연에 대한 인간 태도의 형태를 결정짓는 새로운 종류의 행위, 도구 사용과 언어의 연관성, 이 모든 것이 이전 연구에서 기본적인 관점과 세계관 때문에 이해할 수 있는 범위를 벗어나고 말았다.[22]

비고츠키는 이들 연구가 인간에게 고유하게 내재하는 사회적 성향을 바탕으로 한 상호 협력 관계, 문화 전수 역할을 하는 상징적 기호 등을 고려하지 못한 채 인간의 생물학적 특성만 살펴보았다고 지적한다. 따라서 아동의 인지발달에 대한 분석도 생물학적 특성만을 반영한 내용으로 결론짓는 분명한 한계를 드러낸다고 주장한다.

22) 비고츠키 저, 배희철 역, 『도구와 기호』, 살림터, 2012, p.41.

아동의 인지 구조를 연구한 피아제에 대해서도 적극 비판한다. 인간의 인지 구조에 대한 연구를 동물과 구분하여 진행했다는 점에서 한 걸음 나아간 연구라고 볼 수 있으나, 기존 심리학의 주류인 구조주의 심리학의 입장을 받아들여 인지발달을 설명하는 한계를 지적한다. 인간 사고의 발달을 여러 기능의 연합으로 규정한다는 점에서 피아제의 연구 또한 한계점이 분명하다고 언급한다.

아동 인지발달을 양적인 것으로만 인식하고 인지발달의 질적 도약이나 인간 인식의 '체계'의 성립 그리고 고등정신기능으로 나아가기 위한 의식의 재구조화 등의 현상에 대해서는 설명하지 않았다고 비고츠키는 비판한다. 이는 모두 아동의 사고가 발달해 가는 과정에서 주체적·능동적으로 사고활동을 하는 점을 간과하고 있음을 지적한 것으로, 특히 일정 연령에 도달하면 자연적으로 나타나는 아동의 인지발달과 이에 맞추어 기성세대의 교육 활동들이 제공되어야 한다는 아동의 수동적 교육 활동에 대한 관점을 비판한다.

피아제는 어린이의 정신발달을 어린이 생각의 특징이 서서히 사라지는 과정으로 표현한다. 피아제에게 어린이의 정신발달은 어린이 사고의 고유한 성질과 특성이 더욱 강력한 어른의 생각으로 점진적으로 교체되는 과정이다. [······] 어린이의 특성은 발달의 역사에서 구성적, 긍정적, 진보적, 형성적인 역할을 하지 못한다. 고등 형태의 사고는 어린이의 특성으로부터 생겨나지 않으며 그것을 대체할 뿐이다. [······] 나이에 따라 바뀌는 것은 오직 고등 사이의 양적인 관계이다. 처음에 한쪽이 우세하지만, 발달의 한 단계에서 다음 단계로 넘어감에 따라 다른 편의 양이 점차 증대한다. 학교에서 교수-학습의 결과로, 비자연발생적인 개념은 자연발생적인 개념을 마침내 퇴거시킨다. 이 아동의 인지발달이 성숙에 의한 발달인지, 성장에 따른 발달인지에 대한 명확한 구분 없이 진행된 피아제의 연구에서 발달은 기존 것을 대체하고 양적 증가를 가져와야 하는 것을 의미했다. 따라서 아동에게 행해져야 할 교수-학습 활동은 부정적인 갈등 양상을 불러일으킨다. 기존 지식을 지속적으로 대체하며 양적 증가를 감당해야 하는 상황에서 학습은 힘든 일이 되는 것이다. 그리고 이 지점에서 피아제가 인지발달을 피동적 결과물로, 시간에 따른 자연적 현상으로 인식하고 있음을 보여준다고 비고츠키는 주장한다.

그렇다면 비고츠키는 아동의 인지발달이 어떻게 전개되는 것으로 파악할까? 그는 아동의 인지발달에 대한 중요 설명 키워드인 '말'의 기능과 발달과정 등에 대해 연구를 진행했다. 말을 흔히 의사소통 수단 정도로만 생각하는데, 그는 내적 언어로, 사고를 촉진하는 역할이 존재함을 주장하면서 '말'의 기능을 확대해 탐색하는 실험에 착수하고, 사회적 기능 외의 '말'의 역할을 연구했다.

> 말의 역사는 어린이 행동 전체의 전면적인 재구조화와 관련이 있다. 여기에는 말이 처음에는 정신 간 과정이었다가 이제는 정신 내적 기능이 되었다거나 처음에는 문제 해결로부터 동떨어져 있다가 이제는 후반부에 지적 역할을 하면서 조직적인 문제 해결을 위한 도구로 활동한다는 사실 이상의 의미가 있다. (…) 어린이 자신을 향하는 언어적 자극들은 진화적 과정에서 타인에 대한 자극의 수단으로부터 어린이 자신의 행동에 대한 자극의 수단으로 변환되어 그 전체를 근본적으로 재구조화한다.[36]

그는 '말'은 인간 내면, 즉 인지발달에 커다란 작용을 한다고 설명한다. 말의 의미와 역할, 그리고 언어 발달의 역사가 인간의 문화적 소산이며, 역사적 결과물임을 분명히 한다. 그리고 이에 선행해 인간에게는 사회적 협력의 욕구가 있으며 이를 지속적으로 발달시킬 수 있는 인지능력을 내포한 어떤 역량을 가지고 태어난다고 본다. 이 인지능력은 무한해 우리가 표현되는 말로 들여다보는 것이며, 인지능력 세계의 일부를 말을 통해 살펴볼 수 있다고 주장한다. 그가 '말'을 통해 들여다본 인간의 인지능력은 주체적이고 능동적인 것임을 분명히 천명하고 있다.

비고츠키가 평생 연구 주제로 삼은 것은 아동의 고등정신기능의 발달에 관한 것이며, 이때 고등정신기능이란 아동의 사고 그 자체를 의미한다. 이 사고가 어디서 왔으며, 어떻게 발달하는지에 대한 논의들이 그의 연구과제였으며, 말은 그 일부를 살펴보는 하나의 수단이었다. 이때 아동의 인지능력은 사회적 소통의 수단인 말보다 앞서 나타나는데, 말과 생각은 미분화된 전체 덩어리로 아동에게 나타나므로 사고와 말을 분리해서 살피는 것은 힘든 일이라고 한다. 결국, 말을 통해 인지가 어떻게 구성되어 가는지에 대한 의문이 그가 해결하려 한 과제였다. 인지 활동의 결과물인 역사적·문화적 지식의 형성 과정이나 그 결과물에 중점을 둔다면 그의 연구 주제나 성과를 오해할 수 있다. 연구에는 목적과 이를 성취하기 위한 내용 및 방법이 있지만, 연구 내용과 방법이 연구 목적이나 결과에 대한 평가를 왜곡할 수는 없다. 그가 관심을 가진 것은 아동의 인지능력이며, 이를 살피기 위해 말의 기능과 역할을 연구한 것이다. 따라서 말의 사회적 기능에 초점을 두

23) 비고츠키 저, 배희철 역, 『생각과 말』, 살림터, 2011, p.385.
24) 비고츠키 저, 배희철 역, 『도구와 기호』, 살림터, 2012, p.107.

고 그를 사회적 구성주의자로 표현하는 것은 오해의 소지가 있다.

그의 연구 목적은 사고가 어떻게 생겨나고 발달했는지에 대한 것이다. 그의 연구의 의의도 바로 이 지점에서 찾아야 할 것이다. 아동의 인지발달 과정에서 말에 바탕을 둔 역사적·문화적 기호 및 상징체계가 상당히 중요한 역할을 해 왔다고 보는 것이다. 그에게 말이라는 것은 아동의 인지발달의 지속적인 매개물이 되기도 하며, 인류 역사의 발전에서 이 매개들을 통해 형성된 결과물, 즉 지식의 체계가 생성된다. 이때 중요한 것은 인간의 인지 활동, 즉 사고 과정이다. 지식의 체계들은 인간의 주체적인 인지 활동의 결과물로서 시간의 흐름과 역사에 의해 언제든 변화할 수 있다. 결국 지식이란 역사적·문화적 소산으로 구성되어 가는 과정에 있는 것이며 절대적인 것은 아니라고 본 것이다. 이런 관점에서 그는 사회문화적 구성주의자이다.

그러나 그의 연구과제에서 진정으로 눈여겨보아야 할 것은 사고 활동의 과정과 그 결과물이며 역사적·문화적 소산인 지식 체계 자체가 아님을 알 수 있다. 중요한 것은 그 결과물을 만들어낸 인간의 주체적 사고 활동이다. 바로 이 지점에서 그를 사회문화적 구성주의자라고 한정해 볼 수 없음을 알 수 있다. 그의 연구가 지향한 것은 아동의 사고가 지속적으로 발달하며 역사적·문화적 축적물이 말(기호, 상징체계)을 매개로 전수된다는 것이다. 말을 통해 사고가 어떻게 형성되고 발달해 가는지 일부 들여다볼 수 있음을 이야기했으며, 이 작업은 무한한 인간의 사고 체계의 극히 일부를 살펴보았을 뿐임을 고백한다.

사고와 말의 연결은 본래부터 단박에 주어지지 않는다. 이 연결은 발달 자체의 경로에서 나타나며 그 자체 역시 발달한다. (…) 말은 태초에 존재하지 않았다. 태초에는 물질이 있었다. 말은 발달의 시작이 아니라 끝을 형성한다고

따라서 연구 전체에서 그는 지식 체계가 아니라 이를 구성해가는 과정
에서 '사고의 주체성'을 강조한다. 그렇기에 지식 체계의 상대성을 중시하는
구성주의자들과 일정 거리를 두는 것으로 평가되어야 한다.

그의 이론이 학교 교육에 주는 시사점은 아동의 가능성을 보다 크게 보
는 '근접발달영역' 개념과, 문해력의 역할에 대한 재조명이다. 인류의 역사
적·문화적 성과를 학습 자료로 제공해 아동의 발달을 유도해야 하므로 이
를 제공하는 학교 교육을 중요하게 본다. 나아가 역사적·문화적 축적물의
전달 매개인 말(기호, 상징체계)을 수단으로 아동의 사고 활동을 촉진할 수 있
으며, 이러한 기호나 상징체계는 아동의 인지발달은 물론 아동의 사고 자
율성 혹은 주체성을 길러주는 데 큰 역할을 한다고 보는 것이다. 따라서
문해력이란 단순히 말과 문장을 해독해 내는 능력에 그치는 것이 아니라,
사회적 관계의 매개 역할을 하며, 사회를 이해하는 수단이 되는 것이다. 문
해 습득 과정은 사고 작용이 함께 일어남에 따라 비판적으로 사회를 인식
하는 등 아동 사고의 성장을 촉진할 수 있다.

25) 비고츠키 저, 배희철 역, 『생각과 말』, 살림터, 2011, p.673

사료 탐구 학습과의 접점

　여러 교육 전문가들이 학교 현장에서 이루어지는 교육의 의미를 재고하고 문제를 인식하며, 그에 대한 대안을 고민한다. 현장에서의 교육이 실증주의적이며 행태주의적인 방식으로 이루어지는 것에 대한 문제의식에서 이를 해결하기 위한 다양한 대안을 제시하고 있다. 비고츠키의 논의에 비추어 보면 학교 현장에서 '생각하는 아이들'을 만나기 위한 교육 활동이 제안되어야 한다. 인간의 사고 활동에 대한 규명은 현재까지 여러 심리학자 및 교육심리학자들의 주요 연구과제였다. 비고츠키가 고민했던 사고에 대한 여러 논의가 역사 교과 수업에서 어떤 의미를 지닐 수 있는지 생각해 볼 수 있을 것이다.

　가능한 학습 활동은 사료 학습이다. 사료 학습은 역사 교과의 고유한 학습 방법이다. 역사학의 내용을 다루는 학자들은 사료라는 역사적 결과물을 통해 당시 사회를 재구성해 본다. 그렇게 재구성한 내용들이 학계의 엄정한 논의를 거쳐 확인받은 것이 역사적 사실로 인정받는다. 교과 내용은 이들 역사적 사실 가운데 역사교육 면에서 중요성, 도구성 등을 인정받은 것들이 역사교육계의 논의를 거쳐 담기게 된다. 따라서 학습자들이 접하는 역사적 사실은 고갱이에 해당하는 진주 같은 지식이지만 사고력을 자극하는 것이라고 볼 수 없다. 역사학계의 논의가 끝난 내용들, 역사교육계의 교육적 고려까지 포함된 자료이므로 받아들이는 수동적 태도만 요구할 수 있다. 이런 방식은 이해와 암기의 사고 활동에 그칠 가능성이 높다.

　이에 따라 역사교육에서는 사료 탐구학습이 강조되어 왔다. 학습자가 사료를 접하면서 탐구하는 사고 활동이 중요하다는 것이다. 학습자는 과거를 이해할 때 다른 사람의 가치나 관점이 개입되지 않은 당시 사료를 통해 살펴볼 필요가 있는 것이다. 과거의 역사적 사실을 이 모든 활동으로 배울수는 없지만, 사료 탐구학습은 고등 사고를 촉진하기에 상당히 중요한 학습 활동이 될 수 있다. 이 과정에서 비판적 판단력이 작동할 수 있으며, 이해와 암기, 비판적 판단력뿐만 아니라 연대기적 사고 활동 등을 포함하는 전반적인 역사적 사고력이 함양되는 것이라 볼 수 있다.

사료를 통한 탐구는 학습자들에게 상당히 어려운 활동이다. 꼬마 역사학자라는 표현이 말해주듯 학자들이 하는 사고 활동을 경험해 보게 하는 것이기 때문이다. 1차 사료나 2차 사료를 다루기 위해서는 한문 등과 같은 고어를 번역이나 번안해야 한다. 그럼에도 이 활동이 의미 있게 다루어져야 하는 이유는 비판적 판단력을 기를 수 있고, 그 시대의 맥락과 상황을 고려한 사고 활동을 자극할 수 있으며, 역사적 사고력의 높은 사고 수준을 담보해 주기 때문이다.

경기도교육청 혁신학교의 교육철학으로 창의지성교육을 적용한 정책 방향이 있었다. 이것은 학교 현장에서 아동의 사고 활동이 키워지는 것에 주안점을 둔다. 그리고 이를 촉진하기 위한 매개로 인류의 위대한 저작(명저와 명작)을 활용하기를 권장한다. 이때 다양한 체험활동을 통해 이들 교육 활동이 유기적으로 조직되어 생각하는 아이들을 길러내게 하고 있다. 바로이 지점에서 인류의 사회문화적 축적물이 매개 기능이 되어 아동의 고등정신기능이 발달해 왔다는 비고츠키의 이론과 접목된다. 이러한 역사적 매개물이 세대를 거치면서 문화를 발전시켜 왔으며, 이때 인류의 사고 활동이 집단 안에서 융화되는 과정이 있어 왔다. 따라서 진정한 사회의 발전은 개인의 사고 활동의 성장을 의미하며, 집단과 상호작용하는 협력 과정에서 이루어져 왔다고 볼 수 있다.

3장
—
교사의 교육 자율권과
—
교과서 자유발행제
—

역사 교과서 국정화 파동으로 제기된 문제들

역사 교과서 국정화 문제가 불거지면서 고민하게 된 몇 가지 주제가 있다. 민주주의, 수업과 교과서, 역사교육의 목적이다. 역사 교과서의 국정 발행 문제가 사회 여론이나 역사교육 현장의 목소리를 무시하고 진행되었기에 민주적이지 않았다는 점이 문제로 제기되었다. 절차를 무시하고 추진되는 과정에서도 비민주성이 확인되었다. 민주주의에 역행하는 것이 무엇인지 경험한 계기가 된 것이다.

수업에서 가르치는 내용을 국가가 올바르다고 판단하는 것을 중심으로 담으려 하면서 학교 교육 주체의 자율성을 훼손하게 되었으며, 이를 계기로 수업과 교과서 역할을 다시 생각해 보게 되었다. 해당 학계의 학자, 역사 교사, 학생들이 강하게 반발하는 가운데 교과서의 역할과 수업에서 교육 목적을 깊이 성찰하는 기회가 된 것이다. 다양한 생각을 받아들이는 역사 수업이 되어야 하며, 이를 위해 국가가 옳다고 판단하는 내용을 일방적으로 주입하는 형태의 역사 수업은 재고되어야 한다고 생각하게 되었다.

교과서 발행 문제는 단순히 어떤 교과서를 보느냐의 문제가 아니었다. 그것은 사회 전체의 민주주의의 성숙과 발전 수준을 드러내는 것이었다. 역사교육과 수업 차원을 통해 그 사회의 민주주의의 척도를 명확하게 드러내는 주제였다. 무엇을 가르칠 것인가는 미래 세대를 어떻게 길러낼 것인가와 연결된 문제로, 이를 결정하는 과정에는 사회 구성원 모두의 합의가 필요한데도 그 절차와 다양한 의견을 무시한 채 진행되었다. 이러한 '강압'적인 정책 추진은 민주주의에 역행하는 것으로 보이기에 충분했다.

유신 이후 국정으로 발행된 역사 교과서는 7차 교육과정 시기에 한국 근현대사를 시작으로 2007 교육과정에서 초등을 제외하고는 모두 검인정 체제로 전환되었다. 검정제 도입에 따라 교육 주체에게 교육과정의 자율성을 돌려준 측면이 있었다. 검인정 기준이 강화된 2009 개정 교육과정 개발 당시에는 역사 교과서 집필 내용을 검정하는 차원을 넘어서서, 교육부가 집필진의 의견을 반영하지 않은 채 직접 수정할 수 있느냐 없느냐의 문제가 법정에서 다루어지기도 했다. 교과 내용의 자유로운 집필 등에 대한 갈등이 불거진 사건이라고 볼 수 있다.

교과서 발행 문제는 수업에서 교사가 무엇을 가르칠 것인지의 문제를 떠나, 교육과정에 대한 교육 주체의 자율권 여부를 판가름하는, 일종의 민주성의 잣대가 밝혀지는 문제로 인식되기 시작했다. 이런 가운데 2015 개정 교육과정에서 역사 교과서의 국정 발행 체제로의 전환은 자율권을 전면 억압하는 방식으로 이해되었으며, 민주주의를 역행하는 것으로 해석된 것이다.

교과서에 대한 '자율적 권리'는 집필 단계에서의 자율권 문제에 그치지 않는다. 혁신학교를 중심으로 시작된 수업 혁신은 가르치는 단계에서의 자율권을 요구했다. 국가가 제공하는 교육과정의 전달자로서만 존재하지 않으려는 현장 교사의 의지가 강하게 반영되어 일어난 변화였다. 교육과정과 수업에서 교사의 자율성과 전문성 요구는 민주적 학교 운영을 위한 전제로, 교육 활동에서 민주주의를 실현하기 위한 노력으로 나아가게 된다.

무엇을 배우고 어떻게 가르칠 것인가의 문제를 상명하달식으로 접근하는 것이 아니라, 교사가 자율적으로 선택할 수 있어야 한다. 역사 교과서 국정화 문제는 교육과정 전문가로 거듭나기 위해 교육의 자율권을 되찾으려는 학교의 강한 반발에 부딪혔다. 그리하여 다양한 역사를 배우는 수업, 다원성을 인정하는 민주시민으로 성장하기 위한 역사 수업이 어떻게 이루어져야 하는가의 문제로 나타났다.

여기서는 교사의 수업에서 교육과정 자율권을 부여하는 것과 관련지어 혁신학교의 변화와 연계된 부분을 서술하며 논의를 시작하고자 한다. 교과서 발행 문제는 역사 교과만의 문제가 아니라 전 교과의 문제이며, 일반적인 학교의 민주적인 변화를 매개로 교과서 발행 문제를 고민할 필요가 있기 때문이다.

교육과정의 구현체인 교과서의 역할이 재정립되어야 한다. 교과서 내용이 성전이 되고, 진도의 벽이 교육의 장애가 되는 교과서의 역할을 재고해 보아야 한다. 기존 교과서 역할을 넘어서기 위해 교과서 발행의 의미를 검토하고, 다원성을 살리는 역사 수업을 지원하는 교과서 발행의 대안을 탐색해 보고자 한다.

교육과정과 교사의 교육 자율권

혁신학교 시도는 수업에서의 변화를 위한 다양한 노력에서 시작했다.[1] 현재 수업 방식으로는 더 이상 학생들과 배움으로 소통이 힘든 것이 아닌가 하는 현장 교사들의 반성에서 비롯한 것이다. 수업은 교육과정이 구현되는 최종 장면이다. 따라서 수업 변화를 고민하던 교사들은 교육과정을 고민하게 되었으며, 재구성 논의를 통한 변화를 시도하는 문제로 논의가 성숙하기 시작했다. 교육 내용 전달로서의 교육과정 실현에 대한 총체적 문제들을 인식하고 이를 극복하기 위한 재구성 과정과 같은 교육 자율권이 교사에게 주어져야 한다는 주장으로 논의가 진척되어 갔다.[2]

이러한 교육과정 논의에서 중요한 지점은 교사에 의한 교육과정 재구성이다. 학교 전체의 교육 활동을 구상하고 고민할 때, 단위학교 교사들이 모두 협의에 참여해 학교 교육의 목표와 방향을 설정하고, 그에 따라 학교의 교육 활동을 어떻게 구성할지 함께 고민해야 한다고 판단했다. 국가 수준의 교육과정과 지역교육청 단위의 지역화 교육과정을 녹여내기 위한 밑그림을 전제하면서, 다시 단위학교 교육 활동으로 만들기 위해 그 학교 전체 구성원이 논의하는 것이다.[3]

단위학교 교육 목표를 학교 구성원 모두의 논의와 합의에서 정한 후, 다

---

[1] 손우정, 『배움의 공동체』, 해냄, 2012.

[2] 교육과정 재구성 절차 혹은 방안은 교사 연수에 활용하고 있는 교육과정 재구성 매뉴얼에 제안된 방식이다. 이 방식은 초기 혁신학교를 추진했던 핵심 교사들의 연구'년 연구 프로그램인 혁신학교 아카데미 1기 교사들에 의해 논의된 교육과정 재구성을 기초로 제안되었다. 이후 화성창의지성교육 사업의 혁신교육 일반화를 위한 컨설팅 과정에서 활용되었을 뿐만 아니라 현장에서 들어오는 의견을 다시 반영해 최종 완성된 형태로 만들어지기도 했다.(화성창의지성교육센터, 「성찰과 합의의 교육과정 재구성」, 『창의지성교육과정 컨설팅 워크숍』, 2013.)

[3] 『2012 경기도교육과정』(경기도교육청, 2011. 12)은 '지역 교육과정'의 설정 시도로 선도적 의의가 있다. 국가 수준의 교육과정을 지역 실정에 맞도록 지역에서 설계하는 교육철학과 융합하여 교육과정 구현을 위한 중간 수준에서의 역할을 적극적으로 하도록 고안된 최초의 지역 교육과정 문서다.

시 학년별 협의를 진행하고 이전 단계에서 함께 설정한 학교의 교육철학 혹은 목표를 학년별로 어떻게 구현할지 고민하여 3개 학년 학생의 학교교육과정을 구성한다. 물론 이 단계 또한 각 학년 담당 교사들이 모두 모여 논의하게 된다. 이러한 논의를 통해 만들어진 학교별 교육 목표나 활동들이 교과 수업에서 구현될 때 교육과정은 구체화되고 실현되는 것이다.

따라서 각 교과 담당 교사들이 학년 교육 목표를 교과 내용과 연계해 어떻게 수업을 이끌어 갈 것인지 재구성한다. 이렇게 설정된 교육 목표는 교사에 의해 수업에서 구현된다. 이러한 혁신학교의 교육과정 재구성 논의는 교사의 교육 자율권을 규정해야 할 필요를 유발했다. 교사가 누려야 하는 교육의 자율권은 학교 전체, 학년, 교과 차원에서 향유되어야 할 기본적인 권리여야 했음을 확인하게 되었다.

'교사의 교육과정 재구성'은 '학생에 의한 지식의 재구성'이라는 활동과 자연스레 연결된다. 교육과정 재구성은 국가에서 제시된 것을 그대로 전달하는 역할보다는 교사가 교육과정을 해석하고 수업을 위해 재구성해 학생들에게 제공하는 것을 수반한다.[4] 그리고 학생은 교사가 제공하는 교육 내용과 수업방법을 따라오면서 스스로 생각을 만들어 가는 것이다. 학생의 배움을 중요하게 생각하는 관점이라면 당연히 그에 비례해 교사의 교육과정 재구성도 교육의 자율성과 전문성의 의미로 이해해야 한다.

혁신학교의 수업 혁신에서 가장 크게 바뀐 관점은, 교사에 의한 강제적인 지식의 주입이나 학생의 수동적인 지식의 암기가 아니라 학생 개개인의 사고 활동을 통해 지식을 구성한다는 점이다.[5] 동일한 교수-학습에서 학생은 자율 의지 혹은 자기주도성을 가지고 각자 배움 체계를 구성한다. 학생들이 스스로 생각해 구성하는 것이 중요한 것이다. 그 결과물로 재구성된 지식 그 자체보다는 구성하고자 하는 학생 자신의 주체적 사고 활동을 강

조한다. 그래서 학생의 자기 생각 만들기가 중요한 초점이다.[6]

학교에서 학생의 사고는 비판적이고 자율적인 사고 활동이며, 민주시민이 되기 위해 필요한 가장 기본적인 전제이다. 스스로 생각하고 판단하는 능력이야말로 시민이 되기 위한 기본 역량이다. 교육과정이 전개되는 수업에서 지식을 스스로 재구성하는 활동은 학생이 경험하는 사고의 자율성, 세계에 대한 객관적 이해 등을 통해 자기 관점을 만들게 도와줄 수 있다.

일상적으로 자신의 지식을 재구성할 수 있는 능력은 사물과 사상에 대한 판단력을 길러주며, 이는 민주사회의 구성원으로서 지녀야 할 비판적 사고력과도 맥이 닿아 있다. 성장 과정에서 이성적 사고 경험의 축적은 아동이 성장한 뒤 사회 구성원으로서 개인과 공동체에 대해 합리적으로 사고하는 인간으로 바로 서게 도와주며, 민주시민으로서의 역할, 개인의 자아실현 등을 함께 고민할 수 있게 한다.

학교라는 공동의 장에서 교사 사고의 자율성도 당연히 담보되어야 한다. 교사는 한 사람의 시민이다. 교육의 민주적 변화를 도모하고 학생을 시민으로 성장하도록 돕는다는 점에서 볼 때 이 관점은 더욱 중요하다. 배움과 성장을 돕는 기성세대 사람으로 미래 세대인 학생을 만나야 하는 교사는 시민으로 살아가는 모범이며, 교육 목표인 민주시민으로서의 역할을 학교

---

4) 화성창의지성교육센터, 「성찰과 합의의 교육과정 재구성」, 『창의지성교육과정 컨설팅 워크숍』, 2013.

5) 경기도교육청, 『2012 경기도 교육과정』, 2011.

6) 비고츠키가 중시한 고등정신기능은 재구성에서 드러나는 사고활동을 의미한다. 이는 인간의 역사적·문화적 축적물인 말(기호, 상징체계 등)에 의해 성장하고 촉진되며, 세대 간 전수된다. 문해력을 중시하는 것에서도 알 수 있듯이, 말(입말, 글말 포함)에 의해 모든 교육이 일어난다. 제공되는 지식체계인 인류의 역사적 축적물을 중시해 이를 주입하고 암기하는 것이 중요시된다. 그런데 이와 함께 중시되어야 하는 것은 교사와 학생의 고등정신기능이다. 이 고등정신기능은 학습할 내용을 강조함으로써 묻혀서 간과되어온 중요한 영역이다. 한 세대의 사고 활동의 결과물이 다음 세대의 고등정신기능 발달에 도움을 주는 순환적 구조에서 가장 중요한 것은 인류가 지닌 고유한 사회성을 바탕으로 한 고등정신기능의 발달이며, 이것이 사고 활동이다(비고츠키·루리야 저, 비고츠키연구회 역, 『도구와 기호』, 살림터, 2012).

의 삶에서 보여주는 역할을 한다. 따라서 교사 사고의 자율성, 비판적 사고력과 판단력, 특히 교육의 자율권이 학교라는 공간에서 담보되어야 한다.

교사가 교재를 재구성할 권한을 어디까지로 볼 것이냐 하는 문제는, 법률적으로 교육에서 정치적 중립성에 관한 논의와 자연스럽게 연결된다. 학교와 교사가 정치적으로 중립적이어야 한다는 법 규정은 정치교육을 하지 않아야 한다는 뜻이 아니다. 오히려 정치교육을 적극적으로 하되, 중립을 지키며 교육하라는 것이다. 이 조항은 교사의 교육 자율권을 위축시키며 사회적·정치적 현안을 다루지 못하는 교육과정 해석의 폭을 좁히는 역할을 해왔다. 학생을 민주시민으로 자랄 수 있게 해야 하며, 교사 역시 기계적이고 분절적인 '중립'과 '객관'에 얽매이지 않고 적절한 역할을 해야 하기 때문이다. 교사의 교재 재구성 권한을 적극 반영하는 것은 정치교육에서 교사의 적극적 교육 역할을 가능하게 해주며, 시민의 일원으로서 수업에서 학생들을 만날 수 있게 하는 것이다. 이는 역사적 사고력과 비판적 판단력을 기르기 위한 역사교육 본질 문제와 닿아 있는 것이다. 정치교육이 지닌 이런 문제점과 본질적인 가치를 살리는 전제가 되는 것이기도 하다.

민주시민으로서 교사의 역할은 재론의 여지 없이 학교 교육 전반에 걸쳐 교육과정을 자율적으로 재구성하는 활동에서 드러난다. 교사에 의한 교육과정 재구성은 교육 전문가로서 교사의 판단력과 자율적 사고 활동에 의한 것이어야 한다. 특히, 학교가 소재한 지역의 환경이나 학생의 특성을 고려해 만드는 것이므로 단위학교 현장이라는 맥락화 과정을 거쳐야 함에 따라 더더욱 국가 교육과정의 전달자 역할을 해서는 안 된다. 교육과정 재구성에서 중요한 것은 지속적으로 교육과정을 재구성할 수 있는 교사 사고의 자율성과 이를 실현하고자 하는 교사의 자율 의지이다. 시민으로서 전제가 되는 요소인 것이다.

결과물로 재구성되어 나온 교육과정보다 중요한 것은 교육과정 재구성을 지속적으로 실천하려는 교사의 자유의지다. 교사는 전문인으로서 스스로 사고 과정을 통해 교육과정을 생성해 낸다. 교육과정 재구성을 통해 교사의 전문성, 교사의 자존감과 자율성을 회복할 수 있다. 일상적으로 자신의 지식을 재구성하는 능력은 민주사회의 구성원으로서 지녀야 할 자질로서, 바로 학교 교육의 목표가 되어야 한다. 이러한 사고 활동에 대한 훈련은 세계에 대한 이해와 자아 성찰을 통해 개인의 자아실현을 이룰 수 있게 해줄 것이다. 교사가 지니는 사고의 자율성은 사회구성원으로 성장해 가는 학생 사고의 자율성과 더불어 교육 현장에서 중요한 의미가 있다.

함께 생활하는 학교라는 공간에서 구성원 전체가 각자 사고의 자율성을 지니고 활동에 참여하는 것으로부터 학교의 당면한 문제들이 해결의 실마리를 찾아갈 수 있을 것이다. 다음으로, 사고하는 아이들을 키우기 위해 사고하는 교사가 우선해야 한다. 따라서 교사의 사고를 통한 자유의지의 발현은 한 공간에서 생활하는 학생들에게 영향을 미치며, 더불어 성장하는 것으로 귀결될 수 있다.

지식의 재구성을 통해 학생의 사고의 성장을 바라는 것, 그리고 나아가 성숙한 민주시민으로 살아가기 위해 준비해주는 것과 마찬가지로 교육과정 재구성을 통해 교사의 사고의 자율성을 담보할 수 있으며, 이에 의한 전문성과 성숙한 민주시민으로의 성장은 결국 아동과 같은 맥락에서 성숙한 민주시민 사회 구현에 이르는 길이 될 수 있다. 그리고 사회 혹은 학교에서 민주주의를 실현하기 위한 학교공동체의 일원으로서 교사 스스로가 민주시민이 되는 것이다. 결국 현재 우리 사회가 지향하는 방향에 맞는 '유의미한 교육 활동'이 학교 현장에서 일어나는 것이다.

교육과정 재구성과 교사의 자율성이 시민으로 살아가는 교사의 의미를 함축적으로 내포하는 것은 역사 수업에서도 요구되는 문제다. 앞서 언급한 시민교육 관련 논의들이 역사교육의 목적과 닿아 있기 때문이며, 역사 수업을 하는 역사 교사도 이 논리에 예외가 될 수 없다. 그리하여 민주시민으로 살아가는 교사로서 교육과정과 수업의 자율권을 지녀야 하며, 교과서는 이러한 자율권을 행사할 수 있는 방식으로 구성되고 발행되어야 한다.

교사의 교육 자율권과 자유발행제

교육과정의 구현체가 교과서다. 따라서 교육과정에 대한 교사의 자율성은 교과서에도 적용된다. 앞서 언급한 것처럼 교과서 발행은 역사 교과의 문제만은 아니다. 모든 교과에 해당하는 문제다. 현재 우리나라 교육과정은 국가가 개발한다. 형평성과 공평성을 염두에 둘 때, 국민 모두에게 동등한 교육과정을 제공하는 것이 바람직할 수 있으며, 교육에서 형평성과 공평성은 여전히 중요한 가치이기에 국가 교육과정이 유효한 나라들이 많다. 그러나 교과서 발행은 교육과정개발과 다른 차원이어서 국가가 도맡아 하는 경우는 드물다.

2007 교육과정 시행과 더불어 역사, 국어, 도덕 교과에서 검정제가 전면 도입되었다. 이때, 검인정 발행 체제로 전환하면서 국정 발행 방식이 거의 소멸하고 있었다. 검인정 발행 체제에서는 교과서 개발 준거로, 국가가 개발한 교육과정과 관련한 교육과정 해설서, 교과서 편찬상 유의점 및 검정 기준, 교과서 편수자료, 교과서 집필 기준이 있다. 집필 기준이 없는 교과도 있고, 제시 형태나 서술 방식도 교과에 따라 많이 다르다.

역사 교과서는 세세한 집필 기준에 따라 만들어진 뒤 비교적 엄격한 검정절차를 거친다. 더욱이 역사 교과서는 검인정 발행 체제로 전환되었다가 국정 발행 체제로 일시 전환되었던, 민주적이지 않은 '우여곡절'을 겪기도 했다. 역사 교과서가 국정 발행 체제로 전환되는 문제를 겪으면서 기존 검정 발행 체제에 대한 여러 문제가 제기되었고, 인정제와 자유발행제에 대한 논의를 검토하기 시작했다.

자유 발행제를 도입한 영국의 사례를 살펴보면,[7] 영국은 초·중등 교육과정의 교육 내용은 학교 교장의 지휘하에 담당 교과목 교사가 정한다. 각학교들은 교육의 수월성을 놓고 서로 경쟁하는 입장이어서, 학생 수가 줄면 교사도 해고되거나 추가로 필요한 교사가 충원되지 않을 수 있기에 외부 평가기관의 평가에 매우 민감하다. 영국의 교육과정은 법령에 의해 전국적인 핵심 교육과정이 정해지고, 이에 따라 초·중등 교육과정이 단계별로 이루어진다. 각 학교의 학교운영위원회는 학교 운영에 필요한 재정 등 전반적인 상황을 평가할 수 있는데, 이 결과에 따라 해당 학교 교장이 해고되기도 한다. 그에 따라 전체적으로 자율성을 인정하면서 외부 평가기관의 정기적인 평가를 통해 책임 소재를 명확히 따지고 있다.

국가 교육과정 문서에는 각 교과가 추구하는 가치와 목표, 평가 활동 시유의점 등이 명시되어 있다. 그렇지만 교육과정에 따른 교과서 발간은 우리나라와 다르다. 국가 수준에서 교과서를 발간하는 경우나 지방자치단체 수준의 검·인정 방식을 통한 교과서 개발, 교재 공급 및 구매 등도 이루어지지 않는다. 서점에서 일반 도서를 구매하듯이 교사가 구입하여 교육 자료로 활용하는 방식인 것이다. 이때 각 출판사는 기획·제작한 서적을 도서 시장에 공급하며, 해당 교과 교사가 선택하여 수업 자료로 활용한다. 즉, 모든 교사에게 동일한 교재가 제공되지 않는 것이다.

7) 김덕근 외, 『우리나라 현행 교과용 도서 법규의 개정 방안』, 한국교육과정평가원, 2013, pp.49-79.

무상 의무교육이 초·중등 교육과정에서 이루어지지만, 교과서 관련 사항은 자유시장경쟁 방식에 의한다. 학생들은 핵심 교육과정상 자신의 학력 수준을 평가받기 위해 학교 단위나 개별적으로 검정시험에 응시하는데, 이 시험에 의한 학력인정서는 정규교육과정 이후 취직이나 대학 진학에 활용되기에 매우 중요하다. 이 검정시험을 대비하기 위한 서적들이 매우 다양하게 출간되며, 필요한 학생들이 자율적으로 구매해 활용한다.

인정제를 채택하는 나라의 예로 미국의 경우를 들 수 있다. 주(州) 정부에서 교과서를 인정하는 주는 21개이며 텍사스, 캘리포니아, 플로리다 같은 대규모 주들이 여기 포함된다.[8] 그런데 이들 주에서 사용되는 교과서가 미국 전역에서 사용되기 때문에 이러한 주의 교과서 인정 정책은 미국 전역에 영향을 미친다. 주 정부의 교과서 인정과 관련하여 문제가 되는 것은, 주 정부 내에서 교과서 인정을 책임지는 주 교육위원회가 정치 단체로부터 많은 영향을 받기 때문에 출판업자들은 자체 검열을 통해 논란이 될 주제나 내용을 제외하고, 교과서 인정 절차에서도 교육위원회가 정치적 견해에 따른 영향력을 광범위하게 행사한다는 점이다.

주 정부의 교과서 인정과 관련해 주요한 법률적 쟁점이 되는 것은 교과서 저자, 학생, 교수의 표현의 자유를 침해함으로써 미국 연방수정헌법 제1조의 표현의 자유를 침해하는지 여부이다. 각 주 교육위원회의 교과서 인정과 관련, 위원회의 교과서 인정이 명백히 정치적 의도가 있는 것으로 입증되면 학생의 표현의 자유에서 파생되는 정보 수집권을 침해한 것으로 위헌이 되지만, 그 외의 경우에는 교과서를 정부의 표현물로 보아 견해에 따른 차별도 인정되고 있다. 이상과 같이 영국의 자유발행제와 미국의 인정

8) 김덕근 외, 『우리나라 현행 교과용 도서 법규의 개정 방안』, 한국교육과정평가원, 2013, pp.73-104.

제 사례를 통해 교과서 발행 문제를 검토해 보았는데, 다음 몇 가지 쟁점들이 제기될 수 있다.

첫째, 교과서 발행 문제는 사회 분위기나 문화적 풍토를 반영한다. 역사 교과서의 국정 발행이 폐기된 근거에는 민주주의를 역행하던 것에 대한 불편함이 있었기 때문이다. 역사교육 전공자 외에도 많은 일반 시민이 이에 동의하고 함께했다. 역사 교과서의 국정 발행은 국가가 교육을, 학교의 교육 현장을, 교사의 수업 내용을 규제하려 했다는 점에서 민주주의를 심각하게 훼손하는 것이다.

더구나 교육과정 재구성과 교사의 교육과정 자율성 및 전문성이 화두인 상황에서 학교 현장에서는 교과서를 통해 교육 내용과 수업을 규제하는 것에 강하게 반발했다. 이는 사회의 민주주의 수준을 보여주는 것이었다. 영국의 자유발행제나 미국의 인정 발행제는 각 사회의 민주적인 분위기에서 진행되는 것을 볼 수 있는데, 우리나라의 민주주의 진보 수준도 여기에 이르러 있음을 보여주는 것이다. 따라서 교과서 발행이 민주적인 방식을 선호할수록 자율과 개인의 판단에 맡기는 경향이 나타난다. 교과서 발행이 그 사회의 문화 척도의 단면을 말해줌을 알 수 있다.

둘째, 교육이나 학교의 역할을 규정하는 것과 닿아 있다. 교과서 발행이 국정이라면 교사는 교육과정과 교과서를 충실히 전달하는 존재로 규정될 수 있다. 미국 같은 인정 발행제의 경우, 협의체 등을 통해 인준을 받는 수준에서 교사의 교육 내용의 자율성이 어느 정도 담보되는 것이 전제된다. 그러나 정치적 견해 등에서의 규제에서 여전히 자유롭지 못한 부분이 있어, 인정제로 운영되는 상황에서 교사의 역할이 제한되는 것을 알 수 있다. 자유발행제를 실시하는 영국의 경우, 교과 내용을 선정하고 가르치는 문제가 오롯이 교사에게 맡겨져 있으며, 그에 따른 책임 또한 교사가 전적으로 진다. 따라서 학생들의 학력이나 성장 등에 대해서도 책임을 지면서, 심지어 해고되기도 하는 것을 알 수 있다. 결국 교과서 발행은 교육에 대한 자율과 책임을 교사와 학교에 어느 수준으로 부여할 것인지의 문제와 닿아 있는 것이라 볼 수 있다.

셋째, 시장 경제 논리가 작동한다. 발행은 책 출판의 문제다. 따라서 이익 추구라는 경제 활동을 하는 자본가나 기업과의 연결되는 문제가 될 수 있다. 이들의 경우, 교육 논리와 다른 경제 논리로 교과서 발행 문제를 접하는 것이다. 이익이 되지 않으면 폐기하고, 소비자의 선택이라는 경쟁에서 살아남아야 하는 문제가 강하게 작동한다. 영국의 경우, 소비자의 선택을 받은 교과서는 독점적 경쟁력을 확보해 우위를 선점하게 된다. 이 자본의 논리에는 교육의 명분도, 가야 할 가치나 지향도 무시될 수 있다. 미국의 인정제의 경우 인정 과정을 거치면서 발행되기 위해 수정하는 과정들이 교육의 자율성을 훼손하는 경우가 있었으며, 검정제의 경우에도 출판 업체 간 경쟁으로 다종의 교과서가 발행되어 경쟁 구도를 보이기도 했다. 국정 발행제를 제외하고는 검정이나 인정 혹은 자유 발행은 자본과 결탁될 소지가 많은 것이다.

다원성을 살리는 역사 수업과 교과서 발행

교과서 자유발행제의 함의

2016년 국정교과서 파동은 역사 교과서가 계기가 되어 벌어진 일이지만, 교과 내용 문제에 집중되지 않았다. 교과 내용 구성이 사회적으로 합의되지 않음을 경험한 정부가 교과서 발행의 정책 카드를 들고 나선 것이다. 이것이 의미하는 바는 교과 내용 선정과 사회적 합의가 교과서 발행 문제와 연동될 수 있다는 것이다. 앞서 언급한 것처럼, 사회나 문화 전반에 민주주의가 성숙한 수준에 영향을 받아 이루어지는 것임을 알 수 있었다. 따라서 국정교과서 발행 문제가 사회 전체 문제로 확대되어 모든 사람이 교육을 고민할 수 있게 한 문제임을 확인해 주었다.

교과서 발행 문제뿐 아니라 역사교육 내용 또한 구성 면에서 학교 현장의 교사와, 한걸음 더 나아가 배움의 주체인 학생에게 선택의 권리가 부여되어야 함을 확인해 주었다. 학계의 연구 성과를 반영하는 차원, 역사교육 전문가들의 교육 목적이나 방법 혹은 수업 논의보다는 역사를 바라보는 사관 문제를 돌아보게 했다. 더 나아가 역사 수업은 내용 전달과 이해의 문제가 아니라 역사적으로 사고할 수 있게 하는 수업이 필요하다는 문제 제기들이 있었다.[9] 역사 교과서 발행 문제가 역사교육을 성찰하게 하는 계기가 된 것이다.

다원성을 살리는 역사 수업의 출발점에 교과서 문제가 있다. 교과서에 무엇을 어떻게 담을까 하는 차원도 있지만, 교과서 발행 방식 역시 중요한 문제다. 자율발행제 논의는 전 교과에 해당하는 논의일 수 있지만, 민주주의 실현을 위한 다원성과 다양성을 인정하는 역사 수업을 위해서는 다른 교과보다 선제 해결 과제가 될 수 있다. 역사 교과서 국정 문제로 촉발된 것인 만큼 역사 수업이 변화하는 계기로 삼는 차원에서 그 실마리도 역사 교과서 발행 문제 논의로 진행될 필요가 있기 때문이다.

나아가 정치교육을 보다 적극적으로 고민해야 할 시기란 점도 중요하다. 학교 교육이나 일상생활에서 정치는 부정적 의미가 담긴 용어로 많이 사용된다. 그런데 최근 민주사회가 성숙해 감에 따라 시민이 그 사회 공동체의

9) 이승준 외, 『초등 역사교육 현황 및 교사 인식 분석』, 경기도교육연구원, 2016, pp.89-95.

일원으로서 정치적 행위를 하기 위해 이를 적극적으로 알고자 하거나 정치적 행동에 참여하는 것이 당연한 것으로 이해되고 있다. 즉, 정치에 대한 부정적 인식이 사라져 가는 것이다. 정치의 일상화로의 전환을 보여준 사건으로 촛불혁명이나 역사 교과서 국정화 파동에 대한 시민의 대응을 들 수 있다. 특히, 국정교과서 파동은 역사에 대한 사회 공동체의 인식이 교육과 일상에서 겹쳐 일어난 생생한 '정치교육 일상화'로 볼 수 있는 사건이다. 이는 정치교육이 학생의 삶의 교육으로 접목될 수 있는 강한 경험이었다. 광화문으로 나서는 중·고등학교 학생들에게는 그곳이 곧 교육의 장이었고, 그 경험이 학교 수업에서 소재와 내용으로 들어오기도 했다. 민주시민의 사회적 실천 경험을 학생들이 일상적으로 경험하게 한 정치교육의 실체였다. 이제는 우리가 정치교육을 공교육에서 적극적으로 다루어야 한다.

더불어 교사의 정치교육 또한 정당성을 갖는다. 교사는 정치적으로 중립의 입장을 견지해야 한다고 한다. 객관적 관점과 가치중립적 입장을 지녀야 학생들을 '호도'하지 않을 수 있다는 판단에서다. 그러나 이러한 논의가 정당하다 하더라도 정치교육 자체를 거부하는 방식은 바뀌어야 한다. 이제는 학생의 정치적 행위가 이루어질 수 있는 상황을 경험했다. 사회적 실천을 강조하는 시민교육의 흐름도 있다. 이 과정에서 교사에게 여전히 정치교육이 부담으로 인식되는 것은 아이러니다.

학교 밖 정치적 사건이나 시민 참여 행위들이 우리 사회에서 대단히 자연스럽게 받아들여지게 되었다. 학교와 교사만이 정치교육의 '성역'으로 존재할 수 없는 것이다. 학교 현장에서 정치교육이 적극적으로 다루어져야 하고, 역사에서 촉발된 역사 인식과 관점의 다원성 및 정치적 입장의 차이를 다루는 교육 방식을 고민해야 한다. 사회가 채우는 교육과정과 그 속에서 아이들이 해석하는 스스로의 관점을 만들어 가고 그곳에 담긴 정치적인 논의나 쟁점 등에 교육적 관심을 집중해 사회를 교육의 장으로 설정하는 것이 정치교육의 한 방식이어야 할 것이다. 정치교육의 정당성은 그렇게 확보되는 것이다.

교과서의 자유 발행은 기본적으로 배우는 자의 선택의 몫으로 귀결된다. 교육 주체가 교사에서 학생으로 관점이 전환되는 상황과 자연스럽게 맞물려 교과서 선택 과정 또한 학생에게 돌려주어야 하는 것이다. 그 사회의 요구에 맞지 않으면 약화되고, 그 사회에 의미가 있으면 강화될 수 있는 현상이 교육과정 선택 문제로도 귀결된다. 이것이 시장원리로 작동하지 않으려면 학생을 둘러싼 교육 내용들이, 사회의 실제적 교육 내용, 특히 정치교육에서 생생한 장면이 교육 용도로 치환되는 등의 과정이 중요하다. 교육 내용과 교과서가 정치교육의 한 소재로 활용될 수 있는 문제가 되었다. 사회적 삶 그 자체로 교육이 되는 것이며, 이것이 가능하기 위한 전제가 교과서의 자유 발행 방식이 될 수 있을 것이다.

교과서 형태 또한 자유롭게 상상할 수 있어야 한다. 이에 앞서 교사가 학교와 학생 그리고 지역 등의 다양한 상황과 여건에 맞게 가르칠 수 있도록 교육과정이 기획된다고 전제하면, 어떤 지점에서 도움을 줄 수 있을지의 문제로 풀어갈 수 있다. 너무 제한하지 않으면서 그 나름대로 상상력을 자극할 수 있는 형태의 문서가 될 수 있어야 한다. 이러한 변화는 교육 환경 변화가 수반되어야 하는 문제다. 교사의 자율성과 학생의 주체적 배움, 그리고 자유로운 정치교육이 이루어질 수 있는 교육 환경이나 문화가 조성되는 가운데 교과서의 역할이 규정되는 것이다. 교과서는 교육 활동이 직접적 매개가 아니며, 사회 시스템과 닿아 있는 문제이기 때문이다.

따라서 교육을 둘러싼 사회적 환경이 어떤 문화적 형태를 지니느냐에 따른 문제로 귀결된다. 한국의 교육 환경은 최소한의 정치교육도 터부시하며,

그것이 계기교육의 방식으로도 이루어지고 있지 못한 상황임에 따라 여전히 독일의 보이텔스바흐 합의라는 것이 선언적이고 수동적으로 메아리칠 수밖에 없는 것이다. 우리 사회가 넘어서야 하는 교육의 제한점들은 단순히 국정교과서 발행 문제를 넘어서서 교사가 학교 현장에서 각자의 정치교육을 풀어갈 수 있는 시민으로서의 기본적인 권한과 원칙을 바로 세우는 것에 관한 것이며, 이 과정에서 발생된 시민과 교육자로서의 자율권을 제한하는 문제에 관한 논의들을 통해 풀어가고 이를 법령으로 정당화할 필요가 있다.

교과서 없는 수업에서 시작하면 교과서가 학교에 쓰이는 다양한 형태를 상상할 수 있을 것이다. 국정교과서 문제나 검정교과서 문제는 폭넓은 베이스에서 이야기를 시작해야 한다. 교육과정 개발에서 학생의 교과서 채택에 이르는 과정을 쭉 펼쳐놓고 실제로 어떠한 문제가 있는지 검토해야 한다.

학생의 선택 그 자체가 교육의 한 장면으로 포착될 수 있는 것이며, 교사의 정치적 자율성, 교육과정 전문성 등의 논의와 더불어 교과서 자유 발행 논의에서 기본 전제가 출발할 수 있다. 이러한 논의 과정에 참여하려면 학생의 주체적 배움을 인지하고 있어야 한다. 무엇을 어떤 방법으로 배울 것인지 교사가 학생과 의견을 나눌 수 있어야 한다. 수업의 시작은 배움의 실질적 습득자가 학생들이며, 스스로 지식을 만들어 가는 생산자임을 분명히 하는 것이다.

교과서 자유 발행이 실제 교육 현장에 들어왔을 때 어떤 일이 벌어질 수 있고, 어떻게까지 갈 수 있느냐 하는 상상은 즐겁다. 지금까지 자유발행제 논의는 교과서 발행제도 다원화라는 정책적 차원에서 주로 이루어졌다. 국가 단위의 교육과정 논의와 교과서 제도 논의는 한계가 있어, 교사들에게 입체적으로 다가가지 못한다. 수업에서 어떤 교육 행위를 해야 하는지의 실천적 경험에서 자유발행제가 요구되는 지금의 상황과는 상충된다. 이는 소위 아래로부터의 요구임에 따라 그 구체적 실현은 기존 방식과 다르다.

국가의 통제를 줄인다는 차원에서 자유발행제에 접근하는 담론은 한계가 분명하다. 통제에서 벗어나고자 하는 방식이, 통제된 경험에서 그 통제를 제거하는 방식으로 자유발행제가 논의되는 것이기 때문이다. 즉, 자유롭게 발행된 교과서 하나를 선택한다는 정도의 논의만이 진행되는 것이다. 이를 넘어서야 한다. 교과서 없는 상상, 필요한 아카이브를 만들어 공유하면서 수업 자료를 위한 것을 만들어놓고 학습주제에 따라 자유로운 선택이 가능한 것은 자유발행 교과서라는 전제가 기초인 것이다. 배우고 나누는 것은 여러 가지 방법이 있을 수 있으며, 무엇을 배워야 한다고 정해놓는 그 자체가 자유발행의 원래 취지와 달라지는 것이기 때문이다.

민주적 가치라는 것은 일상생활에 드러난다. 결국 어떤 지식을 내 것으로 받아들임에 민주적인 지식 체계를 받아들이는 과정이 될 수도 있지만, 자료를 가지고 토론하는 것 자체가 민주적 가치를 체득하는 것이 된다. 교과서가 내용적으로 여성성, 젠더적 감수성 등을 지향한다면, 그런 가치를 습득하는 과정도 민주적 가치에 입각하여 실행되어야 한다. 교육과정과 교과서를 통해 아이들의 경험까지 통제하려고 해왔던 부분에 대해 반성해볼 기회는 교과서의 자유발행이라는 토대 위에 가능하다. 가치교육이라는 측면에서 역사교육과정이 갖는 잠재적 교육과정 측면과 민주시민교육이라는 것을 연결해 논의를 풀어볼 수도 있다.

교과서 발행의 현실태와 역사 수업 양상

현실적으로 역사 교과서 발행에 관해서는 인정 발행제와 자유발행제의 논의를 검토해 볼 수 있다. 국정에 대한 검토는 폐기되었다. 기존 검정제 또한 과도한 검열 기준과 집필을 위해 제공되는 세세한 기준들에 대한 문제들이 계속 제기되었으며, 결국 다양한 수업을 위한 교과서 발행제 개선이 요구되어 왔다.[10] 자유발행제와 인정제에 대한 검토가 필요한 분위기가 조성된 것이다.

인정제 도입은, 인정도서 관련 권한은 현행대로 교육감에게 위임하되, 시도교육청이 체계적으로 관련 업무를 할 수 있도록 제도를 개선하는 것이 하나의 방안이 될 수 있다. 교육감의 권한이 교육과정 편성이나 특정 과목의 인정도서 지정에까지 이른다면 실질적인 자치 행정이 가능한 것이며, 인정도서 관련 사무 경험이 축적되어 중장기적으로 지역의 교육 실태에 특화된 과목들이 명확해지면서 교육감의 역할이 중요해질 수 있다.

이것은 교육 자치 시대에 부합하는 것으로, 교육 내용의 질을 담보하는 국가 교육과정으로 진행하며 시도 교육감의 인정도서 발행을 통해 교사의 자율성을 어느 정도 담보해 줄 수 있다. 지방교육 자치 실현이라는 관점에서 살펴볼 지점임에는 분명하다. 그러나 인정제의 경우 여전히 검열하는 위원회가 작동할 가능성이 큼에 따라 교사의 교육 자율성을 침해할 소지가 있다. 역사 수업의 경우 검정제도의 검열 과정이 시도교육청의 교육감 수준으로 내려오는 것일 뿐, 수업의 다양성을 담보해 주기는 어렵다.

자유발행제의 경우, 역사 수업의 다양성을 구상해 볼 수 있다. 우리나라의 경우 학교에서 국정이나 검인정 도서를 사용해야 할 의무를 규정할 뿐, 일반 도서를 사용해서는 안 된다는 규정을 두지 않고 있다. 교과용 도서의 지위를 부여받은 도서는 반드시 사용해야 하지만, 그렇지 않은 도서는 사용 여부에 대한 규제가 없다는 뜻이다. 현행 법규상 명시 조항이 없기에 법규 차원의 개정 방안을 마련하기는 어렵다. 자유발행제를 운영하는 영국의 경우 관련 법규가 없다. 기본적으로 교과용 도서와 일반 도서를 구분하지 않음을 의미하는 것으로, 교과서의 자유 발행은 교과용 도서 관련 규정이 사라지는 것을 의미한다고 볼 수 있다.

이것은 자유발행제 시행을 위한 별도의 법규가 필요하지 않음을 의미하며, 일반 도서를 교과용 도서의 범주에 포함시킨다면, 현행 규정은 모든 출판 도서를 대상으로 교과용 도서로서의 적합성, 출판 절차, 학교에서의 채택 절차를 제도적으로 정비해야 하는데, 사실상 어떤 제도 하에서 이들 작업을 풀어내기는 힘들다. 영국의 자유발행제가 별 규정이 없는 것도 바로 여기에 근거가 있다.[11] 현행 교과용 도서 관련 법규를 폐지함으로써 자유발행제를 시행할 수도 있으며, 법규 폐지는 국정이나 검인정 도서 같은 교과용 도서의 지위가 사라지는 것으로, 모든 도서가 수업 교재로 활용될 수 있는 길을 열어주는 셈이다.

교육 내용에 대한 결정권이 국가에 있다면 교과서 발행은 민간 이양을 고려해 보아야 한다. 국가 교육과정으로 충분히 교육 내용의 형평성이나 균등성을 확보한 것으로 볼 수 있기 때문이다. 간접적으로 평가와 인증을 통해 교육 내용을 통제하는 영국의 경우를 참고해 볼 때, 교과서 집필과 발행 등은 국가가 정한 교육과정의 내용들을 충분히 담는 방식으로 가능할 것이다.

자유발행제로 추진되었을 때 상상되는 역사 수업은 다음과 같다. 첫째, 논쟁성을 살리는 역사 수업이다. 사진 자료를 풍부하게 제공하고 논쟁점을 토론하게 하는 방식으로, 역사와 사건 등에 대한 논쟁을 중심으로 할 수 있다. 역사 수업의 본질을 살릴 수 있을 것으로 보인다. 전체적으로 구조화

10) 김은선 외, 『역사 교과서 발행체제 및 역사교육 정책 제언』, 경기도교육연구원, 2015, pp.39-51.
11) 김덕근 외, 『교과용 도서 관련 법규의 국제 비교』, 한국교육과정평가원, 2012.

맥락화 및 논쟁성을 다루는 능력 신장을 염두에 두고 역사 수업을 상상할 때, 교과서 발행은 필연적으로 자유발행제의 가능성을 검토해야 한다.

둘째, 국가 교육과정의 규정력이 역사 교과에서 어떤 요인을 규정해 균등 성과 형평성을 갖출 것인가에 대한 문제다. 기존 내용 중심의 규정력은 한 계에 부딪친다. 어떤 역량을 길러낼 것인지에 초점을 맞춘다면 내용을 무엇 으로 채울지에 대해 자유로워진다. 따라서 교과서 내용이 자유로워지면 발 행 또한 자율적으로 이루어져야 할 것이다. 다원성과 다양성을 반영한 역 사 수업은 교육과정과 교과서 그리고 학생들의 역량을 길러내는 것으로, 교과서 발행의 자유에서 상상이 가능할 것이다. 그 수업에서 생각을 키우 는 역사교육이 될 수 있을 것이다.

셋째, 시민교육에 직접 닿을 수 있는 수업이 가능해진다. 무엇을 배울 것 인지와 어떤 역량을 길러낼 것인지가 정해진다면, 다음으로 '왜 역사 수업 이 필요한가?' 하는 질문에 답이 있어야 한다. 이 지점에서 시민교육의 목적 이 다시 살아나는 역사 수업이어야 함을 확인한다. 일상의 역사 수업이 시 민교육이어야 함에 반론을 제기할 사람은 없다. 그러나 일상의 수업들이 직접적인 시민교육이 되고 있었는지는 반성해 볼 일이다. 시민교육이 수업 으로 풀어지는 방식은 우선 내용에 구속력이 사라져야 하며, 비판적인 사 고가 드러날 수 있는 수업이어야 한다. 교과서 내용이 자유롭고 비판적인 사고력을 길러주는 역량 중심으로 전개되는 것은 자유발행제에서 한층 가 능할 것이다. 선택은 학생이 하고, 역량도 학생에게 생겨나는 것이며, 시민 으로 성장할 이들도 바로 학생이다. 배우는 이에게 왜, 무엇을 배울지에 대 한 선택의 권리를 돌려주는 것은 자유발행제에서 가능할 것이다.

교사가 꿈꿀 수 있는 가장 자율적이고 전문적인 교과서 발행제도는 교 과서가 사라지는 것이다. 교과서가 사라진다는 것은 수백여 권의 교재가 생거난다는 것을 뜻한다. 교사는 교육과정 전문가로서 전문성과 자율성을 살려 학생과 함께 배울 주제를 정하고 그 소재를 자유로이 선택하여 가르치고 배우는 것이다. 교사용 지도서가 사라지고, 교사가 대강화된 교육과정을 보면서 수업을 고민하며, 수업 내용을 학생들과 의논하여 정하고, 수업 방법도 의견을 구하여 최적의 방안을 마련하는 것 등은 그 상상 자체가 즐거운 일이다.

혁신학교 역사 교사로
살아간다는 것

역사 교사는 자신의 교육 행위를 가끔 성찰해 보아야 한다. 왜 수업을 하는지 그 방향성을 고민하며 현재의 수업을 성찰하는 것이다. 역사교육의 방향성을 탐색하기 위해서는 철학이라는 학문 영역의 도움을 받아야 한다고 생각한다(물론 역사학은 철학의 성격이 매우 강해서 그 자체로 철학이라고 볼 수도 있다). 이 학문의 영역이 던져 주는 무게감이 가볍지 않고, 여기에 더해 교육이 주는 소명의식이나 '사도(師道)'의 길이 쉬운 길이 아니어서, 역사교육의 방향성을 탐색하기란 쉽지 않은 일이다. 이런 연유에서 교사가 역사교육의 방향을 탐색하는 논의들은 드물다. 더욱이 역사교육의 목표, 그것이 시민교육이든 역사적 사고력 함양이든 그 방향을 때로 고민해야 하며, 역사과 교육과정 내용으로 무엇을 담아낼 것인지와, 수업 실천이나 수업 모형 상상 혹은 평가에 대한 주제도 일상의 수업에서 생각해야 할 것들이다. 교과교육학을 넘어 교육학의 논의까지 고려하여 풀어내야 할 주제인 것이다. 그러므로 학교에서 이러한 학제적 접근이 용이하지 않음에 따라 교사에게는 이러한 생각거리를 고민하는 데 어려움이 더해진다.

여러 차원에서 역사교육의 방향을 모색하기가 어렵다. 부족한 역량에도 불구하고 필자가 역사교육의 방향을 탐색하게 된 계기는 경기도교육청에서 시도한 창의지성교육을 검토하면서다. 역사교육 또한 여러 교과의 하나임에 따라 교육 혁신을 내세우면서 혁신학교의 교사 실천으로부터 고민하고 시도된 창의지성교육이 역사교육의 방향 탐색에 여러 시사점을 충분히줄 수 있으리라 생각했기 때문이다.

창의지성교육은 진보교육감 시대를 맞으면서 시·도 교육청 단위에서 시도될 수 있는 교육철학을 담아내려고 노력한 정책이다.[1] 김상곤 교육감과더불어 출발한 혁신교육은 교육 본연의 목적을 찾아가는 교육의 공공성강화를 통해 오늘날 우리 사회가 직면한 구조적 문제를 개선하는 것을 목적으로 했다. 교육 공공성 회복을 위해 교육과정 혁신을 추구하면서 창의지성교육이 시작된 것이다. 교육 목표를 '창의적' 인재 육성에 맞추고, 이를위해 '지성을 키우는 방법'을 적용하여 비판적 시민을 길러내고자 하는 교육이었다. 이러한 목표와 방법에 근거하여 추진했던 창의지성 교육과정 정책은 다소 교육철학적 접근이라 볼 수 있었다. 교육의 질적 수준을 높여서공교육의 기능을 혁신하고 지적·문화적 전통을 일관되게 재구축하려는 일종의 교육 운동으로 명명하고 추진했다.

정책 차원에서 풀어갈 때, 이러한 지향이 교육과정과 수업 및 평가에 관련된 것들을 바꾸려는 노력으로 표출되었다. 교직 사회에서 이 세 가지 혁신으로 시작된 정책은 학교와 수업에서 교사의 역할이 무엇이어야 하는지고민하게 했고, 가르치는 사람으로서의 자율성과 전문성을 찾아가는 민주적인 학교 운영을 요구하는 방향으로 진행된 흐름이 있었다.[2] 역사교육에

---

1) 송주명, 『경기혁신교육의 새 방향: 창의지성교육, 학교혁신과 창의지성교육의 세계적 흐름』, 경기도교육청, 2012.
2) 경기도교육청, 『2013년 경기도교육과정』, 2013.

서 교육과정에 대한 인식의 전환과 수업에서의 관점을 다시 설정해 보려는 생각들이 이 창의지성교육의 시도에서 시사점을 얻었으며, 이 교육 정책이 교육과정, 수업, 학교 민주주의, 그리고 시민교육으로 나아가는 방향을 찾아가려는 현재의 역사교육이 추구하는 지향점과 맞아떨어지기 때문이기도 했다.

국정교과서 파동을 겪은 시점에서, 역사교육 정책에 대한 탐색뿐만 아니라 역사교육의 목적 설정과 교육과정 등에 대한 반성과 성찰이 필요하다. 검인정 교과서 발행 체제의 검열의 성격에 반발하며 보다 자유로운 교과 내용을 구상하고 고민하던 기존 상황에서, 뒤로 엄청나게 후퇴하는 교육 정책을 경험한 것이다. 이러한 대응 과정에서 아이러니하게도 역사교육의 내용을 스스로 검열해 보는 계기가 마련되어야 했던 것이다.

또한 국가주의 관점에서 일방적으로 주입되는 정체성 교육 일변도의 내용이 국정교과서 발행 체제와 별반 차이가 없음을 각성하는 계기가 되었다. 민주시민교육의 공교육 목표 속에서 역사 사실을 암기하는 수업 관행을 돌아보게 되었다. 초등 역사교육의 경우, 역사 수업을 담당하는 교사의 인식은 중등과 다소 차이를 보이거나 학교 현장 일상의 역사 수업 조건 등을 점검해 보면서 교육과정과 수업에 대해 반성하게 되었다.[3] 역사 수업의 주역은 학생들이며, 이들이 배움의 주체로 거듭나야 민주시민으로 성장할 수 있음에 역사교육이 주목해볼 필요가 있다.

진보 교육은 사회 변화의 전체 조망에서 교육 정책으로 그 변화에 부응하려는, 혹은 변화를 유도하려는 혁신 교육이라는 개혁의 바람을 일으킨 성과가 분명히 있다. 그리고 이 시도를 역사교육에도 접목해 보려는 것이다. 역사적 사고력을 함양하고 비판적 판단력을 길러주기 위해 역사를 내용으로 하여 교과 수업을 해왔다. 공교육의 목표가 시민교육이라면 그 목표에 이르기 위해 교실 수업 차원에서도 민주시민을 길러내기 위한 학생의 주체적 배움을 다루는 방법론을 도입해야 할 것이다. 교육과정과 수업의 주체로서 역사 교과를 담당하는 교사에 대한 역할도 시민교육 관점을 녹여 정립되어야 한다. 교사는 교육과정을 다루는 차원에서, 수업 상황에서, 일상의 사회 공동체의 민주 시민의 역할을 동시에 지닌다. 이러한 다양한 역할이 수업에서 아이들과 관계 맺는 자원이 되어야 한다. 이러한 논의들을 혁신교육과 역사 교사 관점에서 정리해 보고자 하였다.

서두에서 이야기를 시작했듯이, 현재 한국 사회에서 교육을 매개로 정치를 하면서 사회 변혁을 꿈꾸는 사람들에 의해 진보교육이 등장했다. 이들의 모토는 참다운 민주사회 구현을 위한 민주시민 양성이 학교 교육에서 시작되어야 한다는 문제의식에서 출발한다. 이는 시민교육의 역사적 맥락에서 볼 때 유의미한 것이다. 그런데, 이러한 시민교육의 발전 과정에서 한 단계 더 나아가 '덕성 교육'이 제안되기도 한다. 독일의 덕성 함양 교육[4]이나 미국의 정의 구현을 위한 교육에서의 고민들은 이러한 흐름에서 나타나는 움직임이다. 따라서 교육하는 행위 전반은 공동선(common good)을 지향해야 한다. 사회 구성원들이 체제로의 민주주의를 지향하고 그에 담긴 진정한 공동선을 지향하는 가치교육인 덕성 교육이 함께할 때, 개개인에 바탕을 둔 이상적인 사회 공동체가 형성될 것이다. 모든 교육 활동은 목적 지향적이고 가치 내포적인 활동이다. 그러므로 교육은 공동선을 지향하는

---

3) 경기도교육연구원, 『초등역사교육 현황 및 교사 인식 분석』, 2016.
4) 서민철, 「독일의 덕교육의 실제」, 『교육개발』 183호, 한국교육개발원, 2013.

가치교육의 측면을 검토해야 할 것이다. 이런 측면을 고려하면, 우리 교육 현상은 민주시민교육이라는 서구 근대화 교육의 시스템을 돌고 돌아 동양의 유교에 바탕을 둔 교화를 위한 인덕을 강조하는 분위기로 다시 돌아가는 게 아닐까 하는 생각이 가끔 든다.

진보교육 주도의 교육 정책들에 대해 초창기의 학교 현장과 일선 교사들은 '교육이 정치냐' 라며 혁신교육에 강하게 반발하고, 정치학 전공이던 당시 혁신교육기획단 단장이 교육 개혁을 위해 혁신교육을 만들어 가던 정책에 부정적 입장이었다. 전교조 교사들이 혁신교육에 열정적으로 참여했던 점을 교육의 정치화라며 반발하는 교사들이 많았다. 그러나 이제 혁신교육은 교수-학습론의 연구 주제로, 혹은 교육정책으로 교육행정의 아카데믹 영역으로 등장했으며, '교육정치' 학회에 부합하는 등 여러 분야에서 호응을 얻으며 자연스럽게 받아들여지고 있다. 이는 교육자치 제도의 실현과 민선 교육감을 중심으로 정책을 추진하는 체제 혹은 민선 교육감의 교육 정책이나 공약을 실현해야 하는 정책 로드맵에 익숙해지는 과정에서 학교와 교사가 '학습'된 것이라 생각한다.

그동안 보편성을 주장하는 국가 수준의 교육과정과 교육부 주도의 공교육 정책에 익숙해 있어서, 교육에 관련된 정책을 지역이나 학교에 맞춤형으로 각 시도교육청 단위로 매만질 수 있는 것을 상상해본 적이 없다. 교사 양성이 교대나 사범대 같은 국가 주도의 양성과정을 통해 이루어지고, 사도의 길을 걸어야 하는 소명의식을 강요받는 상황에서 순응적이고 모범적인 일상을 살아온 '교사'가 교육을 담당해 왔기 때문이기도 하다.

역사라는 개별 교과 차원에서 비판적 사고력 함양을 강조하고 수업 속에서 길러내자고 역설하는 것에서 한 걸음 더 나아가야 한다. 각 교과와의 연대가, 학교 밖 사회와의 연대가 필요하다. 교과 간 통합, 교사 간 연대, 더 나아가 학교와 사회의 연대로 나아가는 것이 혁신학교를 추동했던 교사가 꿈꾸던 학교와 사회였으리라고, 이 모든 바람의 지향은 아이들의 성장과 건강한 삶을 지지하는 것이라고 생각하며 긴 글을 마친다.

참고문헌

단행본

교육과학기술부, 『고등학교 국사 교사용지도서』, 국사편찬위원회, 2009.

교육부, 『학교급별 인성교육 실태 및 활성화 방안』, 2013.

국사편찬위원회, 『지역사 연구의 이론과 실제』, 2001.

김무진 외, 『한국 전통사회의 의사소통체계와 마을 문화』, 계명대학교출판부, 2006.

김성장, 『모둠토의수업 방법 10가지』, 2009.

김은하, 『영국의 독서교육』, 대교, 2009.

김주연, 『표현인문학』, 생각의나무, 2000.

김주환, 『교실토론의 방법』, 우리학교, 2009.

김한종, 『역사교육의 내용과 방법』, 책과함께, 2007.

김호연, 유강하, 『인문학 아이들의 꿈집을 만들다』, 단비, 2012.

박경이, 『천방지축 아이들 도서실에서 놀다』, 나라말, 2007.

백화현, 『책으로 크는 아이들』, 우리교육, 2010.

서울대학교 교육연구소, 『교육학용어사전』, 하우동설, 2011.

송창석, 『새로운 민주시민교육방법』, 백산서당, 2001.

송호근, 『시민의 탄생―조선의 근대와 공론장의 지각 변동』, 민음사, 2013.

신득렬, 『위대한 대화. 서울』, 교육과학부, 1991.

여희숙, 『책 읽는 교실』, 파란자전거, 2009.

오주석, 『한국미의 특강』, 솔, 2010.

윤성우, 『폴 리꾀르의 철학』, 철학과현실사, 2004.

박명규 외, 『평화인문학이란 무엇인가』, 아카넷, 2014.

이석규 편, 『민에서 민족으로』, 선인, 2006.

이해영, 『역사 교과서 서술의 원리』, 책과함께, 2014.

임철우, 우기동, 최준영, 『행복한 인문학』, 이매진, 2008.

전국역사학대회, 『역사 속의 민주주의』, 전국역사학대회협의회, 2012.

정문성, 『토의 토론 수업방법』 36, 교육과학사, 2008.

정선영 외, 『역사교육의 이해』, 삼지원, 2001.

정선영 외, 『중학교 역사』 1, 미래엔, 2014.

청소년 인문학 모임 강냉이, 『강냉이, 공부하다 빵 터지다』, 한티재, 2013.

최상훈 외, 『역사교육의 내용과 방법』, 책과함께, 2007.

한국문학평론가협회, 『문학비평용어사전』, 국학자료원, 2006.

데릭 히터 저, 김해성 역, 『시민교육의 역사』, 한울, 2007.

로버트 허친스 저, 최혁순 역, 『교육혁명』, 범조사, 1981.

마르티나 도이힐러 저, 이훈상 역, 『한국 사회의 유교적 변환』, 아카넷, 2005.

마사 너스봄 외 저, 오인영 역, 『나라를 사랑한다는 것』, 삼인, 2003.

모터머 애들러 저, 오연희 역, 『논리석 목서빕』, 예림기획, 1997.

모티머 애들러 저, 최홍주 역, 『개념어 분석』, 모티브북, 2007.

얼 쇼리스 저, 고병헌, 임정아, 이병곤 옮김, 『희망의 인문학』, 이매진, 2006.

요한 갈퉁, 『평화적 수단에 의한 평화』, 들녘, 2013.

월터 카우프만, 이은정 역, 『인문학의 미래-왜 인문학을 가르치고 배워야 하는가』, 동녘, 2011.

패트릭 새비든 저, 이산호·김휘택 역, 『다문화주의: 국가정체성과 문화정체성의 갈등과 인정의 방식』, 2010.

Kenth C. Braton, Linda S. Levstik, *Teaching history for the common good*, Routledge, 2009.

Keith C. Baton and Linda S. Levstik, *Teaching History for the Common Good*, London; Routledge, 2004.

Piaget, *Le Structualisme*, Universitaires de France, Paris, 1968.

참고논문

곽병현, 「역사적 금기영역에 대한 역사 수업방안」, 『역사교육연구』 7, 2008.

김광억, 「지방연구 방법론 개발을 위한 시론」, 『지방사와 지방문화』, 학연문화사, 2000.

김백철, 「조선 후기 영조대 백성관의 변화와 '民國'」, 『한국사연구』 138, 한국사연구회, 2007.
  김용직, 「한국정치와 공론성(1)—유교적 공론정치와 공공영역—」, 『국제정치논총』 38, 1998.

김한종, 「피아제의 인지발달론과 역사교육연구」, 『사회과학교육연구』 1, 한국교원대학교사회과학연구소, 1995.

김훈식, 「15세기의 민본이데올로기와 그 변화」, 『역사와 현실』 1, 한국역사연구회, 1989.

김육훈, 「민주공화국의 시민을 기르는 역사교육 시론」, 『역사교육연구』 18, 2013.

김한종, 「다원적 관점의 역사이해와 역사교육」, 『역사교육연구』 8, 2008.

김한종, 「평화교육과 전쟁사—모순의 완화를 위한 전쟁사 교육의 방향—」, 『역사교육』 18, 2013.

배항섭, 「19세기 후반 민중운동과 공론」, 『한국사연구』 161, 한국사연구회, 2013.

송승훈, 「정부 정책을 통해 본 독서 교육의 진단과 방향」, 『이슈 리포트』 2012-8호, 2012.

안병욱, 「전근대 민중운동의 논리와 이념」, 『역사비평』 24, 한국역사연구회, 1994.

안상준, 「독일 지방사 연구의 다양한 지평」, 『지방사와 지방문화』 14-2. 역사문화학회, 2011.

오문환, 「동학사상에서의 자율성과 공공성」, 『한국정치학회보』 36, 한국정치학회, 2002.

오문환, 「동학에 나타난 민주주의: 인권, 공공성, 국민주권」, 『한국전통사회의 의사소통 체계
　　　　와 마을문화』, 계명대학교출판부, 2006.

옥현진, 「정체성과 문식성」, 『국어교육학회』 35, 2009.

이병희, 「향토사 교육의 현황」, 『청람사학』 5, 협신사, 2001.

이석규, 「조선초기 官人層의 民에 대한 인식—민본사상과 관련해—」, 『역사학보』 151, 1996.

이해영, 「중학교 사례를 통해 본 중등통합프로그램의 특징」, 『교원교육』 30-2, 2014.

이해영, 「역사의식조사로 본 학생들의 가치 판단 탐색」, 『역사교육』 131, 2014.

최용규·이광원, 「초등학교 다문화 역사교육의 방안 탐색」, 『사회과교육연구』 18(1), 2011.

홍태영, 「세계화와 정체성의 정치」, 『국제관계연구』 14(1), 2013.

황현정, 「안성 청룡사의 불사 후원자 분석」, 『지방사와 지방문화』 15-2, 역사문화학회, 2011.

황현정, 「중등통합교육과정의 교육적 함의」, 『청람사학』 22, 2014.

황현정, 「민주주의 내용요소로 본 한국사 내용 선정 원리」, 『역사교육』 130, 2014.

자료집 및 학위논문

강화정, 「역사 교사의 민주주의 인식과 서사 형성—5·18수업사례를 중심으로—」, 『전국역사

학대회논문집」, 2013.

김효진, 「평화교육의 관점에서 본 역사 교과 수업 방안」, 『전국역사학대회논문집』, 2013.

김희숙, 「공동체주의에 입각한 참여 민주적 시민교육」, 인천교육대학교 교육대학원 석사학위 논문, 2003.

배효진, 「참여민주주의를 통한 민주시민교육」, 중앙대학교 석사학위논문, 2005.

양정현, 「삶에 대한 역사의 공과—니체의 역사인식 지평과 역사교육적 함의」, 『한국역사교육 학회 전국학술대회, 한국 역사교육의 길을 묻다』 18, 2013.

염기숙, 「역사텍스트에서의 사실진술과 가치 판단—중학 역사① 대몽항쟁 단원 분석을 중심 으로—」, 부산대학교 석사학위논문, 2013.

전미혜 역, 지그프리트 쉴레, 헤르베르트 슈나이더 편, 「보이텔스바흐협약은 충분한가」, 『바덴 뷔템베르크주 정치교육원 교수법 시리즈』, 민주화기념사업회, 2009.

황현정, 「조선 후기 안성지역 사찰의 불사와 후원자 연구」, 한국교원대학교 박사학위논문, 2012.

황현정, 「지역사와 역사 교사」, 『역사 수업』, 역사교육연구소, 2012.

Jean Piaget, Chninah Maschler translated and edited, *The Structuralism*, London, Routledge and Kegan Paul, 1973.

Keith C. Barton and Linda S. Levstik, *Teaching History for the Common Good*, Mahwah, New Jersey: Lawrence Erlbaum Associates, 2004.

Veronica Boix-Mansilla, *Historical Understanding Beyond the Past and into the Present*, Peter N. Stearns, Peter Seixas and Sam Wineburg(eds.), *Knowing Teaching and Learning History*, New York and London: New York University Press, 2000.

삶의 행복을 꿈꾸는 교육은 어디에서 오는가?

미래 100년을 향한 새로운 교육

혁신교육을 실천하는 교사들의 **필독서**

● **교육혁명을 앞당기는 배움책 이야기** 혁신교육의 철학과 잉걸진 미래를 만나다!

한국교육연구네트워크 총서

 01 핀란드 교육혁명
한국교육연구네트워크 엮음 | 320쪽 | 값 15,000원

 02 일제고사를 넘어서
한국교육연구네트워크 엮음 | 284쪽 | 값 13,000원

 03 새로운 사회를 여는 교육혁명
한국교육연구네트워크 엮음 | 380쪽 | 값 17,000원

 04 교장제도 혁명
한국교육연구네트워크 엮음 | 268쪽 | 값 14,000원

 05 새로운 사회를 여는 교육자치 혁명
한국교육연구네트워크 엮음 | 312쪽 | 값 15,000원

 06 혁신학교에 대한 교육학적 성찰
한국교육연구네트워크 엮음 | 308쪽 | 값 15,000원

 07 진보주의 교육의 세계적 동향
한국교육연구네트워크 엮음 | 324쪽 | 값 17,000원
2018 세종도서 학술부문

 08 더 나은 세상을 위한 학교혁명
한국교육연구네트워크 엮음 | 404쪽 | 값 21,000원
2018 세종도서 교양부문

 09 비판적 실천을 위한 교육학
이윤미 외 지음 | 448쪽 | 값 23,000원
2019 세종도서 학술부문

 10 마을교육공동체운동:
세계적 동향과 전망
심성보 외 지음 | 376쪽 | 값 18,000원

 11 학교 민주시민교육의 세계적 동향과 과제
심성보 외 지음 | 308쪽 | 값 16,000원

 12 학교를 민주주의의 정원으로
가꿀 수 있을까?
성열관 외 지음 | 272쪽 | 값 16,000원

한국교육연구네트워크 번역 총서

 01 프레이리와 교육
존 엘리아스 지음 | 한국교육연구네트워크 옮김
276쪽 | 값 14,000원

 02 교육은 사회를 바꿀 수 있을까?
마이클 애플 지음 | 강희룡·김선우·박원순·이형빈 옮김
356쪽 | 값 16,000원

 03 비판적 페다고지는
세상을 변화시킬 수 있는가?
Seewha Cho 지음 | 심성보·조시화 옮김 | 280쪽 | 값 14,000원

 04 마이클 애플의 민주학교
마이클 애플·제임스 빈 엮음 | 강희룡 옮김 | 276쪽 | 값 14,000원

 05 21세기 교육과 민주주의
넬 나딩스 지음 | 심성보 옮김 | 392쪽 | 값 18,000원

 06 세계교육개혁:
민영화 우선인가 공적 투자 강화인가?
린다 달링-해먼드 외 지음 | 심성보 외 옮김 | 408쪽 | 값 21,000원

 07 콩도르세, 공교육에 관한 다섯 논문
니콜라 드 콩도르세 지음 | 이주환 옮김 | 300쪽 | 값 16,000원
2019 세종도서 학술부문

 08 학교를 변론하다
얀 마스켈라인·마틴 시몬스 지음 | 윤선인 옮김
252쪽 | 값 15,000원

 09 존 듀이와 교육
짐 개리슨 외 지음 | 심성보 외 옮김 | 376쪽 | 값 19,000원

 10 진보주의 교육운동사
윌리엄 헤이스 지음 | 심성보 외 옮김 | 324쪽 | 값 18,000원

 11 사랑의 교육학
안토니아 다더 지음 | 심성보 외 옮김 | 412쪽 | 값 22,000원

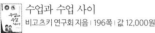

4·16, 질문이 있는 교실 마주이야기 통합수업으로 혁신교육과정을 재구성하다!

통하는 공부
김태호·김형우·이경석·심우근·허진만 지음
324쪽 | 값 15,000원

내일 수업 어떻게 하지?
아이함께 지음 | 300쪽 | 값 15,000원
2015 세종도서 교양부문

인간 회복의 교육
성래운 지음 | 260쪽 | 값 13,000원

교과서 너머 교육과정 마주하기
이윤미 외 지음 | 368쪽 | 값 17,000원

수업 고수들
수업·교육과정·평가를 말하다
박현숙 외 지음 | 368쪽 | 값 17,000원

도덕 수업, 책으로 묻고 윤리로 답하다
울산도덕교사모임 지음 | 320쪽 | 값 15,000원

체육 교사, 수업을 말하다
전용진 지음 | 304쪽 | 값 15,000원

교실을 위한 프레이리
아이러 쇼어 엮음 | 사람대사람 옮김 | 412쪽 | 값 18,000원

마을교육공동체란 무엇인가?
서용선 외 지음 | 360쪽 | 값 17,000원

교사, 학교를 바꾸다
정진화 지음 | 372쪽 | 값 17,000원

함께 배움
학생 주도 배움 중심 수업 이렇게 한다
니시카와 준 지음 | 백경석 옮김 | 280쪽 | 값 15,000원

공교육은 왜?
홍섭근 지음 | 352쪽 | 값 16,000원

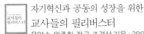
자기혁신과 공동의 성장을 위한
교사들의 필리버스터
유양수·원종희·장군·조경삼 지음 | 280쪽 | 값 14,000원

함께 배움 이렇게 시작한다
니시카와 준 지음 | 백경석 옮김 | 196쪽 | 값 12,000원

함께 배움 교사의 말하기
니시카와 준 지음 | 백경석 옮김 | 188쪽 | 값 12,000원

교육과정 통합, 어떻게 할 것인가?
성열관 외 지음 | 192쪽 | 값 13,000원

학교 혁신의 길, 아이들에게 묻다
남궁상운 외 지음 | 272쪽 | 값 15,000원

미래교육의 열쇠, 창의적 문화교육
심광현·노명우·강정석 지음 | 368쪽 | 값 16,000원

주제통합수업, 아이들을 수업의 주인공으로!
이윤미 외 지음 | 392쪽 | 값 17,000원

수업과 교육의 지평을 확장하는 수업 비평
윤양수 지음 | 316쪽 | 값 15,000원
2014 문화체육관광부 우수교양도서

교사, 선생이 되다
김태은 외 지음 | 260쪽 | 값 13,000원

교사의 전문성, 어떻게 만들어지나
국제교원노조연맹 보고서 | 김석규 옮김 392쪽 | 값 17,000원

수업의 정치
윤양수·원종희·장군 지음 | 280쪽 | 값 14,000원

학교협동조합,
현장체험학습과 마을교육공동체를 잇다
주수원 외 지음 | 296쪽 | 값 15,000원

거꾸로 교실,
잠자는 아이들을 깨우는 수업의 비밀
이민경 지음 | 280쪽 | 값 14,000원

교사는 무엇으로 사는가
정은균 지음 | 292쪽 | 값 15,000원

마음의 힘을 기르는 감성수업
조선미 외 지음 | 300쪽 | 값 15,000원

작은 학교 아이들
지경준 엮음 | 376쪽 | 값 17,000원

아이들의 배움은 어떻게 깊어지는가
이시이 준지 지음 | 방지현·이창희 옮김 | 200쪽 | 값 11,000원

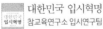
대한민국 입시혁명
참교육연구소 입시연구팀 지음 | 220쪽 | 값 12,000원

교사를 세우는 교육과정
박승열 지음 | 312쪽 | 값 15,000원

전국 17명 교육감들과 나눈 교육 대담
최창의 대담·기록 | 272쪽 | 값 15,000원

들뢰즈와 가타리를 통해 유아교육 읽기
리세롯 마리엣 올슨 지음 | 이연선 외 옮김 | 328쪽 | 값 17,000원

학교 민주주의의 불한당들
정은균 지음 | 276쪽 | 값 14,000원

프레이리의 사상과 실천
사람대사람 지음 | 352쪽 | 값 18,000원
2018 세종도서 학술부문

혁신학교, 한국 교육의 미래를 열다
송순재 외 지음 | 608쪽 | 값 30,000원

페다고지를 위하여
프레네의 『페다고지 불변요소』 읽기
박찬영 지음 | 296쪽 | 값 15,000원

노자와 탈현대 문명
홍승표 지음 | 284쪽 | 값 15,000원

선생님, 민주시민교육이 뭐예요?
염경미 지음 | 244쪽 | 값 15,000원

어쩌다 혁신학교
유우석 외 지음 | 380쪽 | 값 17,000원

미래, 교육을 묻다
정광필 지음 | 232쪽 | 값 15,000원

대학, 협동조합으로 교육하라
박주희 외 지음 | 252쪽 | 값 15,000원

입시, 어떻게 바꿀 것인가?
노기원 지음 | 306쪽 | 값 15,000원

촛불시대, 혁신교육을 말하다
이용관 지음 | 240쪽 | 값 15,000원

라운드 스터디
이시이 데루마사 외 엮음 | 224쪽 | 값 15,000원

미래교육을 디자인하는 학교교육과정
박승열 외 지음 | 348쪽 | 값 18,000원

흥미진진한 아일랜드 전환학년 이야기
제리 제퍼스 지음 | 최상덕·김호원 옮김 | 508쪽 | 값 27,000원

폭력 교실에 맞서는 용기
따돌림사회연구모임 학급운영팀 지음 | 272쪽 | 값 15,000원

그래도 혁신학교
박은혜 외 지음 | 248쪽 | 값 15,000원

학교는 어떤 공동체인가?
성열관 외 지음 | 228쪽 | 값 15,000원

교사 전쟁
다나 골드스타인 지음 | 유성상 외 옮김 | 468쪽 | 값 23,000원

시민, 학교에 가다
최형규 지음 | 260쪽 | 값 15,000원

교육과정, 수업, 평가의 일체화
리사 카터 지음 | 박승열 외 옮김 | 196쪽 | 값 13,000원

학교를 개선하는 교장
지속가능한 학교 혁신을 위한 실천 전략
마이클 풀란 지음 | 서동연·정효준 옮김 | 216쪽 | 값 13,000원

공자뎐, 논어는 이것이다
유문상 지음 | 392쪽 | 값 18,000원

교사와 부모를 위한 발달교육이란 무엇인가?
현광일 지음 | 380쪽 | 값 18,000원

교사, 이오덕에게 길을 묻다
이무완 지음 | 328쪽 | 값 15,000원

낙오자 없는 스웨덴 교육
레이프 스트란드베리 지음 | 변광수 옮김 | 208쪽 | 값 13,000원

끝나지 않은 마지막 수업
장석웅 지음 | 328쪽 | 값 20,000원

경기 꿈의 학교
진흥섭 외 지음 | 360쪽 | 값 17,000원

학교를 말한다
이성우 지음 | 292쪽 | 값 15,000원

행복도시 세종, 혁신교육으로 디자인하다
곽순일 외 지음 | 392쪽 | 값 18,000원

나는 거꾸로 교실 거꾸로 교사
류광모·임정훈 지음 | 212쪽 | 값 13,000원

교실 속으로 간 이해중심 교육과정
온정덕 외 지음 | 224쪽 | 값 13,000원

교실, 평화를 말하다
따돌림사회연구모임 초등우정팀 지음 | 268쪽 | 값 15,000원

학교자율운영 2.0
김용 지음 | 240쪽 | 값 15,000원

학교자치를 부탁해
유우석 외 지음 | 252쪽 | 값 15,000원

국제이해교육 페다고지
강순원 외 지음 | 256쪽 | 값 15,000원

선생님, 페미니즘이 뭐예요?
염경미 지음 | 280쪽 | 값 15,000원

평화의 교육과정 섬김의 리더십
이준원·이형빈 지음 | 292쪽 | 값 16,000원

학교를 살리는 회복적 생활교육
김민자·이순영·정선영 지음 | 256쪽 | 값 15,000원

 수포자의 시대
김성수·이형빈 지음 | 252쪽 | 값 15,000원

 교사를 위한 교육학 강의
이형빈 지음 | 336쪽 | 값 17,000원

 혁신학교와 실천적 교육과정
신은희 지음 | 236쪽 | 값 15,000원

 새로운학교 학생을 날게 하다
새로운학교네트워크 총서 02 | 408쪽 | 값 20,000원

 삶의 시간을 잇는 문화예술교육
고영직 지음 | 292쪽 | 값 16,000원

 세월호가 묻고 교육이 답하다
경기도교육연구원 지음 | 214쪽 | 값 13,000원

 혐오, 교실에 들어오다
이혜정 외 지음 | 232쪽 | 값 15,000원

 미래교육, 어떻게 만들어갈 것인가?
송기상·김성천 지음 | 300쪽 | 값 16,000원
2019 세종도서 교양부문

 혁신교육지구와 마을교육공동체는
어떻게 만들어지는가?
김태정 지음 | 376쪽 | 값 18,000원

 교육에 대한 오해
우문영 지음 | 224쪽 | 값 15,000원

 선생님, 특성화고 자기소개서 어떻게 써요?
이지영 지음 | 322쪽 | 값 17,000원

 혁신교육지구 현장을 가다
이용운 외 지음 | 348쪽 | 값 18,000원

 학생과 교사, 수업을 묻다
전용진 지음 | 344쪽 | 값 18,000원

 배움의 독립선언, 평생학습
정민승 지음 | 240쪽 | 값 15,000원

 혁신학교의 꽃, 교육과정 다시 그리기
안재일 지음 | 344쪽 | 값 18,000원

 서울의 마을교육
이용운 외 10인 지음 | 352쪽 | 값 18,000원

 교육혁신의 시대 배움의 공간을 상상하다
함영기 외 13인 지음 | 264쪽 | 값 17,000원

 학습격차 해소를 위한 새로운 도전:
보편적 학습설계 수업
조윤정 외 3인 지음 | 225쪽 | 값 15,000원

 평화와 인성을 키우는 자기우정
따돌림사회연구모임 우정팀 지음 | 240쪽 | 값 15,000원

 물·질의 새로운 만남
베로니카 파치니-케처바우 지음 | 이연선 외 옮김
240쪽 | 값 15,000원

 미래교육을 열어가는 배움중심 원격수업
하늘빛중학교 원격수업연구회 지음 | 332쪽 | 값 17,000원

● 살림터 참교육 문예 시리즈 영혼이 있는 삶을 가르치는 온 선생님을 만나다!

 꽃보다 귀한 우리 아이는
조재도 지음 | 244쪽 | 값 12,000원

 선생님이 먼저 때렸는데요
강병철 지음 | 248쪽 | 값 12,000원

 성깔 있는 나무들
최은숙 지음 | 244쪽 | 값 12,000원

 서울 여자, 시골 선생님 되다
조경선 지음 | 252쪽 | 값 12,000원

 아이들에게 세상을 배웠네
명혜정 지음 | 240쪽 | 값 12,000원

 행복한 창의 교육
최창의 지음 | 328쪽 | 값 15,000원

 밥상에서 세상으로
김흥숙 지음 | 280쪽 | 값 13,000원

 북유럽 교육 기행
정애경 외 14인 지음 | 288쪽 | 값 14,000원

 우물쭈물하다 끝난 교사 이야기
유기창 지음 | 380쪽 | 값 17,000원

 시험 시간에 웃은 건 처음이에요
조규선 지음 | 252쪽 | 값 15,000원

 오천년을 사는 여자
염경미 지음 | 272쪽 | 값 16,000원

 다정한 교실에서 20,000시간
강정희 지음 | 296쪽 | 값 16,000원

교과서 밖에서 만나는 역사 교실 상식이 통하는 살아 있는 역사를 만나다

 전봉준과 동학농민혁명
조광환 지음 | 336쪽 | 값 15,000원

 남도의 기억을 걷다
노성태 지음 | 344쪽 | 값 14,000원

 응답하라 한국사 1·2
김은석 지음 | 356쪽·368쪽 | 각권 값 15,000원

 즐거운 국사수업 32강
김남선 지음 | 280쪽 | 값 11,000원

 즐거운 세계사 수업
김은석 지음 | 328쪽 | 값 13,000원

 강화도의 기억을 걷다
최보길 지음 | 276쪽 | 값 14,000원

 광주의 기억을 걷다
노성태 지음 | 348쪽 | 값 15,000원

 선생님도 궁금해하는 한국사의 비밀 20가지
김은석 지음 | 312쪽 | 값 15,000원

 걸림돌
키르스텐 세룹-빌펠트 지음 | 문봉애 옮김
248쪽 | 값 13,000원

 역사수업을 부탁해
열 사람의 한 걸음 지음 | 388쪽 | 값 18,000원

 진실과 거짓, 인물 한국사
하성환 지음 | 400쪽 | 값 18,000원

 우리 역사에서 사라진 근현대 인물 한국사
하성환 지음 | 296쪽 | 값 18,000원

 꼬물꼬물 거꾸로 역사수업
역모자들 지음 | 436쪽 | 값 23,000원

 즐거운 동아시아사 수업
김은석 지음 | 240쪽 | 값 15,000원

 노성태, 역사의 길을 걷다
노성태 지음 | 324쪽 | 값 17,000원

 교과서 밖에서 배우는 역사 공부
정은교 지음 | 292쪽 | 값 14,000원

 팔만대장경도 모르면 빨래판이다
전병철 지음 | 360쪽 | 값 16,000원

 빨래판도 잘 보면 팔만대장경이다
전병철 지음 | 360쪽 | 값 16,000원

 영화는 역사다
강성률 지음 | 288쪽 | 값 13,000원

 친일 영화의 해부학
강성률 지음 | 264쪽 | 값 15,000원

 한국 고대사의 비밀
김은석 지음 | 304쪽 | 값 13,000원

 조선족 근현대 교육사
정미량 지음 | 320쪽 | 값 15,000원

 다시 읽는 조선근대 교육의 사상과 운동
윤건차 지음 | 이명실·심성보 옮김 | 516쪽 | 값 25,000원

 음악과 함께 떠나는 세계의 혁명 이야기
조광환 지음 | 292쪽 | 값 15,000원

 논쟁으로 보는 일본 근대 교육의 역사
이명실 지음 | 324쪽 | 값 17,000원

 다시, 독립의 기억을 걷다
노성태 지음 | 320쪽 | 값 16,000원

 한국사 리뷰
김은석 지음 | 244쪽 | 값 15,000원

 경남의 기억을 걷다
류형진 외 지음 | 564쪽 | 값 28,000원

 어제와 오늘이 만나는 교실
학생과 교사의 역사수업 에세이
정진경 외 지음 | 328쪽 | 값 17,000원

 우리 역사에서 왜곡되고 사라진 근현대 인물 한국사
하성환 지음 | 348쪽 | 값 18,000원

더불어 사는 정의로운 세상을 여는 인문사회과학 사람의 존엄과 평등의 가치를 배운다

 밥상혁명
강양구·강이현 지음 | 298쪽 | 값 13,800원

 도덕 교과서 무엇이 문제인가?
김대용 지음 | 272쪽 | 값 14,000원

 자율주의와 진보교육
조엘 스프링 지음 | 심성보 옮김 | 320쪽 | 값 15,000원

 민주화 이후의 공동체 교육
심성보 지음 | 392쪽 | 값 15,000원
2009 문화체육관광부 우수학술도서

 갈등을 넘어 협력 사회로
이창언·오수길·유문종·신윤관 지음 | 280쪽 | 값 15,000원

 동양사상과 마음교육
정재걸 외 지음 | 356쪽 | 값 16,000원
2015 세종도서 학술부문

 교과서 밖에서 배우는 철학 공부
정은교 지음 | 280쪽 | 값 14,000원

 교과서 밖에서 배우는 사회 공부
정은교 지음 | 304쪽 | 값 15,000원

 교과서 밖에서 배우는 윤리 공부
정은교 지음 | 292쪽 | 값 15,000원

 한글 혁명
김슬옹 지음 | 388쪽 | 값 18,000원

 우리 안의 미래교육
정재걸 지음 | 484쪽 | 값 25,000원

 왜 그는 한국으로 돌아왔는가?
황선준 지음 | 364쪽 | 값 17,000원
2019세종도서교양부문

 공간, 문화, 정치의 생태학
현광일 지음 | 232쪽 | 값 15,000원

 인공지능 시대의 사회학적 상상력
홍승표 지음 | 260쪽 | 값 15,000원

 동양사상과 인간 그리고 사회
이현지 지음 | 418쪽 | 값 21,000원

 장자와 탈현대
정재걸 외 4인 지음 | 424쪽 | 값 21,000원

 놀자선생의 놀이인문학
진용근 지음 | 380쪽 | 값 18,000원

 포스트 코로나 시대, 예술과 정치
현광일지음 | 288쪽 | 값 16,000원

 좌우지간 인권이다
안경환 지음 | 288쪽 | 값 13,000원

 민주시민교육
심성보 지음 | 544쪽 | 값 25,000원

 민주시민을 위한 도덕교육
심성보 지음 | 500쪽 | 값 25,000원
2015 세종도서 학술부문

 교과서 밖에서 배우는 인문학 공부
정은교 지음 | 280쪽 | 값 13,000원

 오래된 미래교육
정재걸 지음 | 392쪽 | 값 18,000원

 대한민국 의료혁명
전국보건의료산업노동조합 엮음 | 548쪽 | 값 25,000원

 교과서 밖에서 배우는 고전 공부
정은교 지음 | 288쪽 | 값 14,000원

 전체 안의 전체 사고 속의 사고
김우창의 인문학을 읽다
현광일 지음 | 320쪽 | 값 15,000원

 카스트로, 종교를 말하다
피델 카스트로·프레이 베토 대담 | 조세종 옮김
420쪽 | 값 21,000원

 일제강점기 한국철학
이태우 지음 | 448쪽 | 값 25,000원

 한국 교육 제4의 길을 찾다
이길상 지음 | 400쪽 | 값 21,000원
2019세종도서학술부문

 마을교육공동체 생태적 의미와 실천
김용련 지음 | 256쪽 | 값 15,000원

 교육과정에서 왜 지식이 중요한가
심성보 지음 | 440쪽 | 값 23,000원

 식물에게서 교육을 배우다
이차영 지음 | 260쪽 | 값 15,000원

 왜 전태일인가
송필경 지음 | 236쪽 | 값 17,000원

 한국 세계시민교육이 나아갈 길을 묻다
유네스코태평양 국제이해교육원 지음 | 360쪽 | 값 18,000원

 대한민국 대학혁명
대학무상화·대학평준화 추진본부 연구위원회 지음 | 240쪽 | 값 15,000원

 코로나 시대, 마을교육공동체 운동과 생태적 교육학
심성보지음 | 280쪽 | 값 17,000원

평화샘 프로젝트 매뉴얼 시리즈 학교폭력에 대한 근본적인 예방과 대책을 찾는다

학교폭력 어떻게 만들어지는가
문재현 외 지음 | 300쪽 | 값 14,000원

아이들을 살리는 동네
문재현·신동명·김수동 지음 | 204쪽 | 값 10,000원

학교폭력, 멈춰!
문재현 외 지음 | 348쪽 | 값 15,000원

평화! 행복한 학교의 시작
문재현 외 지음 | 252쪽 | 값 12,000원

왕따, 이렇게 해결할 수 있다
문재현 외 지음 | 236쪽 | 값 12,000원

마을에 배움의 길이 있다
문재현 지음 | 208쪽 | 값 10,000원

젊은 부모를 위한 백만 년의 육아 슬기
문재현 지음 | 248쪽 | 값 13,000원

별자리, 인류의 이야기 주머니
문재현·문한뫼 지음 | 444쪽 | 값 20,000원

우리는 마을에 산다
유양우·신동명·김수동·문재현 지음 | 312쪽 | 값 15,000원

동생아, 우리 뭐 하고 놀까?
문재현 외 지음 | 280쪽 | 값 15,000원

누가, 학교폭력 해결을 가로막는가?
문재현 외 지음 | 312쪽 | 값 15,000원

**코로나 19가 앞당긴 미래,
마을에서 찾는 배움길**
문재현 외 5인 지음 | 308쪽 | 값 16,000원

남북이 하나 되는 두물머리 평화교육 분단 극복을 위한 치열한 배움과 실천을 만나다

10년 후 통일
정동영·지승호 지음 | 328쪽 | 값 15,000원

선생님, 통일이 뭐예요?
정경호 지음 | 252쪽 | 값 13,000원

분단시대의 통일교육
성래운 지음 | 428쪽 | 값 18,000원

김창환 교수의 DMZ 지리 이야기
김창환 지음 | 264쪽 | 값 15,000원

한반도 평화교육 어떻게 할 것인가
이기범 외 지음 | 252쪽 | 값 15,000원

포괄적 평화교육
베티 리어든 지음 | 강순원 옮김 | 252쪽 | 값 17,000원

창의적인 협력 수업을 지향하는 삶이 있는 국어 교실 우리말 글을 배우며 세상을 배운다

중학교 국어 수업 어떻게 할 것인가?
김미경 지음 | 340쪽 | 값 15,000원

토론의 숲에서 나를 만나다
명혜정 엮음 | 312쪽 | 값 15,000원

토닥토닥 토론해요
명혜정·이명선·조선미 엮음 | 288쪽 | 값 15,000원

인문학의 숲을 거니는 토론 수업
순천국어교사모임 엮음 | 308쪽 | 값 15,000원

어린이와 시
오인태 지음 | 192쪽 | 값 12,000원

수업, 슬로리딩과 함께
박경숙 외 지음 | 268쪽 | 값 15,000원

언어던
정은균 지음 | 268쪽 | 값 15,000원
2019 세종도서 교양부문

민촌 이기영 평전
이성렬 지음 | 508쪽 | 값 20,000원

감각의 갱신, 화장하는 인민
남북문학예술연구회 | 380쪽 | 값 19,000원

참된 삶과 교육에 관한
생각 줍기